진리와 논리적 사고

진리와 논리적 사고

지은이 · 성홍기
초판 · 2019년 1월 10일
발행처 · 이문출판사
발행인 · 지경원
변경등록 · 1994년 6월 3일 제7-20호
주소 · 42425 대구광역시 남구 중앙대로 40길 11-14 101호
03728 서울특별시 서대문구 모래내로 24다길 15-5
전화 · 02)359-8250 053)624-3113 팩스 02-359-8251

값 15,000 원
ISBN 978-89-7334-171-9 부가기호 93170

진리와 논리적 사고

성홍기 지음

이문출판사

지은이의 말

'논리(論理)'의 '논(論)'은 말씀 언(言)과 생각 윤(侖)으로 구성되어 있다. 따라서 논리(論理)는 말하는 또는 생각하는 원리를 칭하거나, 생각을 말로 표현하는 원리를 말한다. 이를 연구하고 탐구하는 학문이 다름 아닌 논리학(論理學)이다.

논리는 궁극적으로 진리를 향해 있다. 실재 혹은 대상의 성질에 관한 생각을 말로 표현하는 행위가 곧 지식을 만들어 가는 과정이기 때문이다. 그리고 여기에 논증이 늘 함께 하고 있다. 생각을 말로 표현하는 과정이 다름 아닌 논증을 구성하는 행위이기 때문이다. 따라서 진리는 적어도 우리에게 논증적으로 다가온다.

논리학의 중심에는 말하자면 논증이 있다. 논리학은 어디까지나 논증을 구성하는 기술을 연구하고 탐구하는 학문이기 때문이다. 논증은 귀납논증과 연역논증으로 세분화 된다. 여기에서 귀납논증은 경험의 테두리 내에서 사태의 내용을 소위 일반화하고, 연역논증은 이를 벗어나 있는 사태의 내용을 추리한다. 이들은 하나의 방법적 체계를 구성하고 있다. 즉 귀납논증은 연역논증의 출발점을 제공한다는 점에서, 연역논증은 귀납논증의 테두리, 즉 경험의 반경을 벗어난다는 점에서 그러하다. 이것이 지적체계 일반에서 논증이 갖는 의의이다.

세계는 항상 우리에 대하여 가시적인 내용이 있는가 하면 비가시적인 내용 또한 없지 않다. 그것의 가시적인 내용은 귀납적 일반화에 의해 다소 이끌어 낼 수가 있다. 그것은 지속적인 관찰과 반복되는 실험에 의해 가능하다. 이에 반하여 그것의 비가시적 내용은 관찰과 실험에 전적으로 의존할 수가 없다.

그것은 관찰과 실험의 대상이 아니기 때문이다. 이것은 오로지 사유를 매개로 하여 추리하지 않으면 안 된다. 이것은 어디까지나 연역추리의 몫인 것이다.

연역추리는 바로 이 미지의 세계에로 길을 열어 준다. 이것은 보이는 가시적인 세계로부터 출발하여 보이지 않는 비가시적 세계에로 우리를 안내한다. 비록 귀납적 일반화가 개연성과 일반성을 본질로 하는 지적 내용이라 하더라도, 우리는 이를 미지의 세계에로의 출발점으로 삼지 않으면 안 된다. 우리로서는 질적으로나 양적으로 이 이상의 지적 내용을 가질 수 없기 때문이다.

특히 연역논증의 타당성 문제는 논리학의 주된 과제로서 인식된다. 이것은 올바른 사유행위와 직접적인 관련이 있기 때문이다. 올바른 사유의 필요성은 인간의 지적체계가 단순히 귀납추리의 내용들로서 이루어진 것이 아니라는 데에 있다. 더구나 인간이란 존재가 유한한 존재임을 자각한다면, 연역추리와 이에 관한 타당성 여부는 아무리 강조해도 지나침이 없다 연역추리야말로 인간의 유한성을 지양할 수 있는 유일한 계기가 되기 때문이다.

논리학은 논증 이외에 언어와 정의를 다룬다. 이들 역시 논리학적 대상으로서 중요성을 갖는다. 이들은 논증을 보다 효율적으로 구성하는 데에 없어서는 안 될 요소들이기 때문이다. 그러나 논리학에서 다루는 언어와 정의는 어디까지나 논증의 올바른 구성을 위한 단계에 머물러 있다. 논리학은 언어와 정의 그 자체의 본질적인 내용을 다루지는 않는다. 이것은 어디까지나 언어학이나 언어철학이 해야 할 몫인 것이다.

보이는 세계에서 보이지 않은 세계에로의 이행, 여기에는 항상 장애가 따라다닌다. 오류가 그것이다. 보이는 세계의 내용에 관한 성급한 일반화를 비롯하여, 이를 매개로 한 보이지 않는 세계에로의 추리에는 이에 적합한 규칙들이 있다. 이 규칙을 등한시하거나 무시하는 데서 그나마 우리들에 있어 객관적인 지식조차 그 타당성을 잃게 되는 경우가 허다하다. 비단 이것은 학적 탐구일반에 국한된 문제만은 아니다. 삶 역시 이에 관하여 일상화되어 있다.

『진리와 논리적 사고』를 구성함에 있어 다수의 책을 참고하였다. Irving M. Copi 저. 민창홍 역, 『논리학 입문』, 이론과 실천. 소흥렬 저, 『논리와 사고』, 이화여자대학교출판부. 김광수 저, 『논리와 비판적 사고』, 철학과 현실사가 그것이다.

그리고 『진리와 논리적 사고』는 많은 사람들의 도움으로 만들어졌다. 우선 『일반논리학』 을 수강한 대구교육대학교 졸업생과 재학생들이다. 이들의 『일반논리학』 에 대한 열의와 애정이 없었다면 『진리와 논리적 사고』는 사실상 불가능했을 것이다. 다시 한 번 졸업생과 재학생들께 감사드린다. 그리고 『일반논리학』 에 관심을 가지시고 늘 격려를 아끼지 않으시는 대구교육대학교 장윤수 교수님을 비롯하여 항상 따뜻하게 맞이하여 주시는 윤리교육학과 교수님들께도 깊이 감사드린다.

끝으로 부족한 글을 훌륭한 책으로 만들어 주신 이문출판사 관계자 분들과 지승원 목사님께 감사드린다.

2019. 1. 1.

龍池峰, 松亭에서

如淵 成 洪 基

차 례

서론 ◆ 논리학이란 무엇인가

1. 논리의 필요성과 중요성

논리 · *Logic*는 말하자면 지식을 생산하는 도구이다. 그것은 지식을 생산하는데 동원되는 형식이다. 우리는 주변에 존재하는 세계 또는 세계를 이루고 있는 사물들을 대상화하여, 이들이 갖는 성질이나 내용을 일정한 형식에 따라 구성해 낸다. 이것이 다름 아닌 지식이다. 논리는 바로 이 지식을 구성하는 일종의 틀이다.

지식은 바깥세계가 우리에게 나타나는 바, 그 **대상** · *Gegenstand*이 갖는 성실을 일정한 형식에 따라 구성한 내용이다. 지식을 구성하는 과정을 일러 우리는 인식행위라 한다. 인식은 궁극적으로 사물의 **본질**을 파악하는 행위이다. 사물이 갖는 전체적이고 근원적인 성질을 일러 본질이라 한다. 그러나 여기에서 중요한 사실은 사물의 본질이 우리에게 나타나는 바, 그 **현상**[1]을 우선 대상으로 하여 이것이 가지고 있는 성

---

1) 철학은 사물의 전체적이고 근원적인 내용과 구별하여 이것의 구체적이고 개별적인 내용을 존재론적으로 현상(現象)이라 칭하고, 인식론적으로 대상(對象)이라 부른다.

질을 파악하고, 이를 매개로 하여 사물의 본질에로 나아간다는 데에 있다. 우리가 우선적으로 쉽게 접할 수 있는 것이 다름 아닌 우리에게 나타나는 바, 현상이기 때문이다. 처음부터 우리의 생활과 동떨어져 있는 낯선 어떤 것으로부터 시작할 수는 없는 노릇이 아닌가. 이것이 곧 과학적이고 학문적인 접근방식이다.

문제는 어떠한 방식으로 이를 파악할 것인가 이다. 즉 우리는 어떠한 방식으로 대상 혹은 현상을 인식할 것인가. 나아가 이를 통하여 그것의 본질에로 접근해 갈 것인가. 우리는 이를 그야말로 아무렇게나 행할 수 없는 노릇이다. 일정한 체계나 구조를 갖추어 다가가야 할 것이다. 소위 논리적으로 또는 과학적으로 접근해 가야 할 것이다. 학문활동이 나 개인에게만 해당되는 사항도 아닐 것이고, 나의 학적 탐구가 나 이외의 우리 모두가 공유해야 할 사항이라 한다면, 더 더욱 이 문제의 중요성과 필요성에 주목하지 않을 수 없는 것이다.

이처럼 논리[2])란 대상 또는 현상의 성질을 일정하게 끌어 모아 말하고 생각하는 원리를 말한다. 이 원리를 좇아 대상 또는 현상 나아가 이들의 본질에로 다가간다. 이것은 이성적 사유 없이 사실상 불가능하다. 추리하고, 판단하고, 비교하고, 상상하고, 의심하는 등의 사유행위를 통하여 우리는 현상의 세계를 넘어 본질의 세계에로 한층 더 가까이 다가 설 수 있기 때문이다. 따라서 올바르게 추리하고, 올바르게 판단하고, 올바르게 비교하고, 바르게 상상하는 행위는 인식행위에 있어

---

2) '논리(論理)'의 '논(論)'은 말씀 언(言)과 생각 윤(侖)으로 구성되어 있다. 따라서 논리(論理)의 뜻은 **말하는 또는 생각하는 원리**를 칭하거나, **생각을 말로 표현하는 원리**를 말한다. 그리고 대상 또는 현상의 성질에 관한 생각을 말로 표현하는 과정이 다름 아닌 논증을 구성하는 과정이며, 지식을 만들어 가는 과정이다.
또한 논리적 사고란 생각을 말로 표현하는 원리에 따른 사유행위를 말한다. 이를 두고 합리적 사고라 달리 칭하기도 한다.

아무리 강조해도 지나치지 않다. 그렇다면 올바른 사유, 이것은 어떻게 가능한가. 이것은 일정한 형식이나 구조, 즉 원리에 따라 소위 합리적으로 행할 때 비로소 가능하다. 일관성 없이 무질서하게 생각하는 것[3]을 두고 우리는 합리적 사유라 하지 않기 때문이다. 따라서 논리는 곧 지식을 낳은 합리적 구조인 셈이다.

학문적 활동을 비롯하여 인식행위 일반은 바로 이러한 논리적이고 합리적인 구조 위에서 진행되는 것이다. 이 때 비로소 그것은 적어도 우리 모두에게 객관성을 확보할 수 있는 것이다. 따라서 논리는 지식을 성립시키는 조건의 성격을 갖는다.

2. 논리체계의 유형

어떤 것에로 다가가는 방식으로서 우리에게 널리 알려진 것은 일반적으로 두 가지이다. 그 중의 하나는 소위 **형식논리**·*Formal Logic*이고, 다른 하나는 **변증논리**·*Dialectical Logic*이다. 형식논리는 일찍이 **아리스토텔레스**·*Aristoteles*(B.C 384~322)에 의하여 체계화되었다. 이것은 동일률을 기본규칙으로 하고 있다. 즉 'A는 A이다'가 그것이다. 물론 무순율과 배중률도 없지 않으나, 이것들은 동일률의 또 다른 표현에 지

3) 이것이 곧 비판적 사고의 대상이다. 즉, 바르지 못한 생각 또는 합리적이지 못한 생각을 지적함과 동시에 이에 관한 올바른 대안을 제시하는 사유행위가 곧 비판적 사고이기 때문이다. "비판적 인식이란 단순히 사물과 사태를 부정적인 시각에서 보는 것이 아니라 옳고 그름을 가리기 위해 냉철하게 지적으로 따져 묻는 것을 의미한다." 이정호외 공저. 『철학의 이해』.한국방송통신대학교출판부, 2000. 12면.
논리학적 관점에서 바르지 못한 생각 또는 합리적이지 못한 생각은 결과적으로 논증구성력으로 나타난다. 즉, 개연성이 낮은 귀납논증을 구성한 경우나 부당한 연역논증을 구성한 경우가 이에 해당된다.

나지 않는다. 즉 'A는 non-A가 아니다'와 A는 A이거나 non-A이거나 이지, 'A는 A이면서 동시에 non-A는 아니다'가 그것이다. 그러나 변증 논리는 이보다 훨씬 이후 19C에 이르러서야 비로소 독일 철학자 **헤겔** · *G.W.F. Hegel*(1770~1831)에 의해 체계화된다. 이것은 정 · 반 · 합을 기본규칙으로 하고 있다. 즉 *These* · *Antithese* · *Synthese*가 그것이다. 우리는 이러한 논리체계들을 가지고 말하자면 실재와 대상에로 접근해 가는 것이다.

그런데 형식논리와 변증논리가 사태파악의 일종의 틀로서 제구실을 할 수 있었던 데에는, 아리스토텔레스와 헤겔로 하여금 각각 이를 체계화할 수 있게끔 하나의 관점을 제공한 인물들이 있었다. 서양의 고대 자연철학자 **파르메니데스** · *Parmenides*(B.C 515~475)와 **헤라클레이토스** · *Herakreitos*(B.C 535~475)가 그들이다. 여기에서 파르메니데스는 '있는 것만이 있고, 있지 않는 것은 있지 않다', 즉 '유는 유이고, 무는 무이다'라고 주장하고, 또한 그의 제자인 **제논** · *Zenon*(B.C 490~430)은 이를 여러 가지 관점에서 입증해 보이고자 했다. 이들의 관점을 아리스토텔레스는 동일률이라는 이름으로 수렴하여 형식논리를 체계화했다. 이와 달리 헤라클레이토스는 동일한 자연의 세계를 두고 '만물은 유전한다'라고 주장하고, 나아가 유전은 대립해 있는 두 계기의 상호작용에서 비롯된다는 사실을 강조한다. 즉, 유는 무에로, 무는 유에로 이행이 곧 유전이고, 여기에 만물이 놓여 있다.

태극

양	–	하늘	고	온	밝음	낮	대	삶	만남	사랑	남성	선	나	…
음	–	땅	저	냉	흐림	밤	소	죽음	이별	미움	여성	악	너	…

두 사람이 주장하고 있는 내용을 서로 상대방의 관점에서 말한다면, 헤라클레이토스의 '만물은 유전한다'는 명제는 파르메니데스의 관점에서는 <만물은 정지해 있다>는 명제로 환원된다. 있는 것은 있는 상태로, 없는 것은 없는 상태로 있을 따름이지, 있는 것이 없는 상태로 있을 수 없는 것이기 때문이다. 그러나 파르메니데스의 '있는 것만이 있고, 있지 않는 것은 있지 않다'는 명제는 헤라클레이토스의 관점에서는 <있는 것만이 있지 않고, 있지 않는 것은 있다>가 되는 것이다. 왜냐하면 있는 것이든 있지 않는 것이든, 이것들은 늘 대립의 계기를 향해 유전, 즉 변화하고 있기 때문이다. 있는 것은 있지 않는 것에로, 있지 않은 것은 있는 것에로 말이다. 따라서 그것이 있는 상태로 있건 없는 상태로 있건 상관없이, 이것들은 온전한 모습으로 있는 것이 아니다.

파르메니데스가 있다고 보는 것, 그것은 헤라클레이토스의 입장에서는 실은 없는 것이다. 또한 파르메니데스가 없다고 보는 것, 이것이야말로 헤라클레이토스에게는 있는 것이 된다. 즉 있는 상태에서 없는 상태에로 혹은 없는 상태에서 있는 상태에로의 운동이 있을 따름이다. 이것이 어떻게 가능한가. 자연현상의 일종인 낮과 밤의 현상을 가지고 이를 설명해 보자.

즉 낮과 밤은 하루를 구성한다. 하루 중 낮과 밤은 엄연히 구별된다. 낮의 현상과 밤의 현상이 다르기 때문이다. 따라서 우리는 낮이 결코 밤일 수 없으며, 밤 역시 낮일 수 없다는 사실을 확신한다. 형식논리의 동일률에 좇아 낮은 오직 낮이고, 밤은 그야말로 밤인 것이다. 그러나 낮은 항상 낮의 온전한 모습으로 있는 것일까? 낮이란 개념이 지칭하는 대상, 즉 외연은 무엇인가. 낮이란 정오를 칭하는 대낮을 말하는가, 그렇지 않으면 오전을 두고 말하는가, 또는 오후를 말하는가, 새벽을 칭하는 말인가, 그렇다면 초저녁은 어떤가. 이들은 한결같이 낮의 개념으로 수렴될 수 있는 현상들이지만, 그 어느 것도 낮의 개념을 충족시키기에는 부족한 것들이다. 동이 터 오는 새벽도 낮의 현상을 표현한 것이고, 어둠이 깔리는 초저녁 역시 낮의 현상을 말하는 것이다. 이 모두가 낮의 현상을 나타내는 낮의 외연들이다.

그러나 이들을 자세히 들여다보면 새벽과 초저녁은 밤의 현상이 짙게 남아 있다. 낮의 시작과 끝으로서 말이다. 물론 오전과 오후는 이들보다는 상대적으로 밤의 현상이 적게 남아 있다. 이에 반하여 정오는 대낮으로서 낮의 현상이 가장 충만하게 갖추어져 있다. 그러나 대낮이 곧 낮의 전형적인 모습만은 아니다. 이것 역시 낮의 한 현상에 불과하기 때문이다. 낮은 이와 같이 다른 모습들을 하고 있는 것이다. 낮의 모습 가운데 그 어느 것도 낮의 개념을 충족시켜 주기에는 역부족이다. 낮은 그야말로 새벽에서 저녁에 이르기까지 매 순간의 과정을 총칭하는 것이다. 낮은 밤과 함께 시작해서 밤과 더불어 끝나는 것이기 때문이다. 밤 역시 사정은 마찬가지이다.

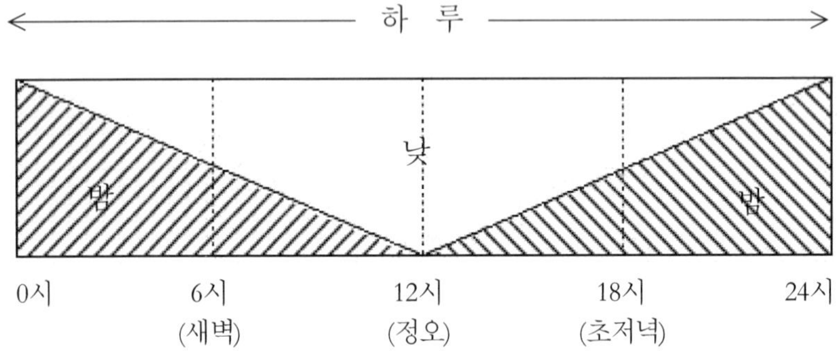

이것은 곧 무엇을 말해 주고 있는가. 낮은 낮의 현상만을 가지고 있는 것이 아니라, 그것은 밤의 현상을 동시에 가지고 있음을 말하는 것

이다. 이것은 곧 어떤 시점의 낮이든 거기에는 항상 밤의 내용이 공존하고 있음을 말하는 것이다. 따라서 낮의 다양한 현상들의 배후에 낮의 참 모습이 있으며, 이것은 낮과 밤이 함께 공존하는 바로 그것이다. 공존은 이러한 의미에서 낮과 밤의 대립을 지양한 전체인 것이다. 변증논리에 의해 파악된 있음은 대립요소의 공존이요, 이에 의한 전체이다. 있음으로서 전체의 모양은 대립요소의 상호작용에 따라 달리 그려진다. 다양한 낮의 현상들도 밤의 내용이 첨가된 공존의 현상이며, 이들 공존의 다양한 양상이 낮의 현상을 그려낸다.

그러나 형식논리의 동일률은 이러한 대립의 역동적인 관계를 포착하지 못한다. 낮은 항상 낮이고, 여기에는 밤의 내용을 전혀 찾아 볼 수 없다. 밤 역시 마찬가지이다. 낮과 밤은 전혀 무관한 별개이다. 따라서 낮이 다한 연후에 밤이 시작되는 것이다. 밤이 끝난 연후에 비로소 낮이 시작되는 것이다. 낮과 밤은 공존할 수 없기 때문이다.

마찬가지로 우리의 삶, 즉 생(生)은 어떤가. 이것이 다한 연후에 죽음, 즉 사(死)가 시작되는가. 그렇다면 동일률에 좇아 형식 논리적으로 삶과 죽음에 접근하고 있는 것이다. 살아있는 동안에는 죽음의 색채를 여기에서는 전혀 찾아 볼 수가 없다. 즉 살아있는 동안에는 죽음에 관하여 아는 바가 전혀 없다. 삶과 죽음은 전혀 다른 별개이기 때문이다.

그러나 우리는 살아있는 동안에 항상 죽음의 모습을 그려낸다. 하루하루 삶을 꾸려가면서 죽음을 한 순간도 잊어 본 적이 없다. 또한 삶을 이어 가면서 죽음의 그림자가 짙게 드리워지고 있음을 우리는 늘 느끼고 있다. 태어나는 그 순간보다 지금 우리는 죽음에 훨씬 더 가까이 다가가 있음을 실감한다. 실로 우리의 몸은 어제보다 오늘 죽음의 징후가 더 진하게 나타나고 있다. 이것은 곧 무엇을 말해 주고 있는가. 우리는 삶과 더불어, 즉 태어나면서 동시에 죽음의 요소를 가지고 있음을 말하는 것은 아닌가. 이것이 다만 충만한 생의 내용에 가리어 우리가 읽지 못하고 있는 것이 아닌가. 그렇다. 우리의 삶은 애초에 죽음의 맹아를 잉태하고 있었던 것이다. 삶이 진행되는 가운데 그것은 점차 선명하게 자신의 모습을 드러내 보이고 있는 것이다. 삶과 죽음은 서로 떨어져 달리 진행되는 것은 아니다. 삶의 진행 가운데 죽음이 동시에 진행되고 있는 것이다. 죽음은 다름 아닌 삶 속에 있다. 따라서 죽음을 떠나 있는 삶을 우리는 생각할 수 없다.

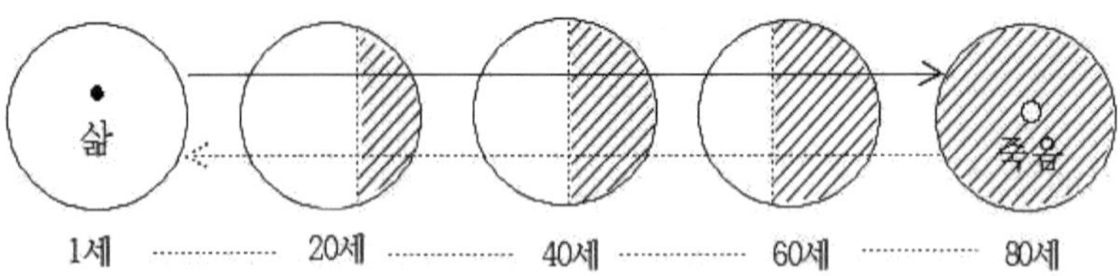

산다는 것은 곧 죽어 가는 것이다. 있는 것은 온전한 삶도 아니고, 온전한 죽음 또한 아니다. 삶이 죽음에로, 죽음이 삶에로 진행되는 과정이 있을 따름이다. 여기에 삶과 죽음이 공존한다. 이것이 있을 따름이다. 따라서 있는 것은 삶과 죽음이 어우러져 있는 그 전체가 있다.

여기에서 비로소 삶 속에서 죽음을 인식할 수 있는 지평이 열리는 것이다. 형식논리는 바로 이 지평을 확보하지 못했다. 이것은 동일률에 철저히 묶여 있기 때문이다. 삶은 어디까지나 삶일 따름이고, 죽음은 오직 죽음일 따름이다. **소크라테스**·*Socrates*(B.C 470~399)가 아테네 법정에서 사형선고를 받게 되자 많은 제자들이 이를 슬퍼했다. 그러나 소크라테스는 담담하게 슬픔에 잠겨있는 제자들을 향해 다음과 같이 말했다. "그러나 이제 시간이 다 되어 떠날 때가 되었습니다. 저는 죽기 위하여, 여러분은 살기 위하여. 그러나 우리들 중의 어느 쪽이 더 좋은 것에로 가는지, 신을 제외하고는 아무도 모릅니다."[4] "죽음이 좋은 것인지 나쁜 것인지 저로서는 알지 못하기 때문입니다."[5] 그러나 변증논리는 이에 관하여 답하고 있다. 즉, 죽음은 곧 삶이고, 좋은 것은 곧 나쁜 것이며, 모르는 것이 곧 아는 것이라고.

원자물리학은 금세기 초 **러더포드**·*Ernst Rutherford*(1879~1937)의 원자핵 발견으로 새로운 장이 열렸다.[6] 그러나 곧 난관에 봉착하게 된다. 미세한 공간에서 전자 등 입자들의 운동을 설명할 수 없었기 때문이다. 즉 이들의 운동이 불안정하고 불규칙하여, 종래의 설명방식인 인과관계로는 설명되지 않기 때문이다.

보어·*Niels Bohr*(1885~1962)는 이러한 미시적 세계의 올바른 인식을 위하여 **상보성의 원리**·*complementarity principle*를 도입한다. 입자이면서 동시에 파동인 전자의 양면성, 즉 이들의 대립은 서로 보완적이다. 이들은 서로 모순이 아니라 전체를 설명하는 한 부분들이며, 서로 대립하면서 공존하는 가운데 조화를 이룬다. 이러한 현상은 비단 전자의 세계에 국한된 문제만은 아니다. 자연적인 현상이나 인간사도 마찬가지이다. 이들 역시 양면적이다. 이들에 있어 양면성 역시 모순이 아니며 서로 보완적이다. 이것이야말로 사태접근의 올바른 태도이다. 이처럼 보어는 서로 상반되는 두 성질이 공존하고 그리고 이들은 상호작용하며, 나아가 이를 통해 전체로서 통일을 이루는 상보성 개념으로 전자들의 운동을 일반화시켰다.[7] 따라서 여기에는 최종상태, 즉

---

4) 최명관 옮김. 『플라톤의 대화』, 「소크라테스의 변명」. 종로서적, 1980. 85면.
5) 최명관 옮김. 『플라톤의 대화』, 「소크라테스의 변명」. 종로서적, 1980. 77면.
6) 원자는 원자핵과 전자로 구성되어 있으며, 원자핵은 또다시 양성자와 중성자로 이루어져 있음이 밝혀졌다. 나아가 유카와 히데키(1907-1981)는 1934년에 원자 속에는 양성자와 중성자, 전자뿐만 아니라 중간자도 존재한다는 사실을 확인시켜 주었다. 여기에서 중간자는 양성자와 중성자를 결합시켜 원자핵을 유지시킨다.
7) 그러나 아인슈타인은 보어의 상보성 원리를 받아들이지 않았다. 그는 원자의 세계가

궁극적으로 통일된 우주의 질서는 존재하지 않으며, 대립되는 두 계기에 의해 균형 잡힌 조화를 향한 끊임없는 운동만이 있을 따름이다.

'반대는 서로 보완적이며 전체를 설명하는데 필요불가결하다'는 그의 상보성 원리는 변증논리의 내용을 그대로 지니고 있다 하겠다. 다음은 보어의 상보성 원리의 변(辯)이다.

> "자연현상이나 인간사에는 항상 양면성이 있다. 서로 반대되는 것은 모순이 아니며 서로 보완적이다. 이 둘을 같이 보지 않고서는 진리를 논할 수 없다. 개인과 공동체의 이해는 서로 상반될 수 있다. 이는 모순이 아니라 전체를 설명하는 한 부분이며, 서로 대립되면서 공존하는 가운데 조화가 모색되어야 한다. 이는 우리들의 문제를 해결하는 균형 잡힌 접근 자세다. 자연현상이나 인간 사회 현상을 설명하는 원리는 매 한가지다."

더 많이 알려질 미래의 언젠가는 반드시 기계론적 인과율이 원자의 미시계에도 적용될 것이라 믿었으며, 그야말로 최종적으로 통일된 우주의 질서를 확신하고 있었다. 따라서 아인슈타인은 미시세계 역시 거시세계의 연장선에 지나지 않으며, 그 세계 역시 기계론적이고 결정론적인 세계에 불과하다는 것을 믿었다.
보어와 아인슈타인, 두 사람간의 25년간 벌인 '세기의 논쟁'은 보어의 판정승이었다는 평가가 일반적이다. 아인슈타인 자신은 '나의 과학적 천성에 워낙 배치돼 더 이상 재고의 필요성을 느끼지 않는다'는 말을 던지고 돌아섰지만, 이런 아인슈타인의 강렬한 저항이 보어로 하여금 상보성 원리를 더욱 확고하게 발전시키는 자극제가 되었다. 「양자역학 푼 보어의 음양철학」. 『현대사상의 고향』, 27. 동아일보. 1987. 11. 8. 참조.

 	보어가 코트의 앞섶에 달고 다닌 상보성 원리의 심벌마크이다. 반대는 서로 보완적이라는 라틴어 구호 밑에 태극마크가 빛난다. 태극의 반원 안에 서로 상대방 색깔의 점이 찍혀 있는 것이 특징이다. 서로 반대되지만 조화의 씨앗을 같이 품고 있다는 보어의 설명이다.

이처럼 형식논리는 그 특성상 동일성의 논리, 무모순의 논리 그리고 운동과 변화를 부정하는 정적인 논리이다. 이에 반하여 변증논리는 대립의 논리, 모순의 논리 그리고 변화와 운동을 인정하는 동적인 논리이다.

3. 논리의 발생기원

문제는 이들이 어떻게 그와 같은 주장을 할 수 있었는가 하는 것이다. 즉 파르메니데스는 어떻게 자연의 세계에는 한결같이 '있는 것만이 있고, 있지 않는 것은 있지 않다'라고 확신할 수 있었을까? 또한 헤라클레이토스 역시 '자연이 끊임없이 유전한다'는 사실을 알았을까? 이것은 지적탐구의 과정에 있는 우리들로 하여금 이에 관한 호기심을 불러 일으키기에 충분한 것이다. 왜냐하면 지적세계는 다름 아닌 바로 이와 같은 명제들[8]로서 구성되어 있으며, 뿐만 아니라 우리는 그 동안 지적 탐구활동에서 이와 같은 성격의 명제들을 수없이 보아 왔기 때문이다. 따라서 우리는 이 명제들의 발생기원을 추적해 봄으로써, 우리의 지식들이 어떠한 과정을 통하여 탄생되는지를 알 수 있게 될 것이다.

일찍이 인간은 우선 자신의 주변의 자연에 관하여 호기심을 갖기 시작했다. 이것은 자연현상의 변화에 대한 놀라움의 표현이기도 하다. 자연현상의 변화를 읽어 내는 데에 동원할 수 있는 손쉬운 도구는 다름 아닌 감각기관 이었다. 즉 주변의 세계를 관찰하고 실험하는 등 일련의 행위를 통하여, 이것이 가지고 있는 성질을 이끌어 내고자 했던 것이다. 하늘의 천체관찰에 열중한 나머지 그만 중심을 잃고, 자신이 서 있는 바로 앞의 웅덩이에 빠진 **탈레스**· *Thales*(B.C 636~546)의 모습에서 이를 잘 읽을 수 있다. 그만큼 관찰과 실험은 자연을 처음 접하는 고대인들에 있어 유일한 인식 수단이었던 것이다. 특정한 대상에 관해 수없이 많은 관찰과 지속적으로 반복되는 실험 속에서 그 대상이 가지고 있는 성질을 이끌어 내는 방법, 바로 이것이 학적 탐구에 있어 가장 기본적인 방법인 것이다. 이를 우리는 **귀납법**· *inductive Methode* 이라 칭하고, 이에 따른 생각을 **귀납추리**· *inductive Inference* 라 한다. 나아가 언어를 매개로 하여 이 추리를 전제와 결론으로 구성한 바를 **귀납논증** · *inductive Arguement* 이라 한다. 개별적인 사례들 속에 들어 있는 동일한 내용을 일반화시켜 나아가는 방법, 바로 그것이다. 이와 같은 귀납추리를 통하여 이끌어 낸 일반화된 내용을 우리는 소위 지식이라 하는 것이다.

그러나 우리의 지적세계는 오직 이러한 내용으로만 이루어져 있는

---

8) "그것은 최소한 학적인 인식 차원에서 진리에 대한 문제란 언표 형식의 판단 내지 명제 차원에서 발생한다는 점이다. 즉 진리가 나타나는 형식적 장소는 판단 또는 명제이다." 이정호외 공저. 『철학의 이해』.한국방송통신대학교출판부, 2000. 227면.

것은 아니다. 귀납추리를 통하여 일반화된 지적인 내용을 매개로 하여, 우리는 그 이상의 대상 혹은 영역에로 나아가게 된다. 여기에서 그 이상의 영역이란 관찰하고 실험하지 못한 대상을 말하는 것이다. 말하자면 초경험적 영역인 것이다. 이 또한 우리의 지적세계를 이루고 있다. 이 세계는 감각기관에 의해서가 아니라 이성적 사유를 통하여 다가갈 수 있는 영역이다. 사유를 매개로 하여 경험하지 못한 세계를 들여다 보는 방법, 이를 일러 우리는 **연역법** · *deductive Methode* 이라 하고, 이에 따른 생각을 **연역추리** · *deductive Inference* 라 칭한다. 나아가 언어를 매개로 하여 이 추리를 전제와 결론으로 구성한 바를 **연역논증** · *deductive Arguement* 이라 한다. 따라서 우리의 지적세계는 바로 이 두 가지의 추리, 즉 귀납추리와 연역추리의 산물인 것이다. 귀납화를 통하여 연역화 하는 것이다. 즉 경험적인 내용을 기초로 하여 경험하지 못한 세계에로 나아가는 것이다.

예를 들어, 내가 '○○대학교 학생들은 모범생들이다'라고 했을 때, 여러분들은 자신들이 모범생이라는 사실을 어떻게 알았는지 몹시 궁금할 것이다. 내가 여러분들이 모범생이라는 사실을 아는 데 별다른 방법이 있겠는가. 내가 지금까지 여러분들의 선배들과 만나 대화를 나누고, 또 그들이 학교생활 하는 모습을 옆에서 지켜봄으로써 가능한 것 아니겠는가. ○○대 학생들은 다른 대학의 학생들에게서 찾아 볼 수 없는, 그야말로 그들만이 가지고 있는 많은 특성들이 있을 것이다. 그 중의 한 가지, 즉 그들은 한결같이 모범생이다라는 사실을 이러한 방법을 통하여 알고 있는 것이다. 이 앎은 소위 귀납추리의 산물이다. 나아가 이 경험적 사실을 매개로 하여 나는 여러분의 선배가 아닌, 바로 여러분 역시 모범생이라는 사실을 오랜 기간 동안 함께 생활해 보지 않고서 알 수 있다. 즉 선배들을 통하여 이끌어 낸 모범생이라는 내용을 매개로 하여 여러분 역시 ○○대 학생임을 부인할 수 없는 한, 여러분 또한 모범생이라는 사실을 나는 알 수 있다. 이것은 연역추리의 결과이다.

이처럼 내가 '○○대학교 학생들이 모범생들'이라는 사실을 알고 주장하듯이, 이와 동일한 방법으로 파르메니데스와 헤라클레이토스 역시 자연계는 '있는 것만이 있고, 있지 않는 것은 있지 않다'라고 말하고, '만물은 유전한다'라고 주장하고 있는 것이다. 또 우리는 한 걸음 더 나아가 그들이 주장했던 바로 이 명제들을 가지고, 그들이 보고 관찰했던 그 자연의 세계를 연역적으로 한 층 더 깊게 그리고 가까이 다가가고 있는 것이다.

4. 귀납과 연역의 한계

이렇게 볼 때 귀납추리와 연역추리는 지식에 있어 일종의 생산라인이다. 여기에서 귀납과 연역은 지식을 생산하는 기계와 다를 바가 없다. 마치 생산물이 기계와 생산라인에 의해 만들어지듯이, 귀납과 연역이란 기계가 추리라는 생산시스템과 결합하여, 소위 지식이란 생산물을 만들어 낸다. 따라서 생산물은 기계와 생산라인에 전적으로 영향을 받게 마련이다. 제대로 제조되지 못한 기계는 불량품을 만들어 낼 수밖에 없을 것이고, 나아가 아무리 정교한 기계라 하더라도 시스템 자체가 제대로 작동되지 않으면 올바른 상품을 기대하지 못할 것이다. 지식 역시 사정은 마찬가지이다.

과연 귀납과 연역은 올바른 지식을 생산할 수 있는 기계로서 손색이 없는 것일까? 그렇다면 일찍이 소크라테스는 왜 새삼스럽게 지식을 찾아 헤매었을까? 심지어 죽어가면서까지 제자들이 무지한 자신에 대해 자각하기를 간절히 바랬을까? 그리고 2000여 년이 지난 오늘날 소크라테스가 염원했던 바, 그 지식은 과연 제대로 모습을 갖추었을까? 불행하게도 대답은 회의적일 수밖에 없다. 문제는 다른 곳에 있는 것이 아니라 지식을 생산하는 기계에 있는 것이다. 무엇보다 이것이 부실하기 때문이다.

즉 모든 학적세계는 귀납으로부터 시작한다. 개개의 사례들 속에 들어 있는 공통의 내용이 관찰과 실험에 의하여 이끌어 내어진다. 관찰과 실험에 의하여 이끌어 내어진 내용은 특성상 일반적이고 개연적인 지적체계이다. 왜냐하면 그것은 어디까지나 관찰과 실험, 즉 경험의 테두리 내에서 성립하기 때문이다. 이 지적체계는 경험의 반경을 벗어난 영역에 대해서는 지식으로서의 성립여부를 확신할 수 없다. 이것은 곧 경우에 따라서는 그 내용이 참일 수도 있으며, 또한 거짓일 수도 있기 때문이다.

예를 들면, '모든 물체는 낙하운동을 한다'는 물리학적 명제는 지금까지 다수의 물체를 관찰하고 실험한 결과 그러하다는 사실을 말하고 있는 것에 불과하다. 그러나 관찰과 실험에서 제외되었거나 또는 이를 행할 수 없었던 물체들조차 그러하다는 사실을 말하고 있는 것은 아니다. 오직 경험한 바에 의하면 그러하다는 것이다. 오늘날 우리는 낙하운동을 하지 않는 물체를 주변에서 얼마든지 목격할 수 있다. 그렇다면 이 명제는 지금에 와서는 거짓명제가 되는 것이다. 그러므로 이 명제는 항상 참도 아니고 그렇다고 항상 거짓만도 아닌 것이다. 참인 경우도 있고 이에 못지않게 거짓인 경우 또한 없지 않다. 다만 이 명제가 암시하고 있는 사실은 어디까지나 경험의 영역 내에서 본다면 그러하다는 것이다.

그러나 경험의 반경은 시간이 지남에 따라 얼마든지 넓혀질 수 있다. 따라서 넓혀지는 경험의 반경과 더불어 우리는 이 명제를 보완하거나 전혀 다른 명제로 수정할 수 있다. 기존의 명제가 보완되거나 수정된다는 사실은 지금까지 관찰되지 않는 영역이 새롭게 발견되었다는 것을 암시하고 있는 것이다.[9] 이처럼 관찰과 실험에 기초해 있는 귀납추리는 끊임없이 새로운 내용을 첨가할 수 있다. 또한 이로 인하여 우리의 지적영역은 새로운 내용을 추가함으로써 확장되는 것이다. 비록 그 지적인 체계가 일반성과 개연성을 그 특성으로 하고 있지만, 다른 한 편으로 지적세계는 새로운 내용으로 인하여 끊임없이 확장되어 간다. 이것이 말하자면 귀납추리의 장단점이다. 즉 관찰과 실험에 의해 일반화된 지적 내용이 개연성을 본질로 한다는 것, 이것이 귀납추리의 단점이다. 그럼에도 불구하고 새로운 지적 내용이 귀납적 일반화에 의해 끊임없이 첨가된다는 데에 귀납추리의 장점이 있다.

그러나 연역추리는 귀납추리의 특성과 사정이 사뭇 다르다. 우선 연역추리는 관찰과 실험이 아닌 사유를 통하여 구체적인 경우들을 들여다 본다. 물론 이것은 귀납추리의 결론에서 시작된다. 비록 귀납추리의 결과가 일반적이고 개연적인 성질을 가진 지적내용이라 하더라도, 우리는 이를 참이라고 가정하고 새로 발견되는 경우들의 성질을 추론해 낸다.[10] 여기에서 새로 발견되는 경우들이란 과거 관찰의 대상에서

9) "그러한 고찰을 통해 우리는 자연에 관한 진리란 본질적으로 우리 앞에 무한히 열려져 있는 것임을 깨닫게 된다. 요컨대 과학적 진리란 새로운 자료들의 발견과 귀납 그리고 연역에 의한 그것들의 정합적 체계화를 통해 언제나 새로운 진리로 다시 태어나는 것이며, 인간의 지성은 그러한 진리의 개방성을 통해 폐쇄적인 독단과 아집을 벗어던지면서 끊임없이 발전과 진보의 행보를 거듭해 나가는 것이다." 이정호외 공저. 『철학의 이해』.한국방송통신대학교출판부, 2000. 237면.

10) "우리는 우리 사고 능력 일반이 구비하고 있는 이러한 귀납법적 원리에 의해 비록 모두 경험적으로 확인하지는 않았을지라도, 부분적인 사례들의 일양성(一樣性)에 기초하여 경험적 지식을 획득하고 그 경험적 지식에 보편타당성을 부여한다. … 원천

놓쳐 버린 것일 수도 있고, 또한 과거 실험의 대상에서 제외되었던 사태들일 수도 있다. 이들은 과거에 없었던 것은 아니다. 이들은 과거 관찰하거나 실험을 할 때 발견되지 않았거나 다만 발견하지 못했을 뿐이다.

즉 우리는 지금까지 목격한 바 없는 낯선 물체 하나를 자연계 내에서 발견했다고 하자. 그런데 이 물체는 지금까지 다루어 왔던 물체들과 여러 가지 점에서 유사성을 가지고 있다고 하자. 그렇다면 우리는 이 물체 역시 낙하운동을 한다는 사실을 연역추론을 통하여 알 수 있다. 모든 물체가 낙하운동을 하고, 이 낯선 물체 역시 여타의 물체가 가지고 있는 성질을 다소 가지고 있다면, 이 물체는 반드시 낙하운동을 할 수밖에 없다. 우리는 이 낯선 물체가 반드시 낙하운동을 한다는 사실을 어떻게 확신할 수 있을까? 그것은 이미 두 개의 전제 속에 들어 있는 내용을 이끌어 내었기 때문이다. 연역추리의 결론은 반드시 전제 속에 들어 있는 어떤 사실을 말하고 있는 것이다. 따라서 두 전제를 결코 부인할 수 없는 한, 이를 통해 추리한 결론은 반드시 참일 수밖에 없다. 이 점에 있어서 연역추리의 결론은 보편성을 갖는다. 이것이 연역추리의 장점이다. 그러나 '이 낯선 물체는 낙하운동을 한다'는 명제가 이미 전제 속에 들어 있는 내용을 추론했다는 점에서, 우리는

적으로 그것은 논리적 비약을 범하는 것이라고 말할 수 있다. 이와 같이 부분적인 사실에 기초하여 확인한 원리를 그 사실 전체에 관하여 단안을 내리는 것을 우리는 귀납적 비약(inductive leap))이라고 한다. 즉 귀납법은 귀납적 비약의 정당성을 전제한다. … 이러한 이유 때문에 전통적으로 귀납적 비약을 정당화하는 근거로서 자연의 제일성(自然의 齊一性; the uniformity of nature)이라는 원리가 제시되어 왔다. 밀(J. S. Mill)에 의해 '자연의 진행과정은 한결같다'로 표현된 자연의 제일성은 곧 우주의 모든 현상에 있어 과거의 일정한 사정 밑에 일어난 사례는 미래의 동일한 사정 아래서도 동일한 사례로 발생한다는 법칙이다. 귀납법은 이와 같은 자연의 제일성이라는 법칙 위에서 성립한다." 이정호외 공저. 『철학의 이해』. 한국방송통신대학교출판부, 2000. 235면.

이 명제에서 새로운 사실을 찾아 볼 수 없다. 귀납추리에서 보듯이 여기에서는 결론을 통하여 새로운 사실이 첨가되지 않는다. 따라서 연역추리의 결론은 전제 속에 들어 있는 내용을 재차 설명하고 있는 것에 지나지 않는다. 이것이 연역추리가 갖는 한계이다.

이처럼 귀납추리와 연역추리는 각각 장단점을 가지고 있다. 그럼에도 불구하고 우리는 이를 통하여 사태의 성질을 파악할 수밖에 없다. 즉 귀납추리는 경험의 테두리 내에 있는 사태의 내용을, 그리고 연역추리는 경험의 반경을 벗어나 있는 영역에 관한 내용을 이끌어 낸다.

특히 귀납추리에 의한 일반화는 경험적으로 주어지는 사태에 국한되지만, 이것은 연역추리의 단초를 제공한다는 점에서 사태접근의 한 방법으로서 중요한 의의를 갖는다. 그리고 연역추리는 이를 계기로 하여 그 이상의 영역, 즉 경험적으로 주어지지 아니하는 영역을 들여다 볼 수 있다는 점에서 귀납추리 못지않게 중요한 의의를 가지고 있다.[11]

학적 탐구 일반은 바로 이와 같은 구조 위에서 행해진다. 즉 경험적으로 주어지는 내용을 기초로 하여, 여기에 머물지 않고 경험적으로 주어지지 아니하는 영역에로까지 우리의 사유를 확장시켜 간다. 인간의 지적 호기심이 경험적인 사태에 국한되어 있는 것이 아니라, 그것은 늘 초경험적인 것에 관심을 두고 있기 때문이다.

11) "결국 과학적 지식의 토대로서 경험적 일반지는 자연의 제일성을 기본 공리로 받아들이는 이론적 전제 위에서 성립하는 것이며, … 그러나 이러한 특징이 과학에서 귀납법의 역할과 의미를 축소시키는 것으로 생각해서는 안 된다. 그것은 오히려 학문 체계의 보편성을 확립하는 정합설적 진리관의 기초로서 연역법(deduction)과 더불어 과학적 방법론의 본질적이고도 핵심적인 바탕을 구성하면서 학문 방법론으로서 그 스스로의 위상을 언제나 굳건히 확보하고 있는 것이다." 이정호외 공저. 『철학의 이해』.한국방송통신대학교출판부, 2000. 236면.

5. 맺음말

이처럼 모든 지적 탐구과정의 출발은 경험으로부터 시작한다. 경험으로부터 유리된 지적 작업은 사실상 불가능하기 때문이다. 적어도 과학적 탐구활동 내에서는 그러하다. 그러나 지적 탐구는 경험적 내용을 일반화시키는 과정이 전부일 수 없다. 왜냐하면 경험적으로 주어지지 아니하는 내용 또한 지적 대상이기 때문이다. 이에 관한 탐구는 어떻게 가능할까? 앞에서 살펴 본 바와 같이 이것은 귀납추리의 일반화로부터 시작한다. 즉 우리의 지적 탐구는 일차적으로 경험적으로 주어지는 내용을 일반화하고, 이에 머물지 않고 이를 출발점으로 삼아 경험적으로 주어지지 아니하는 내용에로 확대시켜 간다. 이것은 오로지 사유를 매개로 하여 추리하지 않으면 안 된다. 그것은 관찰과 실험의 대상이 아니기 때문이다. 그것은 어디까지나 연역추리의 몫인 것이다.

연역추리는 바로 이 미지의 세계에로 길을 열어 준다. 이것은 보이는 가시적 세계로부터 출발하여 보이지 않는 비가시적 세계에로 우리를 안내한다. 비록 귀납적 일반화가 개연성과 일반성을 본질로 하는 지적 내용이라 하더라도 우리는 이를 미지의 세계에로의 출발점으로 삼지 않으면 안 된다. 우리로서는 질적으로나 양적으로 이 이상의 지적 내용을 가질 수 없기 때문이다.

이렇게 볼 때 지적 탐구에 있어 보다 폭넓은 관찰과 깊이 있는 실험이 무엇보다 중요하다는 사실을 알 수 있다. 폭넓은 관찰과 깊이 있는 실험은 우리로 하여금 관찰할 수 없고 실험 불가능한 영역에로의 접근을 보다 용이하게 할 뿐만 아니라, 나아가 이를 통해 경험할 수 없는 영역을 보다 넓게 그리고 보다 깊게 알 수 있기 때문이다. 따라서 경험의 폭이 넓은 사람은 상대적으로 그렇지 못한 사람에 비해 한층 더 넓은 세계를 그릴 수 있다. 마찬가지로 경험의 깊이가 있는 사람은 그렇지 못한 사람에 비해 상대적으로 보다 더 깊은 세계를 들여다 볼 수 있다. 그러므로 새로운 분야를 열어가고자 하는 이들은 무엇보다도 보다 폭넓은 관찰과 깊이 있는 실험이 선행되어야 한다.

즉 실패의 양이 많으면 많을수록 성공은 한층 더 가까이 그리고 선명하게 다가온다. '실패는 성공의 어머니이기' 때문이다. 이처럼 실패 속에서 성공이 싹트고 있다. 반복되는 실패는 우리에게 적어도 그 분야에 대한 시야를 넓혀주고 나아가 자세히 들여다 볼 수 있는 기회를 제공한다. 실패 역시 경험의 일종이기 때문이다. 이것이 누적된 실패로 하여금 성공을 보다 확실하게 보장해 주는 것이다.

또한 우리는 노력없이 천재가 되고자 하는가. 이것은 사실상 불가능하다. '천재는 99%의 노력과 1%의 영감으로 만들어진다'고 하지 않았는가. 노력이 없는 천재는, 그것도 자신의 직접적인 노력이 없는 천재는 시행착오를 일삼은 둔재에 비할 바가 못 된다. 시행착오를 거듭하면서 성취하기 위한 노력은 둔재에게 보다 폭 넓은 시야와 깊이의 정도를 가름하게 해 주기 때문이다.

마찬가지로 고생은 누구나 싫어한다. 그러나 '젊어서 고생은 사서도 한다'고 하지 않는가. 고생없이 꿈을 이루고자 하는가. 그렇다면 꿈을 접어라. 꿈은 고생 속에서 피어나기 때문이다. 왜 그런가. 고생은 곧 경험이기 때문이다. 따라서 노력과 마찬가지로 고생은 우리에게 경험의 폭을 넓게 하고 깊이 있게 한다.

그럼에도 불구하고 실패없이 성공한 삶, 노력없이 이루는 삶, 고생없이 목적을 달성하는 삶을 우리는 동경한다. 그리하여 실패, 노력, 고생없이 보다 쉽게, 빠르게 그리고 편하게 목표를 달성하고 성취하고 이루는 삶을 유능하고 능력있는 삶으로 간주한다. 나아가 이런 삶이 보다 더 좋은 삶으로 가치를 부여한다. 이것은 지금까지 우리가 일정한 분야에 대해 직접적으로 경험할 수 있는 기회가 적었기 때문이다. 즉 지금까지 우리는 앞선 세대가 경험을 통해 이루어 놓은 지적 내용을 오직 받아들이는데 익숙해 있기 때문이다.

그러나 일정한 분야의 개척자 또는 특정한 영역을 처음 열어가는 사람은 사정이 다르다. 이들에게는 각고의 노력과 숱한 시행착오와 실패만이 기다리고 있다. 이를 통해 그들은 스스로 열어가지 않으면 안 된다. 이들에게는 일정분야의 특정한 영역에 대한 사전의 정보가 더 이상 존재하지 않기 때문이다.

우리 역시 마찬가지이다. 훗날 우리 자신들이 각각 전공하고 있는 분야에서 특정한 영역을 새롭게 개척하고자 할 때, 우리는 각자 자신의 경험으로부터, 즉 자신의 숱한 시행착오와 실패 그리고 각고의 노력으로부터 시작하지 않으면 안 된다. 거기에는 더 이상 우리를 이끌 앞선 세대는 존재하지 않기 때문이다. 거기에는 자신의 경험이야말로 자신을 이끌 유일한 안내자일 뿐이다. 굳이 말하자면 자신의 경험이야말로 유일한 스승인 셈이다.

제1장 ◆ 사유와 논증

1. 인간과 사유

자연계에는 다양한 생명체들이 살고 있다. 이들은 한결같이 영양을 섭취하고 왕성한 번식활동을 통하여 생명을 이어가고 있다. 게중에 동물들은 욕망작용과 감각활동을 하기도 한다. 특히 감각을 보전하여 기억하는 기능을 갖춘 동물들도 있다. 인간 역시 이러한 일련의 생명현상을 갖추고 있다.

그러나 이들 생명체에서 찾아 볼 수 없는 인간만이 가지고 있는 내용 또한 없지 않다. 다름 아닌 사유하는 기능이 그것이다. 사유기능은 인간만이 가질 수 있는 유일한 생명현상이다. 이로 인하여 인간은 여타의 생명체들과는 질적으로 다른 삶을 꾸려간다. 즉 언어를 사용하고, 도구를 생산하여 경제적인 생산활동을 하고, 법과 제도를 만들어 사회와 국가를 구성하고 나아가 윤리적 규범을 만들고, 종교적 신앙생활을 하기도 한다. 뿐만 아니라 학적 탐구활동을 비롯하여 교육적인 활동을 하기도 한다. 이 모든 것들은 생각하는 생명체에서만 나타나는 현상이다.

이처럼 사유는 생명체들로부터 인간을 구별짓게 하는 유일한 척도가 되는 셈이다. 그렇다면 도대체 사유란 무엇일까? 이것은 어떤 모습으로 현상하는가. 즉 사유한다는 것은 곧 어떻게 행함을 말하는 것인가. 그것은 다름 아닌 추리하고, 비교하고, 판단하고, 회의하고, 상상하고, 공상하는 등등의 일련의 행위들을 말한다. 사유의 이러한 기능들을 통하여 언어, 도구, 법과 제도, 윤리, 종교, 학문, 교육을 구성해 내는 것이다. 따라서 사유의 산물이라는 것은 다름 아닌 추리의 산물이고, 판단의 산물이고, 비교의 산물이고, 회의의 산물이고, 상상의 산물임을 말하는 것이다. 기존의 것들을 회의하고 비교하여 추리 판단하기도 하고, 그와 무관한 어떤 것을 상상하고 공상하여 비교 추리하기도 한다. 이것이 소위 사유하는 행위이다.

이것은 분명히 여타의 생명체에서는 나타나지 않는 현상이다. 그들은 어디까지나 기존의 것에 머물러 있고, 그것을 넘어 또 다른 어떤 것을 추리하고 비교 판단할 수 있는 힘이 없다. 이것이 그들이 놓여있는 상태이며 처해 있는 상황이다. 인간은 분명 이러한 상태나 상황으로부터 벗어나 있다. 즉 모든 생명체들이 놓여 있는 그들 삶의 중심으로부터 이탈해 있다. 인간은 말하자면 **탈중심적 존재** · *exzentrische Sein*이다.[12] 이것은 전적으로 사유하는 기능으로부터 비롯된다. 경험적인 사태의 일반화에서 초경험적인 것에로의 이행은 이성적 사유에 의해 가능하기 때문이다. 따라서 사유하는 자는 곧 이탈하는 자이다.

이처럼 인간은 기존의 것에 머물러 있지 않다. 이로부터 끊임없이 그 이상의 것에로 향해 있다. 이것은 곧 기존의 것을 어떤 관점에서든 부정함으로써 가능한 것이다. 기존의 것에 안주하고 거기에 머물러 있

12) H. Plessner. 『Die Stufen des Organischen und der Mensch』. S. 288 참조.

는 존재자에게는 이러한 현상이 나타나지 않는다. 식물과 동물들은 주어진 그들의 생활반경을 전적으로 벗어나지 못한다. 그들은 철저히 주어진 그들의 생활반경에 머물러 있다. 그러나 인간만이 유독 이를 벗어난다. 그리하여 그 이상의 영역을 기웃거린다. 이것은 주어진 생활반경을 거부할 때 비로소 가능한 것이다. 이 또한 생각하는 기능으로부터 비롯된다. 따라서 사유하는 자만이 **부정할 수 있는 자** · *Neinsagenkönner*이다.[13] 사유하는 자는 곧 거부하는 자이다.

2. 사유와 추리

추리 · *Inference*는 사유의 일종이다. 이것은 사유의 흐름이며 사유의 진행과정을 말한다. 따라서 추리한다는 것은 생각을 지속적으로 전개시켜 나아가는 사유행위를 말한다. 문제는 이것이 신체의 내부에서 진행되고 있다는 점에서 심리현상과 다소 구별이 쉽지 않다. 그러나 **심리현상**은 반드시 외적인 자극으로 인하여 내부에 나타나는 반응인 것이다. 예를 들면 아프리카 대륙을 누비고 있는 사자는 배가 고프면 곧바로 다른 동물을 공격한다. 그러나 배고픔이 해소되면 자연히 그의 공격도 멈추게 된다. 사자의 공격행위는 배고픔이란 내적 자극으로 인하여 나타나는 심리현상의 결과이다.

이에 반하여 사유는 자극에 전적으로 구애받지 않는다. 강의실 책상위에 음료수 한 병이 놓여 있다고 하자. 갈증을 느낀다고 하여 곧 바로 이 음료수를 들어 마시는가. 아마 그렇지 않을 것이다. 음료수를 마시

13) M. Scheler. 『Die Stellung des Menschen im Kosmos』. S 55 참조.

기 전까지 숱한 생각에 잠길 것이다. 예쁜 마음씨를 가진 누가 이 음료수를 갖다 놓았는지, 누구를 위해 이 음료수를 갖다 놓았는지, 이 음료수를 여러 사람이 보는 앞에서 나 혼자 마셔도 되는 것인지, 감사의 표시를 어떻게 해야 될 것인지 등등 많은 생각을 한 연후에 그 음료수를 어떻게든 처리할 것이다. 이처럼 인간은 배가 고프다 하여 무분별하게 음식을 먹거나, 타인의 생명을 위협해 가면서까지 먹이 사냥을 하지 않는다. 인간은 심리, 즉 마음이 끌리는 곳에로 움직이는 것이 아니라 생각을 통하여 행동으로 옮기기 때문이다.

자신의 앞을 멋진 여학생이 지나간다. 그런데 갑자기 가슴이 두근거리기 시작한다. 따라가야 할 것인지 말아야 할 것인지, 어떻게 말을 걸어야 할 것인지, 사귀고 있는 사람이 있는지 없는지, 무슨 학과에 다니고 있는지 등등 머리가 점점 복잡해진다. 이런 생각에 젖어 있는 동안 그 여학생은 벌써 시야에서 멀어져 간다. 여학생이 시야에서 사라진 후 어떤가. 다시 마음이 이전의 상태로 되돌아오는가. 이와 같이 추리는 외적 자극으로부터 심리적 단계를 거쳐 사유의 단계에까지 진행되기도 한다.

그러나 반드시 외부의 자극이 주어져야만 추리가 진행되는 것은 아니다. 외적 자극 없이도 추리가 진행됨을 목격할 수가 있다. 상상이나 공상과 같은 것이 여기에 속한다. 이것이 심리와 사유가 다른 점이다. 교육심리학에서 학생들의 학습동기를 유발할 목적으로 다양한 학습프로그램을 다룬다. 그런데 재미있는 것은 여기에 동원되는 실험의 대상은 학생들이 아니라 주로 동물들이다. 이러한 현상은 비단 교육학뿐만 아니라 의학적 실험에서도 종종 목격된다. 위에서 보았듯이 동물들은 외적 자극을 주게 되면 이로 인하여 동일한 반응을 나타낸다. '파블로프의 개'에서 보듯이, 종을 울림과 동시에 먹이를 주게 되면 나중에는 종소리만 들려줘도 개는 입에서 침을 흘린다. 이러한 현상은 어디까지나 외적 자극으로 인하여 내부에 나타나는 기계적인 반응이다. 그러나 인간은 동물들처럼 결코 동일한 반응을 나타내지 않는다. 인간은 오히려 사유를 통하여 이를 굴절시켜 다양한 반응으로 나타낸다. 동물은 심리적 자극에서 움직이지만, 인간은 이성적 판단에 따라 움직이기 때문이다. 이러한 측면에서 보면 심리는 경험과학의 대상이다. 그러나 사유는 정신과학의 범주에 속한다.

3. 추리와 논증

추리는 한마디로 말하여 사유의 흐름이다. 추리가 올바르게 진행되었는지의 여부는 그 자체로서 식별하기가 불가능하다. 사유의 흐름은 지각되지 않기 때문이다. 따라서 이를 어떤 형태로든지 식별 가능한 현상으로 구체화하여 나타내지 않으면 안 된다. 특히 언어를 매개로 하여 구체화시킨 것을 **논증** · *Arguement*이라 한다.

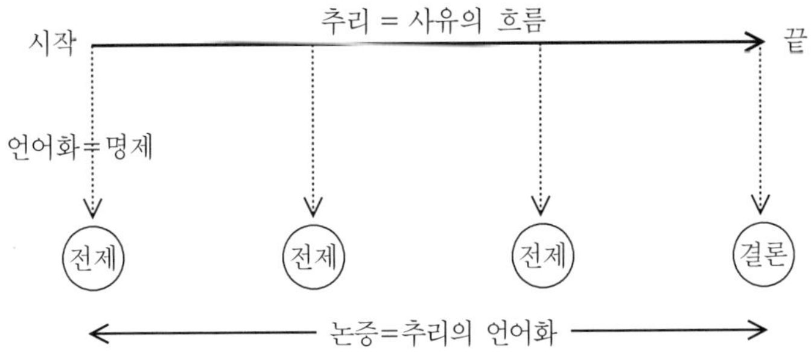

논증은 추리를 언어로 재구성한 것이다. 여기에서 추리과정의 일정한 시점의 내용을 단정한 바를 판단이라 하고, 나아가 언어나 부호를 사용하여 이를 표현한 바를 **명제** · *Proposition*또는 **진술** · *Statement*이라 한다.[14] 따라서 논증은 바로 추리의 일정한 시점의 내용을 판단하여 표현한 명제 또는 진술들로 구성되어 있다. 이들은 추리의 출발단계와 중간단계들 그리고 마지막단계의 내용을 이끌어 낸 것이다. 여기에서 시작과 중간의 내용들을 논증의 **전제** ·*Premise*라 하고, 추리의 끝을 그것의 **결론** · *Conclusion*이라 한다. 따라서 논증은 전제와 결론으로서 구성된다. 이처럼 언어로 재구성된 논증을 통하여 간접적으로 우리는 추리의 과정을 들여다 볼 수 있다. 논리학은 바로 이 논증을 다룬다. 그리하여 추리의 타당성여부를 확인한다. 여기에 논리학의 과제가 있다.

논증에 있어 전제와 결론의 구별은 이를 각각 암시하는 지시어에 의해 다소 가능하다. 그러나 이들을 암시하는 지시어가 모든 논증에 동원되는 것은 아니다. 이를 경우 우리는 어려움에 봉착하게 되는데, 무엇보다 주어진 논증의 내용을 철저히 분석하여 이를 식별하는 수밖에 별다른 방법이 없을 것 같다. 전제와 결론을 식별하는 데에 도움을 줄 수 있는 지시어를 예를 들면 다음과 같다.

---

14) 명제는 '진리가 나타나는 형식적인 장소'이다. 이정호외 공저. 『철학의 이해』.한국방송통신대학교출판부, 2000. 227면 참조.

전제 지시어	결론 지시어
왜냐하면 …에 의해서 지시되는 것처럼 …로부터 추론될 수 있다 …를 고려한다면 …라는 이유 때문에 …라는 사실이 주어진다면 … 때문에 …인 한에 있어서	그러므로 그리하여 그래서 따라서 결과적으로 라는 구절이 나온다 …의 결과로서 …을 수반한다 …임에 틀림없다 …라고 결론 내릴 수 있겠다 …라고 추론할 수 있겠다 …을 합의한다 이런 이유 때문에

논증에는 두 가지의 유형이 있다. 귀납논증과 연역논증이 그것이다. **귀납논증** · *inductive Arguement*은 개개의 구체적인 사태들이 공통적으로 가지고 있는 성질을 이끌어 내는 추론방식이다. 여기에는 관찰과 실험이 추리의 도구로서 이용된다. 그리고 공통의 내용은 지속적으로 행해지는 관찰과 반복되는 실험에 의하여 추론된다. 예를 들면,

공자는 사람이면서 죽었다.
노자는 사람이면서 죽었다.
소크라테스는 사람이면서 죽었다.
플라톤은 사람이면서 죽었다.
정몽주는 사람이면서 죽었다.
세종대왕은 사람이면서 죽었다.
이순신은 사람이면서 죽었다.

…

코메디언 이주일은 사람이면서 죽었다.

그러므로 모든 사람은 죽는 존재이다.

'모든 사람은 죽는 존재이다'라는 결론은 이와 같이 개개의 경우들에 대한 직·간접적인 관찰을 통해 추론된 명제이다. '모든 쇠는 열을 가하면 녹는다', '모든 풀은 초록색이다', '모든 물체는 낙하운동을 한다', '모든 렌즈는 빛을 굴절시킨다', '한국인의 평균신장은 170㎝이다', '한국남녀의 결혼 적령기는 남자 30세 여자 28세이다' 등과 같이 이루 헤아릴 수 없이 많은 소위 지적 명제들은 한결같이 귀납추론의 산물이다.

이에 반하여 **연역논증**·*deductive Arguement*은 귀납논증을 통하여 이끌어 낸 일반적인 내용을 기초로 하여 구체적인 경우의 내용을 추론하는 방식을 말한다. 여기에는 사유가 추리의 도구로 동원된다. 지금까지 관찰되지 않았거나 혹은 실험하지 못한 경우의 성질을 사유를 통하여 추론한다. 예를 들면,

모든 사람은 죽는 존재이다.

나는 사람이다.

그러므로 나는 죽는 존재이다.

나는 나의 죽음을 경험했거나 아직 목격한 바가 없다. 그러나 모든 사람이 죽는 존재이고, 내가 사람이라면, 나 역시 죽을 수밖에 없다는 사실을 직접 죽어 보지 않고서도 알 수 있는 것이다.

이처럼 귀납논증은 구체적인 사태들의 내용으로부터 일반적인 내용을, 연역논증은 일반적인 내용에서 구체적인 사태의 내용을 각각 이끌

어 낸다. 자연의 세계에 관한 학적 체계 일반뿐만 아니라 우리의 일상적인 삶에 있어서의 모든 사태들의 인식은 이와 같은 두 논증에 기초하여 구성되어 있다.

4. 논증의 개연성과 타당성

그런데 귀납논증의 전제는 이 논증의 결론을 결정적으로 뒷받침하지를 못한다. 예를 들면 '하나의 달걀 속에는 하나의 노란 자위가 들어 있다'라는 명제는 귀납추론의 산물이다. 이것은 숱한 달걀을 관찰하고 실험해 본 결과 그러하다는 것이다. 그러나 아무리 많은 달걀을 관찰하고 실험을 했다 하더라도, 개중에는 관찰과 실험에서 제외된 달걀들이 있다. 즉 미처 챙기지 못하고 빠뜨린 달걀들도 있을 것이고, 관찰과 실험에서 어쩔 수없이 놓쳐 버린 달걀들도 없지 않을 것이다. 의도적이든 그렇지 않든 상관없이 관찰과 실험에서 제외된 달걀들이 분명히 있다. 지상에 존재하는 모든 달걀을 어느 하나 빠뜨리지 않고 관찰하고 실험할 수는 없는 노릇이기 때문이다.

문제는 바로 여기에 있다. 관찰과 실험에서 제외된 바로 그 달걀들 중에서, 노란 자위가 하나가 아닌 둘 혹은 그 이상을 가지고 있는 달걀이 있을 수가 있다. 그렇다면 '하나의 달걀 속에는 하나의 노란 자위가 들어 있다'는 명제는 사실과 일치하지 않는다. 이것은 경험상 얼마든지 가능하다. 따라서 '하나의 달걀 속에는 하나의 노란 자위가 들어 있다'는 귀납추론의 일반화는 어디까지나 지금까지 관찰과 실험해 본 결과, 하나의 달걀은 한결같이 하나의 노란 자위를 가지고 있었다라는 사실을 언표하고 있는 것에 지나지 않는다. 관찰과 실험에서 제외된 달걀까지도 그러한 성질을 가지고 있다고 말하는 것은 아니다. 따라서 전제들의 내용이 결론의 내용을 확실하게 뒷받침해 주지 못한다. 그럼에도 불구하고 지적세계는 바로 이러한 귀납추론의 일반화에 의한 명제들로서 구성되어 있다. 이것이 문제인 것이다. 즉 **보편성**과 **필연성**을 지적 특성으로 하고 있는 것이 아니라 **일반성**과 **개연성**을 그 특성으로 하고 있다는 데에 문제가 있다. 개연성의 정도가 귀납추론적 일반화의 지적 특성을 가름한다. 개연성이 높을수록 그것이 참일 가능성이 짙은 것이고, 이와 반대로 개연성이 낮을수록 그것이 참일 가능성이 엷어지는 것이다.

- **개연성이 높은 귀납논증의 예**

  지금까지 관찰된 물체는 낙하운동을 한다.
  그러므로 모든 물체는 낙하운동을 한다.

- **개연성이 낮은 귀납논증의 예**

  매너가 좋은 K씨, P씨는 알고 보니 사기꾼이다. 그러므로 매너가 좋은 남자는 모두 사기꾼이므로 조심해야 한다.

그러나 연역논증은 귀납논증의 경우와 사정이 다르다. 비록 귀납추론의 일반화가 개연성을 본질로 하는 지적 내용이라 하더라도 이를 연역추론의 출발점으로 삼지 않으면 안 된다. 우리는 귀납추론의 일반화 그 이상의 지적 내용을 가질 수 없기 때문이다. 우리는 앞에서 관찰과 실험, 즉 경험을 통하여 '하나의 달걀 속에는 하나의 노란 자위가 들어 있다'는 사실을 귀납적으로 일반화시켰다. 그런데 여기에 지금까지 관찰하거나 실험해 본 적이 없는 그야말로 새로운 달걀 하나가 있다. 그렇다면 나는 이 새로운 달걀을 직접 깨뜨려 보지 않고서도, 이 새로운 달걀 속에도 하나의 노란 자위가 들어 있다는 사실을 알 수 있다. 즉 추론할 수 있다. 이 새로운 달걀은 말 그대로 관찰하거나 실험해 본적이 없는 적어도 나에게 있어 낯선 달걀이다. 이를 직접 깨뜨려 봄으로써 하나의 노란 자위가 들어 있다는 사실을 아는 것이 아니라, 깨뜨려 보지 않고서도 하나의 노란 자위가 들어 있다는 사실을 안다. 즉,

> 하나의 달걀 속에 하나의 노란 자위가 들어 있다.
> 눈앞에 있는 이 낯선 물체가 다름 아닌 달걀이다.
> 그러므로 눈앞에 있는 이 낯선 물체 속에는 하나의 노란 자위가 들어 있다.

이처럼 '눈앞에 있는 이 낯선 물체 속에는 하나의 노란 자위가 들어 있다'는 결론은 '하나의 달걀 속에 하나의 노란 자위가 들어 있다'는 대전제와 '눈앞에 있는 이 낯선 물체가 다름 아닌 달걀이다'라는 소전제로부터 추론해 내었다. 즉 전제들 속에 들어 있는 내용을 가지고 결론을 이끌어 내었던 것이다. 따라서 연역논증의 전제들은 귀납논증의 그것들과 달리 결론을 철저히 뒷받침하고 있다. 또한 결론의 내용은 양 전제들의 내용 가운데 있는 어떤 것을 언표하고 있다. 이처럼 전제들이 주장하고 있는 테두리 내에서 결론이 주장하고 있다면, 이것은 **타당한 논증**·*valid Arguement*이다. 이에 반하여 전제들이 가지고 있지 않는 내용을 결론에서 언표하고 있는 경우가 있다. 이러한 논증의 경우를 일러 우리는 **부당한 논증**·*invalid Arguement*이라 한다.

· **타당한 연역논증의 예**

모든 한국인은 동양인이다.

나는 한국인이다.

그러므로 나는 동양인이다.

· **부당한 연역논증의 예**

모든 한국인은 동양인이다.

이등박문은 동양인이다.

그러므로 이등박문은 한국인이다.

5. 논증의 타당성과 명제의 진리성

타당성과 진리성은 서로 다르다. 우선 **타당성**의 문제는 연역논증과 관련되어 있다. 이것은 전제와 결론의 함의 관계, 즉 전제는 결론을 손색없이 뒷받침하고 있는지의 여부, 또는 결론은 전제들의 테두리 내에서 어떤 내용을 무리 없이 주장하고 있는지의 여부를 다룬다. 전제가 결론을 그야말로 손색없이 뒷받침하거나, 결론은 전제들의 테두리 내에서 무엇인가를 주장하고 있다면 타당한 연역논증이 된다. 그러나 그것이 그렇지 않다면 부당한 연역논증이 된다.

이에 반하여 **진리성**의 문제는 논증을 구성하는 전제와 결론의 내용과 관련되어 있다. 여기에서 전제와 결론은 진위여부를 확인 가능한 명제 또는 진술의 형태를 띤다. 예를 들면 '풀은 초록색이다'라는 명제는 풀이라는 존재자가 가지고 있는 성질을 술어에서 표현하고 있다. 즉 '초록색이다'가 그것이다. 그런데 풀이라는 사물이 실제로 초록색을 띠게 되면, 이 명제는 참이 된다. 그러나 그것이 초록색이 아닌 갈색이나 붉은 색을 띠게 된다면, 그것은 거짓명제가 되는 것이다. 따라서 명제의 진위여부는 사태내용의 일치여부에 달려 있다.

그러나 문제는 연역논증의 전제와 결론이 늘 진위여부와 관련하여 참인 명제만으로 구성될 수 없다는 데에 있다. 설령 참인 명제로 논증을 구성했다 하더라도 그 명제의 진리 값이 늘 일정하게 지속되는 것이 아니다. 지금까지 참인 진리 값을 가진 명제로 다루어 왔던 진술이 당장 거짓일 수 있기 때문이다. 이것은 명제가 귀납적 일반화에 의한 추론이기 때문이다. '모든 식물은 초록색'이라든지, '풀은 식물'이라든지, '깊은 바다는 초록색'이라든지 등등 명제일반은 귀납추론의 산물이다. 즉 귀납추론에 따라 일반화시킨 명제들이다. 그러므로 이들이 진리성 여부와 관련하여 참일 수 있는 것은 어디까지나 지금까지 경험한 바의 테두리 내에서 가능한 것이다. 경험의 반경이 넓혀짐에 따라 이것 역시 늘 동일한 진리 값을 유지한다고 확신할 수 없다. 지금 우리의 삶에 있어서 참되고 옳다고 하여, 다음 세대 나아가 그 다음의 세대에 이르기까지 늘 동일한 진리 값을 가지는 것이 아니다. 과거의 삶과 지식들이 우리에게도 여전히 참인 것이 아니듯이 말이다. 따라서 우리는 늘 진리 값이 참인 명제들만을 가지고 추리를 행할 수 없는 것이다. 연역논증의 타당성과 명제의 진리성이 늘 일치하지 않는다는 데에 타당성여부를 식별하는 우리에게 어려움이 있다. 즉,

모든 개는 깃털을 가지고 있다.	거짓
모든 새는 개다.	거짓
그러므로 모든 새는 깃털을 가지고 있다.	참
모든 개는 깃털을 가지고 있다.	거짓
모든 고양이는 개다.	거짓
그러므로 모든 고양이는 깃털을 가지고 있다.	거짓
모든 동물은 죽는다.	참
모든 고래는 동물이다.	참
그러므로 모든 고래는 죽는다.	참
모든 토끼는 느림보이다.	거짓
모든 말은 느림보이다.	거짓
그러므로 모든 말은 토끼이다.	거짓

위의 예에서 보듯이 첫 번째, 두 번째 그리고 세 번째의 논증은 타당한 연역논증이다. 진리 값이 거짓인 전제 또는 거짓인 결론으로 구성되어 있음에도 불구하고 말이다. 마지막 네 번째의 논증은 부당한 연역논증이다. 특히 세 번째와 같은 논증, 즉 전제와 결론이 모두 참인 진리 값으로 구성된 연역논증을 **건전한 논증** · *sound Arguement*이라 한다.

명제의 진리성 문제는 엄밀히 말하여 논리학적 대상이 아니다. 논리학에서 문제로 삼는 것은 어디까지나 논증의 타당성여부이다. 전제와 결론의 함의관계 그것이다. 명제의 진리성 문제는 명제가 언표하고 있는 사태와 관련된 과학에서 다룬다. 즉 풀이 초록색인지 아닌지의 여부는 생물학이나 원예와 관련된 학문에서 다룬다. 1592년에 임진왜란이 일어났는지 그렇지 않는지의 여부는 한국사를 연구하는 과학에서 다룰 문제이다. 논리학은 이를 다룰 아무런 능력이나 자격을 갖추고 있지 않다. 다만 논리학은 제 과학들이 진술한 사태의 내용을 가지고 그 이상의 내용이나 영역을 추론할 따름이다. 나아가 이 추론의 타당성을 문제로 삼을 뿐이다. 이러한 측면에서 논리학은 전적으로 경험과학적이지 않다.

명제의 진리성의 문제와 관련하여 잊어서는 안 될 사실은 제 과학들이 진술하고 있는 사태의 내용은 적어도 진리 값에 있어서 개연성을 본질로 하고 있다는 것이다.

6. 논증과 비논증

위에서 말한 바와 같이 논증은 전제와 결론으로 구성되어 있다. 여기에서 전제는 결론을 뒷받침하는 추리의 내용이며, 결론은 전제를 배경으로 하여 주장하는 바의 추리내용이다. 이처럼 논증은 추리의 구성물로서, 이를 뒷받침하는 내용과 이를 근거로 하여 주장하는 바의 내용이 갖추어져 있어야 한다.

그러나 우리가 사용하는 모든 글들이 한결같이 이러한 성격을 갖춘 것은 아니다. 게중에는 자신의 **신념**·*Belief*이나 **의견**·*Opinion*을 표현한 글들이 있을 수 있고, 또는 눈앞에서 전개되는 사태의 내용을 어느 하나 빠뜨리지 않고 자세히 기술하는 형식의 글도 있을 수 있다. 즉,

> "내가 남을 웃어 주기에는 너무나 가난하고 초라한 존재다. 내가 남을 울어 주기에는 감정이 너무 메말라 있는 것이다." 어느 수필집에서 이 글을 읽고부터는 버릇처럼 쓰게 되었다. 자신의 맘과 일치하기 때문일까. 웃어야 할 자리, 울어야 할 자리 어느 것 하나도 잘하지 못했었다. 바보스럽게도 엉뚱한 곳에서 잘 우는 못남이 있을

뿐이다.

내가 아끼는, 그래서 친하다고 자부했던 친구들에게서 서운함 같은 걸 느낀 것은 지나친 기대와 욕심을 너무 많이 가졌기 때문임도 이제 세련(?)되어 버리고 만 것 같다. 너무 이기주의였다는 것도.

네모난 맘을 둥글게 만들기에는 자존심이라는 게 열심히 같이 하길래 굳이 그렇게까지 해 가면서 현명해지고 싶진 않다. … 그래도 핑계는 내게 한번만 더 우리 교정의 라일락에 묻히어 생활할 수 있는 시간이 있다면 이렇게까지는 자신이 처절하게 느껴지지 않을 것이다. … 만약 자신도 모르게 사치스런 방황과 고급스런 고독을 조금이라도 했었다면 올해만은 접어두고 싶다.

전혜린처럼 열심히 살고 싶었고, 살고 싶다. 내게 주어진 모든 것을 사랑하면서 말이다. 남을 위해 울어주는 풍요로운 맘도 길러보고 그러나 그러기 전에 내가 너무 부족하니. (김영숙, 「내가 남을 울어주기에는」, 계명대학보. 1977. 9. 27. 제4면)

이 글은 대학신문의 자유투고란에 실려 있는 글이다. 여기에는 자신의 주장이 전혀 들어 있지 않다. 대학생활의 후회와 아쉬움 등에 관한 자신의 심정을 솔직하게 그려내고 있다. 따라서 이 글은 논증은 아니다.

불상 높이 4.15m, 좌대를 포함한 전체 높이 5.6m에 이르는 이 장대한 불상은 근엄하다는 말의 뜻을 실수 없이 깨닫게 해준다. 소발의 머리에 큼직한 육계가 솟은 얼굴은 관자놀이를 지나 길게 치올라간 눈꼬리, 반듯하게 솟은 코, 미소가 말끔히 걷힌 입, 콧방울에서 양쪽 입 언저리로 여덟팔자를 그리며 깊게 팬 주름살, 두툼한 볼과 턱, 게다가 구슬을 박은 게 아니라 도드라지게 새겨 표시한 백호까지 곁들어 엄한 아버지의 그것 그대로다. 이런 양상은 아래로도 이어져 목은 굵고 짧으며 어깨는 넓고 반듯해서 흔들림이 없고, 항마

촉지인을 보이는 두 손은 투박하여 오히려 장대한 체구에 어울린다. 결가부좌한 두 발은 전체의 균형을 생각하면 조금 빈약하게도 보이지만 두 무릎이 넓게 펴져 안정감을 준다. (한국문화유산답사회 엮음, 『팔공산 자락』, 「관봉석조여래좌상 : 갓 바위 부처」, 186면)

문화유산답사의 일환으로 팔공산 갓 바위 부처의 모습을 그리고 있다. 독자들이 직접 가서 이를 목격하지 않더라도 알 수 있도록, 답사자는 자신의 눈에 비치는 갓 바위 부처의 형상을 자세히 **기술**·*Description* 하고 있다. 이 글 역시 논증이라 하기 힘들다. 갓 바위 부처에 관한 나름대로의 주장이 담겨져 있지 않기 때문이다.

그리고 기술의 형식을 빌어 눈앞에 전개되는 사태의 내용을 다수의 사람들에게 상세히 전달하는 **보고**·*Report*형식의 진술이 있을 수 있다. 이것 역시 다소 사태의 내용에 관한 정보를 전하는 형식으로 구성되어 있다. 즉,

사상 최초로 인간 복제를 통해 여자아이가 태어났다고 인간복제를 시도해 온 미국 종교단체 「라엘리언 무브먼트」의 비밀조직인 브리지트 브아셀리에 박사가 26일 오후AFP통신에 밝혔다. 브아셀리에 박사는 제왕절개를 통해 이 아기를 출산했으며 순조롭게 이루어졌다고 말했다. 클로네이드가 극도의 보안 속에 인간 복제를 시도했기 때문에 이날 태어난 아이가 정말 인간복제에 의해 태어난 것인지 여부는 즉각 확인되지 않고 있다. 앞서 브아셀리에 박사는 지난 11월 27일 5명의 여인이 복제인간을 임신중이며 이 중 첫 복제인간이 12월 안으로 출생할 것이라고 밝혔었다. 브아셀리에 박사는 클로네이드의 인간 복제계획에 미국인 2쌍, 아시아인 2쌍, 유럽인 1쌍 등 모두 5쌍이 참여하고 있으며 이 중 미국인 여성이 맨 처음으로 복제된

여아를 출산하게 될 것이라고 말했었다. (마이애미 AFP연합)

이것 역시 논증은 아니다. 복제인간을 연구해 온 특정한 조직의 보고 내용을 많은 사람들에게 자세히 전하는 데 목적을 두고 있기 때문이다. 여기에 보고자 개인의 주장이 전혀 담겨져 있지 않다.

눈앞에 전개되는 현상들 중에는 다소 성질이 유사한 경우들이 있다. 즉 두 사태의 유사한 현상들을 서로 나열하여 전개시켜 나아가는 **개진적 진술**·*expositive Statement*이 있을 수 있다. 아래의 글은 서울에 있는 어느 사찰의 스님이 음력 초하루 법회에서 한 법문이다.

… 옛사람들은 물 같은 삶을 으뜸으로 여겼습니다. 그런데 흐르는 것을 못내 아쉬워하여 붙잡으려 하거나 집착한다면 그대로 마음의 짐이 되어 업으로 남습니다. 흐르는 물은 앞서거니 뒤서거니 자리를 다투지 않습니다. 흐르다가 막히면 돌아서 가고, 갇히면 채워서 넘쳐 흐릅니다. 빨리 간다고 뽐내지 않고 늦게 간다고 안타까워하지 않습니다.

그러나 정작 우리들은 어떻게 삽니까. 물 같은 삶은 바보 같고 덧없는 삶으로 여깁니다. 가능하면 내 곁에 잡아두고 나를 위한다는 생각에 흐름을 거스르려합니다. 재물을 쌓고 자리를 다투고 모든 흐름이 나의 바람을 따라 좌지우지되어야 한다고 고집합니다. 따라서 우리들이 공인하는 능력이라는 것이 대개 '내 논에 물을 대는 방식' 즉 '아전인수(我田引水)'에 대한 능력을 말합니다. 자연스런 흐름을 따라 사는 게 아니라 가능한 한 물꼬를 넓혀서 내 논에 많은 물을 대고 그것을 가두어 두는 것을 유능하다고 합니다.

그런 일들을 자못 인간적인 것이라고 합리화합니다. 결국 우리들은 어처구니없게도 폭력·술수·증오·전쟁에 대해서조차 명분을 붙

여줍니다. 자비와 사랑은 퇴조하여 끝내 불치의 단계로 빠져들고 말 것입니다.

물은 빈자리를 메우며 흐릅니다. 가두지 않고 흐르게 내버려두면 흘러나간 만큼 흘러 들어옵니다. 재물도 물과 같고 권력도, 명예도 나아가 건강까지도 물과 같습니다. 비우면 채워지고 채워지면 비우는 게 바른 삶입니다. 묶이면 썩고 또 썩으면 고통밖에 남는 게 없습니다. (성광 스님, 화계사 주지. '물 같은 삶'. 「명설교·명법문」. 조선일보, 2004. 11. 26.)

이 글은 바른 삶의 내용이 물의 성질과 유사함을 나름대로 전개시키고 있다. 그러나 두 사태의 비유는 다소 설득력이 떨어진다. 두 사태의 내용은 서로 비유가 불가능한 영역의 성질이기 때문이다. 설령 논증의 형태를 갖추고 있다 하더라도 설득력이 약하다.

그리고 일정한 사태에 관한 진술 중에는 이에 대응하는 구체적인 **예시**·*Illustration*를 제시하는 경우가 있다. 즉,

사람은 무릇 임을 잘 만나야 한다. 태어나 가장 먼저 대하는 부모를 잘 만나고 스승을 잘 만나고 친구를 잘 만나야 한다. 위대한 성인군자를 만나서 훌륭한 인물이 될 수도 있지만, 뒷골목 놈팡이를 만나 그와 한 세상 살아가는 불운도 있다. 누구와 만나 어떻게 하루하루를 보내느냐에 따라 그 사람의 운명이 달라진다. 예를 들어 의사가 되고 싶으면 어릴 적부터 매일 의사를 만나 생활하면 의사가 된다. 나도 저렇게 해서 의사가 되어야지라고 마음먹게 된다. 물론 의사가 되기 위한 공부도 열심히 할 것이다. 하다못해 의사가 되지 않더라도 의료업계에 종사하든지 의사와 관련된 일을 하든지 등 그와 유사한 직업을 가질 가능성이 커진다. 흔히 취미가 특기가 되고 그

특기가 직업이 된다고 한다. 사람은 주위의 환경에 영향을 받는다. 운명일 수도 있지만, 인위적으로 그렇게 만들 수도 있다. 늘 우리와 동고동락하는 집단이 가정이고 몸담은 직장, 사회이다. 거기서 절대적인 지배를 받아 저마다의 모습으로 만들어 간다. 작고 의미가 없지만 만남이란 소중하고 각 개인에게 영향을 끼친다.

역사를 만든 만남에는 서애 류성룡과 충무공 이순신의 만남이 있다. 31세 늦깎이로 무과에 급제한 이순신은 44세에야 지방 말단직인 정읍 현감(종6품)이 되었다. 이때 류성룡은 정읍 현감으로 있던 이순신을 전라좌도 수군절도사(정3품)로 일곱 단계나 끌어올렸다. 이렇듯 역사가 증명하듯이 이순신이 없었다면 임진왜란의 승전도, 조선도 없었을 것이다. 물론 서애 류성룡이 없었다면 이순신 장군도 없었다. 조선을 구한 역사상 위대한 만남이었다.

또 일제강점기 말, 촉망받는 시인 조지훈과 박목월과의 만남은 한국 현대시의 흐름을 바꾸게 했다. 조지훈 시인이 자기 고향인 경북 영양에서 목월을 위해 정성스레 쓴 시 한 편, '목월에게'란 부제가 붙은 '완와삼' ('차운 산 바위 우에/ 하늘은 멀어/ 산새가 구슬피/ 울음 운다.// 구름 흘러가는/ 물길은 칠백 리// …')을 보냈다. 이에 조지훈의 편지를 받아 들고 감격한 목월은 밤새 화답시 '강나루 건너서/ 밀밭 길을// 구름에 달 가듯이/ 가는 나그네// 길은 외줄기/ 남도 삼백리// 술 익는 마을마다/ 타는 저녁 놀//구름에 달 가듯이/ 가는 나그네' 란 유명한 '나그네'를 쓴다.

아무리 뛰어난 준마라 할지라도 '백락'(伯樂)을 만나지 못하면 여물만 축내는 마구간의 한낱 말(馬)에 지나지 않는다. 이렇게 우리는 살면서 누구를 만나느냐에 따라 '나'가 결정되기도 한다. 오늘 만나는 한 사람 한 사람 모두가 다 각자의 모습으로 다가와 내게 크고 작은 영향을 미치고 있다. 좋은 사람과 멋진 시간, 기쁘고 행복한 시간을 가져야 함은 두말할 나위 없다. 나는 선량하면서 늘 무언가를 갈구하고 사랑을 할 줄 아는 멋진 임을 만나고 싶다. 나를 알아보는 백락을. (문차숙, 시인. '무릇 임을 잘 만나야 한다', 「매일춘추」. 매일신문, 2017. 11. 23)

이와 같이 이미 우리에게 알려져 있는 내용을 예로 제시하여 일정한 주장의 뒷받침으로 사용하기도 한다. 따라서 이것 역시 다소 논증의 형식을 갖추고 있다 하겠다.

그리고 **설명**·*Explanation*은 논증과 혼동하기가 쉬운 진술의 형태이다. 왜냐하면 '왜냐하면', '··· 때문에'와 같은 지시어가 포함되어 있는 경우가 있기 때문이다. 즉,

그녀는 어제 너무 많은 약물을 복용했기 때문에, 사망했다.

이 예는 설명이지 논증은 아니다. 사망에 관한 원인을 찾아 보여주고 있기 때문이다. 반드시 사망해야 한다는 사실을 주장하고 있는 것은 아니다. 즉 많은 약물을 복용했다고 해서 반드시 사망에 이르는 것은 아니다. 어떤 내용의 약물을 복용했느냐에 따라 상황은 전혀 달라질 수 있기 때문이다. 따라서 앞의 문장은 뒷 문장을 전적으로 뒷받침을 해주지 못하고 있다. 앞의 문장만을 가지고 그녀가 사망했다는 사실을 추론할 수가 없는 것이다.

그러나 이를 보완하여 논증으로 구성할 수가 있다. 약물로 인하여 사망했다는 사실을 보다 구체적으로 보여 줄 수만 있다면 말이다. 문제는 약물이 어떤 성질을 가진 약물인가에 있다. 즉,

어제 그녀는 많은 약물을 복용했다.

그 약물은 다름 아닌 농약이었다.
그러므로 그녀는 사망했다.

이와 같이 앞의 문장을 다소 보충하여 뒷 문장과의 논리적인 함의 관계를 구성할 수 있다. 사태를 설명하고 있는 진술은 이와 같이 논증의 형태를 갖출 수가 있다.

예를 들어 언제나 정시에 출근하던 직원이 한 시간이나 지각하였다고 하자. 사장은 직원이 지각한 이유를 듣고 싶어 할 것이다. 직원은 지하철이 갑자기 고장나는 바람에 버스를 이용해야 했는데 교통체증에 걸려서 늦었다고 대답할 수 있다. 지각이라는 설명되어져야 할 사실이 일련의 진술들로부터 밝혀졌기 때문에 사장은 이 설명을 받아들일 수 있을 것이다.

그는 수업에 늦었다. 왜냐하면 오늘 아침 지하철 노조가 파업을 하여 대구시 교통이 거의 마비상태였기 때문이다.

이처럼 설명은 이미 알려진 어떤 사건이나 현상이 왜 발생했는지를 인과적으로 밝혀 준다. 설명은 두 요소로 구성되어 있다. 즉 피설명항과 설명항이 그것이다. 이 두 요소는 상호 인과적이다. 따라서 설명의 취지나 목적은 바로 이 인과관계를 구명하는데 있다. 여기에서 피설명항은 설명되어야 할 사건이나 현상을 서술하고 있는 명제를 말하고, 설명항은 피설명항을 설명하고자 서술하고 있는 명제를 말한다. 즉,

하늘은 지구상에서 바라보면 푸른색이다.(피설명항) 왜냐하면 태양빛이 대기권에 있는 입자들에 의해서 분산되기 때문이다.(설명항)

> 챌린저호는 발사 직후 폭발되었다.(피설명항) 왜냐하면 고리 하나가 추진로켓에서 작동하지 않았기 때문이다.(설명항)

이처럼 논증과 설명은 학적 탐구에서 갖는 역할이나 기능이 서로 다르다. 논증은 알려지지 아니한 사건이나 장차 알려질 현상에 대한 자신의 주장이 참이라는 것을 명확한 근거를 제시하여 상대방을 설득시키는데 있다. 즉,

> 그는 가끔 무단횡단을 한다. 무단횡단은 교통사고를 유발한다. 따라서 그는 교통사고를 당했을 것이다.

이와 달리 설명은 이미 발생한 사건과 현상이 왜 그렇게 되었는지 원인을 제시하여 상대방이 잘 알 수 있도록 밝혀 이해시키는데 있다.[15] 즉,

> 그는 교통사고를 당했다. 왜냐하면 무단횡단은 교통사고를 유발하는데, 그는 종종 부단횡단을 하기 때문이다.

---

15) "설명을 흔히 인과적 설명이라고 하며, 논증을 설득적 증명이라고 하기도 한다." 생각공장 제작. 『논리와 비판적 사고』.도서출판 글고운, 2000. 35면 참조.

연습문제

Ⅰ. 다음의 예는 하나의 논증만을 포함하고 있다. 각 논증의 전제와 결론을 확인하라.

1. 논리학이란 지적인 훈련과 지적인 정직성을 확보해 주는 주요한 도구의 하나이기 때문에 논리학은 적절히 사용되기만 하면 바람직한 사회의 목표를 성취하는데 도움이 될 것이다.

   (Ilmar Tammelo, Outline of Modern Legal Logic)

2. 어떤 사람이 사막에서 신기루를 볼 때, 그는 거기서 어떤 물질적인 것을 지각하고 있는 것이 아니다. 왜냐하면 그가 보고 있다고 생각하는 오아시스는 존재하지 않기 때문이다. *(Alfred J. Ayer, The Foundation of Empirical Knowledge)*

3. 좋은 책을 죽이는 것은 한 사람을 죽이는 것과 거의 다를 바가 없다. 한 사람을 죽인 자는 신의 모습을 한 하나의 이성적 피조물을 죽인 것이지만 하나의 좋은 책을 죽인 자는 이성 자체를 죽인 것이다. *(John Milton, Areopagitica)*

4. 복합물이 존재하는 것으로 보아서 단순한 실체도 있음에 틀림없다. 왜냐하면 복합물이란 단순한 실체가 모인 것, 단순한 실체의 결합에 지나지 않기 때문이다. *(Gotteried Leibniz, The Monadology)*

5. 금성과 수성은 태양 주위를 돌고 있음에 틀림없다. 왜냐하면 그들은 태양에서 멀리 달아나지 않고, 언제는 태양 저편에 관찰되고 또 언제는 태양 이쪽 편에서 관찰되니까. *(Galileo Galilei, Dialogue Concerning the Two Chief World Systems)*

6. 시는 역사보다 정묘하며 더 철학적이다. 시는 보편적인 것을 표현하지만 역사는 특수한 것만을 표현하기 때문이다. *(Aristoteles, Poetics)*

7. 모든 예술과 모든 학문, 그리고 모든 행동과 모든 탐구도 마찬가지로 어떤 선을 목표로 하고 있다고 여겨진다. 이런 이유로 선이란 모든 것이 목표로 하고 있는 것이라고 말해도 좋을 것이다. *(Aristoteles, Nicomachean Ethics)*

8. 티타늄은 산소, 질소, 수소와 쉽게 결합된다. 산소, 질소, 수소 등은 모두 정반대의 영향을 티타늄의 역학상의 속성에 대해 미친다. 결과적으로 티타늄은 이들이 없을 때 가공 처리되어야 한다. *(Illustrated World of Science Encyclopedia)*

9. 플라톤에 따르면, 선은 개인의 실제적 이익을 촉진하는 것이기 때문에, 선이 인식되는 어떤 경우라도 사람들은 그것을 찾을 것이라는 귀결이 나온다. *(A. Stroll and R. Popkin, Philosophy and the Human Spirit)*

10. 그러나 그들은 인간이란 사회 속에서 살기를 원하기 때문에, 자신의 개인적인 이익의 일부를 공공의 이익을 위해서 포기해야만 한다고 주장하였다. *(The Marquis De Sade, Juliette)*

11. 16세기 말엽 온 세계는, 군주제가 지배적이었고 절대주의로 향하는 경향이 있었다는 점을 목격했다. 독일과 이탈리아는 독재적인 왕좌 자치령 투성이었고, 스페인은 실제로 독재적이었으며, 영국에서는 왕좌가 그렇게 강력하지는 못했었다. 17세기가 다가올 무렵 프랑스 군주제는 점차적으로 유럽에서 가장 위엄 있고 가장 공고한 힘으로 성장했다. *(H. G. Wells, The Outline of History)*

12. 어릴 때부터 보통 소녀들은 거의 결혼이 그녀의 궁극목적이라고 하는 이야기를 듣는다. 그러므로 그녀의 훈련과 교육은 틀림없이 그 목적을 향하게끔 되어 있다. 마치 팔리기 위하여 살찌도록 먹는 벙어리 짐승처럼 그녀는 그 목적을 위해 준비하고 있다. *(E. Goldman, Marriage and Love)*

Ⅱ. 다음의 예는 두 개 이상의 논증을 포함하고 있다. 각 논증을 구별하고, 각각의 논증의 전제와 결론을 확인하시오.

1. 물질은 운동이고 따라서 물체는 그것이 운동하는 것에 있다. 그리고 모든 물질입자는 전 우주에 걸쳐 있기 때문에 모든 물체는 모든 곳에 있다. *(R. G .Collingwood, The Idea of Nature)*

2. 사실 자유는 가장 큰 축복 중에 하나이긴 하지만 보호의 축복만큼 위대한 것은 아니다. 자유의 목적은 인류의 진보와 개선에 있지만 보호의 목적은 그것을 유지하고 영구히 하는 데 있기 때문이다. 따라서 이 두 가지가 갈등을 일으킬 때 자유는 보호에게 자리를 양보해야 한다. 인류의 생존이 인류의 재산보다 훨씬 중요하기 때문이다. *(John C. Calhoun, A Disquisition on Government)*

3. 만일 유물론이 옳다면 우리의 모든 사고는 순전히 물질적 원인에 의해서 생겨난 것이다. 이것은 아주 말도 안 되는 얘기로 진실에서 허위를 만들어 내는 것 같은 얘기이다. 따라서 우리는 우리가 도달한 결론을 어느 것도 믿을 이유가 없다. 유물론의 주장도 포함해서 말이다. 그러므로 유물론은 자가당착의 가설인 것이다. *(J. & E. Mctaggart, Philosophical Studie)*

4. 결혼은 여성들에게 있어서 노예생활을 의미하기 때문에, 여성 운동이 이 제도에 대한 공격에 집중되지 않으면 안 된다는 것은 분명하다. 여성에게서의 자유는 결혼의 폐지 없이는 쟁취될 수 없다. 고용차별과 같은 그런 문제에 대한 공격은 피상적이다. 여성들이 집안에서 아무 일도 안 하고 있는 동안은, 우리는 심각하게 고려되어야 할, 집 바깥에서의 동일한 임금에 대한 우리의 요구를 기대할 수 없다. *(S. Cronam, 'Marriage', in Radical Feminism)*

5. 비록 매우 큰 힘을 갖고 있고 교묘한 술책을 가진 악마가 있어서 그가 모든 노력을 기울여 나를 끊임없이 속인다고 해도 내가 존재한다는 것은

조금도 의심할 수 없다. 왜냐하면 내가 존재하지 않으면 나를 속일 수도 없으므로. 그가 나를 아무리 제 마음대로 속인다고 해도 내가 무엇인가 생각하고 있는 한 그가 나를 존재하지 않도록 만들 수는 없다. 그러므로 이 문제를 깊이 생각해 보고 모든 점들을 주의 깊게 검토해 본 결과, 나는 마침내 다음의 명제를 결론으로 주장하지 않을 수 없었다. '나는 존재한다', '내가 있다'는 것은 내가 그것을 말하거나 마음속으로 생각하는 한 필연적인 진리이다. (*Rene Descartes, Meditations*)

Ⅲ. 다음의 글들이 귀납논증인지 연역논증인지를 확인하시오.

1. 자신의 손으로 자신의 정원을 가꾸는 정원사는 지주와 농부와 노동자라는 세 가지의 성격을 한 몸에 가지고 있다. 그러므로 그의 생산품은 그에게 지주의 지대와 농부의 이익과 노동자의 임금을 지불해 주는 것이어야 한다. (*A. Smith, The Wealth of Nations*)
2. 검사가 증명하였듯이 오스왈드의 총이 공이쇠를 작동시키는 데에는 적어도 2.3초 걸리므로, 분명히 오스왈드가 5.6초 동안에 혹은 그 이내에 세 발-케네디를 맞힌 두 발과 코넬리를 맞힌 한발-을 발사할 수는 없었을 것이다. (*Time Magazine*)
3. 삼각형 A는 삼각형 B와 합동이기 때문에, 그리고 삼각형 A는 이등변이기 때문에, 삼각형 B는 이등변이라는 귀결이 나온다.
4. 논리적 규칙에 정통한 모든 사람은 논리학을 공부한 사람이다. 어떤 논리적 규칙에 정통한 사람은 대학교 문턱에도 가 본 사람이 아니다. 그러므로 논리학을 공부한 어떤 사람은 대학 문턱에도 가 본 사람이 아니다.
5. 아마 인간 행위의 대부분은 추론을 기초로 해서 행해진다. 대개의 경우 우리는 우리의 행위 근거가 되는 사실들을 가지고 있지 못하다. 그러나 우리가 무엇을 할 것인지를 알기 위해서, 미래에 우리가 무엇을 해야만

할 것인가를 예상하기 위해서 가정을 하고 결론을 이끌어 내지 않으면 안 된다. (*F.S. Sathre-Eldon er al., Let's Talk*)

6. 나라의 상태로 보아, 관행으로 보아, 또 그 점에 대해 우리가 겪어 온 경험으로 보아, 직접 과세를 통해서 상당한 금액을 모은다는 것은 실현 불가능하다. 세법의 확대는 언제나 효과가 없었고, 새로운 강제 징수 방법은 시도될 때마다 실패하였고, 대중의 기대는 늘 똑같이 실망으로 끝났고, 정부의 국고는 그대로 텅 비어 있었을 뿐이다. (*A. Hamilton, The Federalist, No. XII*)

7. 렌즈는 표면에서 빛을 굴절시킴으로써 기능한다. 따라서 렌즈의 작용은 렌즈의 표면의 형태에 좌우될 뿐만 아니라, 렌즈 재료의 굴절률과 주위 매체에 의해서도 좌우된다. (*F.J. Blatt, Principle of Physics*)

8. … 사실 나는 내가 그 사람을 맞혔다고는 믿지 않는다. 확률의 법칙이 그의 피에 대해서 나는 무죄라고 믿게 해 주었다. 왜냐하면 총을 만져본 약간의 경험에 비추어 볼 때 나는 내가 맞히려고 한 사람을 맞힌 적이 없었고, 그 때에 나는 그럴 맞히려고 최선을 다했던 것이다. (*Mark Twain's Notebook*)

9. 충분한 생계는 노동자의 육체적 힘을 증가시킨다. 자기의 생활이 좋아질 것이라는 희망, 말년을 어쩌면 풍족하고 편안하게 보내게 될 것이라는 기분 좋은 희망이 그에게 활력을 불어넣어서 힘을 최대한 발휘하게 한다, 따라서 항상 우리는 임금이 높은 곳에서는 임금이 낮은 곳에서보다 사람들이 더 능동적이고 부지런하고 효과적으로 일하는 것을 발견할 수 있다. (*A. Smith, The Wealth of Nations*)

10. 인간은 본질적으로 이성적이므로, 인간지식의 역사에서 형이상학이 끊임없이 다시 등장하는 것은 이성자체의 구조에서 그 설명을 찾아야 할 것이다. (*Etienne Gilson, The Unity of Philosophical Experience*)

11. 생각건대, 귀납법을 물리치기란 그리 어려운 일이 아니다. 왜냐하면 사람

들이 귀납에 의해서 특수한 것으로부터 보편적인 것을 확립하려고 할 때, 그들이 할 수 있는 일이란 개별적인 것을 모두 조사하거나 그 일부를 조사하는 것이다. 그러나 그들이 일부를 조사한다면 그들의 귀납은 불확실하다. 그들이 귀납추론을 하면서 빼놓은 어떤 개별적인 것이 보편적인 결론과 반대될 수도 있기 때문이다. 반대로 만일 그들이 모든 개별적인 경우를 조사하려고 한다면 그들은 불가능한 것을 하려고 애쓰고 있는 셈이다. 개별적인 것들은 무한하고 불분명하기 때문이다. 이런 근거에서 볼 때 결론은 내 생각대로 귀납이란 부당하다는 것이다. (*S. Empiricus, Outline of Pyrrhonism*)

Ⅳ. 다음의 예가 논증을 포함하고 있는지의 여부를 확인하시오.

1. 미국 일간지 U S A 투데이가 '동해와 일본해 병기' 방침을 밝힌 데 이어 뉴욕 타임즈의 최근 기사와 지도에서도 '일본해'표기가 사라지고 있다. 뉴욕 타임즈의 이런 움직임은 독자투고와 전화 등을 통해 이 신문에 '동해'표기를 요구하는 운동을 지속적으로 벌여온 뉴욕일대의 한인단체들의 노력이 반영된 결과로 보여 주목된다. (뉴욕연합)
2. 불편하다는 것, 그것이 좋은 것이다. 우리가 너무 편하게 살다 보니까 잠시라도 전기가 나가고 전화가 끊어지면 안절부절 못하고 모든 기능이 정지된다. 그러나 내가 사는 곳에는 그런 것들이 아예 없고, 또한 필요로 하지도 않는다. …우리가 너무 편리한 문명의 이기에만 의존하다 보니까 무한한 잠재력과 가능성이 자꾸만 소멸되어 간다. 그리하여 문명의 노예처럼, 조금만 문명의 장치가 고장나도 옴짝 못할 정도가 되었다. 내가 사는 곳에는 다행히 전기가 안 들어오기 때문에 불편이야 하겠지만 마음은 편하다. (법정, 「물소리 바람소리」 중에서)
3. 중국고고학자들은 쓰촨(四川)성 남서부에서 4천 300년 전으로 거슬러 올

라가는 선사시대 도시의 유적을 발견했다고 신화통신이 23일 보도했다. 이 유적 발견은 청두(成都)평야를 가운데 끼고 있는 양쯔강 상류지역이 중국문명의 발생과 발전에 중요한 역할을 했음을 보여주는 것이라고 전문가들은 말했다. 고대 도시인 옌디앤의 규모는 남북 700m, 동서 500m로 면적이 30만㎡에 달한다고 신화통신은 전했다. (베이징 AFP연합)

4. 정치권에서 여, 야간의 긴장이 고조되고 있기 때문에, 어제 주식 값이 폭락했다.

5. 지구의 자장이 사라진다면, 밴 엘런 방사능대가 파괴될 것이다. 벤 엘런 방사능대가 파괴된다면, 강한 우주 광선이 지구에 쏟아질 것이다. 그러므로 지구의 자장이 사라진다면, 강한 우주 광선이 지구에 쏟아질 것이다.

6. 스위스의 알프스에는 대단히 높은 산봉우리들이 많다. 그리하여 바이스혼, 매터혼, 나델혼은 4000미터가 넘는다.

7. 세계에서 가장 작으면서 기능은 최고의 수준으로 평가되는 캡슐형 내시경이 우리나라의 독자기술로 개발되었다. 과학기술부 21세기 프런티어 개발사업인 「지능형 마이크로시스템 개발사업단」(단장 박종오)은 28일 복용과 동시에 식도, 십이지장, 소장 등 소화기 계통의 출혈과 궤양, 염증 그리고 암 등 종양을 실시간으로 진단할 수 있는 비타민 알약 크기의 지름 10㎜, 길이 25㎜인 캡슐형 내시경 「미오(MIRO)」를 개발했다고 발표했다.

8. 원자는 모든 물질의 기본적인 덩어리이다. 이들은 결합하여 분자를 이룰 수 있는데, 이 분자들의 속성은 일반적으로 그 구성 요소인 원자의 속성과 대단히 다르다. 예컨대 식탁 소금은, 염소와 나트륨으로 이루어진 단순 화학 복합체로서, 유독가스와도 유사하지 않고 높은 정도로 반응하는 금속과도 유사하지 않다.

9. 베이징의 한겨울은 살을 에듯 춥다. 그러면서도 공기가 건조해 눈은 거의 찾아볼 수 없고 피부는 수분을 빼앗겨 알레르기로 고생하기도 한다. 게다가 겨울의 베이징은 우중충하기 짝이 없다. 여름철엔 젊고 날씬한 여성들

이 짧은 치마를 입는 채 씩씩하게 자전거를 타고 가거나 속이 훤히 비치는 시 스루 룩(See-Through Look)으로 자못 현란한 광경을 연출하지만 겨울철엔 사정이 달라진다. 지난 90년대 초 중반까지 서민들의 대중적 겨울 패션이었던 솜 넣은 국방색의 군인 풍 외투를 이전만큼 흔히 볼 수는 없다지만 그래도 아직 곳곳에서 눈에 띈다. 여성들은 후드가 달린 멋없는 긴 방한 코드 일색이고, 남성들은 보온에만 신경 쓴 거무죽죽한 차림의 일색이다. (「韓流 그 현장」, 대구매일신문, 2003, 1, 24.)

10. 산은 곧 커다란 생명이요, 시들지 않는 영원한 품속이다. 산에는 꽃이 피고 꽃이 지는 일만이 아니라, 거기에는 시가 있고, 음악이 있고, 사상이 있고, 종교가 있다. 인류의 위대한 사상이나 종교가 벽돌과 시멘트로 된 교실에서가 아니라, 때묻지 않은 자연의 품속에서 움텄다는 사실을 우리는 상기할 필요가 있다. (법정, 「물소리 바람소리」 중에서)

제2장 ◆ 언어와 정의

1. 언 어

1) 언어의 세 가지 기능

논리학은 언어자체를 탐구하지 않는다. 따라서 언어의 발생기원이나 언어의 구조 등과 같이 언어에 관한 일련의 본질적인 내용을 여기에서 다루지 않는다. 이러한 일련의 내용들은 오히려 언어학이나 언어철학에서 다루어질 성질의 것이다. 다만 여기에서는 언어가 논리학에서 차지하는 위치, 언어를 사용하는 목적, 언어의 역할과 기능 그리고 언어사용에 있어서 주의해야 할 점 등에 관한 몇 가지의 내용을 다루어 보기로 한다. 언어를 직접 사용하고 활용하는 것 역시 언어에 관한 본질규정 못지 않게 중요한 것임에 틀림없다. 언어에 관한 본질규정이 아무리 정확하게 규정되어 있다 하더라도 이를 적용하는 데 있어 제대로 행해지지 않는다면, 이 또한 언어의 올바른 이해로부터 거리가 멀어지기 때문이다.

논리학의 대상이 논증이라는 점을 우리는 강조해 왔다. 그러나 논리학의 대상은 엄밀히 말하여 추리인 것이다. 추리를 직접 다룰 수 없으므로 부득이 이를 언어화하여 전제와 결론으로 재구성하는 것이다. 추리의 재구성은 그것이 결코 경험적이지 않다는 데에 있다. 그러므로 추리자체만으로는 사유의 흐름이 올바른 방식으로 진행되었는지 또는 그릇된 방식으로 진행되었는지의 여부를 가늠할 수가 없다. 즉 그것이 좋은 추리인지 나쁜 추리인지의 식별이 전혀 불가능한 것이다. 따라서 추리, 즉 사유의 흐름을 들여다 볼 수 있는 방법으로서 이를 언어화하는 것이다. 언어로 표현된 추리의 내용, 즉 논증을 통하여 간접적으로 추리의 옳고 그름을 판단하는 것이다.

그런데 추리를 언어화한다는 것은 다름 아닌 추리의 일정한 내용을 언어를 매개로 하여 드러내 보이는 것이다. 즉 추리는 흐름이고, 이를 과정의 일정한 단계에서의 내용을 소위 현상화시키는 것이다. 이를 위해서는 일정한 단계의 내용은 부득이 명제와 진술의 형태를 띠지 않을 수 없다. 명제와 진술은 주어와 술어로 구성되어 있고, 주어는 술어를 통하여 자신의 내용을 언표하고 있기 때문이다. 따라서 추리를 언어화한다는 것은 명제 또는 진술의 형태로 갖추는 것을 말한다. 논증은 바로 이 명제나 진술로서 구성되는 것이다. 추리의 흐름을 일정한 단계에서 그 내용을 언어를 통하여 현상화시키는 것, 즉 명제나 진술을 가지고 추리를 재구성하는 데 언어의 중요성과 그 사용의 정확성이 요구된다 하겠다.

언어사용의 중요성은 비단 논리학에 국한된 문제만은 아니다. 논리학이 아닌 여타의 과학에서도 언어사용의 신중성은 늘 있어 왔다. 우리는 존재하는 바 세계를 일정한 틀이나 형식에 실어 이를 담고자 한다. 즉 존재하는 바 그 세계의 내용을 언어를 매개로 하여 드러내 보이고자 한다. 그러나 어느 하나 빠뜨리지 않고 양적으로 또는 질적으로 일치하는 성질을 드러내 보인다는 것은 여간 어려운 것이 아니다. 아니 전혀 불가능한 것이다. 왜냐하면 존재하는 바 그 세계가 우리에게 나타나는 바, 대상이 갖는 성질을 드러내 보이기 때문이다. 그러므로 양적으로 그 일부의 내용을, 질적으로 다소의 성질을 일정한 언어나 형식을 통해 드러낼 수밖에 없는 것이다. 이러한 과정 중 존재하는 바 그 세계가 우리에게 새롭게 대상화 되어 나타나면 그 내용은 이에 상응하는 새로운 언어나 개념에 담겨지게 되는 것이다. 따라서 새로운 사실이 존재세계에서 발견됨에 따라, 즉 대상화 되어 나타남에 따라 우리는 새로운 언어나 개념을 가지게 되는 것이다. 이것이 소위 지적세계의 확장인 것이다.

그런데 여기에서 새롭게 만들어지는 언어는 새롭게 발견되는 사태의 성질과 일치하는 명칭, 즉 언어를 사용해야 하는 것이다. 예를 들면 '아내'와 '애인'이란 개념은 서로 다른 언어이다. 언어가 다르다는 것은 지칭되는 사태의 성질이 다르다는 것이다. 길을 가다 만나게 되는 불특정한 사람을 보고 우리는 아내라 하지 않고 더구나 애인이라 부르지 않는다. 물론 애인을 두고 아내라 칭하지도 않을 뿐만 아니라 아내를 향해 애인이란 말을 사용하지도 않는다. '아내'와 '애인'이란 개념은 서로 다른 내용을 담고 있기 때문이다.

마찬가지로 우리는 세계를 '자연세계', '대상세계' 그리고 '환경세계'라 칭하기도 한다.[16] 동일한 세계를 서로 다른 언어로 표현한다는 것

16) 여기에서 자연세계(自然世界)는 스스로 그러한 상태로 있는 세계를 말하며, 대상세계(對象世界)는 자연의 세계를 인식하기 위해 다가가는 순간 마주하는 세계이다. 그리고 환경세계(環境世界)는 말 그대로 둘러 경계를 친 세계이다. 나 혹은 우리를 둘러 자연세계를 새롭게 경계를 친 세계를 말한다. 즉 나 혹은 우리를 중심으로 자연의 세계를 재배열한 세계이다.

은 그 언어에 실려 있는 내용이 다르다는 것이다. 세계가 대상세계로 보인다는 것은 결코 환경세계와는 질적으로 다른 세계와 나는 마주하고 있는 것이다. 물론 세계를 대하는 태도나 접근방식 역시 달라지는 것이다.

뿐만 아니라 '인간은 이성적 존재'이다, '인간은 의식적 존재'이다, '인간은 영적 존재'이다 그리고 '인간이야말로 현존재'이다 등등 인간에 관한 정의 역시 인간이란 동일한 존재자를 두고 서로 달리 언표되고 있다. 이것은 인간존재의 서로 다른 성질을 언표하고 있는 것이다.[17] 세계나 인간이 가지고 있는 성질 가운데, 새로운 성질이 발견됨으로써 이를 종래와 다른 언어로 표현하고 있는 것이다. 이렇게 본다면 세계나 인간에 관한 본질규정이 일회성으로 끝날 성질의 것이 아님을 알 수 있다. 이들은 아직 우리에게 드러나지 않는 성질을 가지고 있다. 이것이 차후에 우리에 의하여 발견된다면 그것은 또 다른 언어에 담겨질 것이다. 언어는 이처럼 새로운 내용이나 성질을 담아 전달하는 정보매체이다. 이러한 현상은 사실 과학적 탐구에서 흔히 목격할 수 있다. 이것이 언어가 가지고 있는 인식적 기능이다.

언어는 인식 **정보적 기능** · *informative Function* 이외에 감정 표출적 기능을 가지고 있다. 이것은 시적 언어에서 흔히 볼 수 있다. 친구 한 사람이 시인으로서 활동하고 있다. 그는 낙동강과 금오산을 배경으로 시상을 떠올린다고 한다. 이것은 낙동강과 금오산을 사실 과학적 내용에 기초해 있는 것은 아닐 것이다. 낙동강에 관한 사실 과학적 탐구는 지리학적 탐구와 일치한다. 즉 낙동강의 지정학적 위치나 강의 길이와 너비 그리고 깊이뿐만 아니라 하구의 삼각주 등이 이 강의 내용을 구

17) 여기에서 이성적 존재는 합리성을, 의식적 존재는 지향성을, 영적 존재는 불멸성을 그리고 현존재는 개시성을 각각 가진 존재를 말한다.

성한다. 금오산도 마찬가지이다. 이 산의 높이로부터 시작하여 산을 이루는 식물들의 분포, 산을 덮고 있는 토양의 성질, 한반도 내에서 이 산의 지정학적 위치, 이 산의 모양새 등등이 이 산에 관한 사실 과학적 탐구의 내용을 구성한다.

그러나 시인인 친구는 단순히 이러한 사실 과학적 내용을 소재로 하여 시를 구상하고 쓰지 않을 것이다. 여기에는 자신이 오랜 기간 동안 낙동강과 금오산 주변에서 생활하면서, 이 강과 산이 자신의 삶에 미친 영향이나, 이 강과 산이 자신에게 주었던 또 다른 느낌을 언어로 표현하고 있는 것이다.

> 대지 위에 무성한 노을이 떨어진다.
> 저물어 가는 강변에 램프가 흔들리고
> 탈곡기처럼 쿨럭이며 우리는 오늘도
> 새들이 흘리고 간 겨울식량을 나누어 본다.
> 한나절 삽질로도 채울 수 없는
> 아득한 放心의 벌판 끝에서
> 뿌리와 번식, 몇 접시의 뜨거운 안락을 위하여
> 우리는 뿔뿔이
> 갈매나무 해묵은 진흙길로 달려왔다.
> 무엇일까 무엇이 우리를 부끄럽게 하는가.
> 어둠이 내리고 눈보라 멈추면
> 우리가 지피는 얼룩빛 장작불은
> 누구를 위한 어디를 겨냥한 비굴한 출혈인가.
> 밤마다 움집에선
> 同時代의 늙은 종지기가 절망하고 있다.
> …

< 이진엽[18], 「낙동강 부근의 지녁」, 『시와 해방』 >

이것은 마치 꽃이 피어있는 모습을 지켜보고 꽃이 자신을 향해 웃고 있다든지, 이름 모를 새가 소리를 내면서 자신의 동료와 의사소통을 하고 있음에도 불구하고, 이를 듣고 있던 어떤 이는 새가 노래한다고 말하는 것과 같다. 여기에서 사실 과학적 언표를 넘어 언어의 또 다른 기능을 엿 볼 수 있다. 이것은 사실 과학적 탐구의 내용에다 시인 자신의 감정을 이입하여 이에 관한 느낌을 표현하고 있는 것이다. 이를 우리는 언어의 감정 **표출적 기능** · *expressive Function* 이라 한다. 이것은 특정인의 감정이 실려있는 언표이다. 그러나 언어의 인식 정보적 언표와는 달리 감정 표출적 언표는 사태내용과의 일치여부를 검증하는 단계에서 언표의 진위여부를 확인 할 수 없다. 그것은 귀납적인 혹은 연역적인 추리에 의한 주장이 아니기 때문이다. 그것은 어디까지나 언표자의 감정의 표현이다. 이를 진위여부와 관련하여 문제로 삼을 수는 없다.

…
매미가 운다.
여름산에 풀매미가 운다.
가장 넉넉한 아열대를 위하여
그 아열대의 꽃을 위하여
매미가 운다.
아이들이 파도친다.
…

< 이진엽, 「여름별곡」, 『시와 해방』 >

18) 시인 이진엽은 1992년 『시와 시학』 신인상에 시로, 1998년 <매일신문>신춘문예에 문학평론으로 등단했다. 『아직은 불꽃으로』, 『낯선 벌판의 종소리』, 『겨울 카프카』, 『시와 해방』 등의 시집과 『존재의 놀라움』 등의 평론집이 있다. 현재 대구 효성여자고등학교에 국어선생님으로 재직하고 있다.

매미는 결코 꽃을 위해서 우는 것이 아니다. 아열대의 꽃을 위하여 우는 것은 더구나 아니다. 또한 파도는 아이들에 의하여 쳐질 수 있는 성질의 것이 아니다. 이처럼 「여름별곡」을 자연과학적으로 접근하여, 여기에서 언표되고 있는 내용이 자연현상과 일치하는지의 여부를 확인하고, 이 과정에서 진위문제를 논한다면 우스운 꼴이 될 것이다.

이외에 상대방에게 행동를 불러일으킬 목적으로 사용되는 언어의 기능이 있다. 이를 행위 **지시적 기능** · *directive Function* 이라 한다. 어머니가 아이에게 식사 전에 '손을 씻어라' 할 때, 어머니의 말은 아이에게 어떤 지식을 전달하거나 어떤 감정을 불러일으키려는 것이 아니라, 어떤 특정한 행위를 불러일으키려고 사용된 것이다.

지시적인 언어 역시 표출적 언어와 같이 참도 아니고 거짓도 아니다. 예를 들면 '창문을 닫아라'고 하는 명령은 글자 그대로의 의미에 있어서 참도 아니고 거짓도 아니다. 그러나 그 명령이 과연 합리적인가 그렇지 않는가 혹은 적절한가 그렇지 않는가 등은 고려될 수 있겠다.

이와 같이 언어는 인식 정보적 기능, 감정 표출적 기능 그리고 행위 지시적 기능을 가지고 있다. 이러한 언어의 대표적인 기능 가운데 논리학은 특히 인식 정보적 기능에 주목한다. 추리를 논증화함에 있어서 지나치게 감정이 개입되면, 객관적인 추리내용의 전달에 방해되기 십상이기 때문이다.

2) 정의적으로 중립적인 언어와 정의적인 언어

이처럼 언어는 그 기능에 따라 정의적으로 중립적인 언어가 있는가 하면 정의적인 언어도 있다. 정의적으로 중립적인 언어란 감정적인 요소가 전혀 포함되어 있지 아니한 언어를 말한다. 이것은 어디까지나 언어의 인식 정보적 기능과 관련이 있다. 그러므로 이것은 사실 과학적 관점에서 진위여부를 확인할 수 있다.

이에 반하여 정의적인 언어는 언어의 감정 표출적 기능과 관련되어 있다. 여기에는 언어를 사용하는 화자의 감정이 다소 개입되어 있다. 그것이 좋은 감정이든 나쁜 감정이든, 또는 긍정적인 감정이든 부정적인 감정이든 불문하고 여하한 감정이 표출되어 있다. 예를 들면 민생의 안녕과 치안유지를 위해 우리 주변에는 경찰이 있다. 이를 우리는 한때 순사라 칭하기도 했다. 경찰과 순사는 사회조직의 동일한 일원을 칭하고 있지만 언어의 중립여부와 관련하여 본다면, 경찰은 소위 민중의 지팡이로서 어려움에 봉착했을 때 언제든지 도움을 청할 수 있는 친근한 사람으로 다가오지만, 순사는 이 개념이 만들어지게 된 시대적 배경에서 알 수 있듯이, 권위적이고 국민의 위에서 군림하고 지배하는 계급으로서 인식되어 있다. 이것은 '우는 아이도 순사가 온다'고 하면 울음을 그칠 정도로 위협적인 존재이다. 긴 칼을 허리에 차고 말 위에 올라앉아 신작로를 활보하는 모습을 연상하면 가히 공포의 대상으로까지 여겨진다. 이처럼 '순사'란 언어는 정의적인 색채를 띠는 말이다.

1941년 2월 28일 일왕 히로히토는 "국민학교는 황국의 도에 준하여 초등 보통교육을 베풀어 국민의 기초적 훈련을 위함을 목적으로 한다"(「칙령」 148호)를 발표한다. 이에 따라 조선총독부는 「국민학교령」을 발표함으로써(조선총독부 「관보」 제4254호) '소학교'가 '국민학교'로 명칭이 변경되기에 이른다. 이리하여 국민학교는 황국신민양성기관으로서 소위 식민주의 교육의 산실 노릇을 자행하게 된다.

알려진 바와 같이 국민학교 교육은 황국신민 교육이념 아래 한민족을 황민화, 우민화, 노예화, 친일화에 박차를 가하기 시작한다. 신사참

배를 비롯하여 한국어말살, 창씨개명을 통한 성명말살, 식민사관 교육과 이에 의한 역사왜곡 등이 그 구체적인 사례에 해당된다. 이를 통하여 일본제국은 한민족의 우월성과 자부심을 파괴시키고, 열등감과 괴리감에 빠지게 했으며 나아가 한국과 한민족의 존재를 역사무대에서 완전히 사라지게 하고자 했던 것이다. '국민학교'의 명칭은 이처럼 역사적 배경을 안고 있는 것이다. 따라서 우리는 1995년 8월 해방 50주년을 맞아, 일제잔재를 청산하고 민족의 정기를 바로 세우기 위한 일환으로 '국민학교'의 명칭을 과감히 버리고 '초등학교'로 바꾸어 사용하기로 했다. 이것은 그 이듬해 1996년 3월 1부터 전격적으로 시행되었다.[19)]

이처럼 '초등학교'와 '국민학교'의 명칭은 동일한 대상을 칭하고 있으나 이들이 담고 있는 내용이 다른 것이다. 이러한 상이한 내용은 곧바로 그 시대인의 생각과 정서에 그대로 반영되어 나타난다. 이와 같이 '국민학교'는 '초등학교'와 달리 정의적인 색채를 담고 있다.

통일한국으로 가는 길목에서 "빼앗긴 국호, 'Corea'를 되찾자"는 움직임이 활발히 진행되고 있다. 이 또한 일제강점기에 강제적으로 대한민국의 영문국호 '꼬레아'·*Corea*가 '코리아'·*Korea*로 변경되었다고 보고 있기 때문이다. 특히 1905년 을사조약체결 이후 외교권이 완전히 박탈된 상황에서 '대한제국'이란 명칭도 사용할 수 없었던 당시의 헌

19) 한국의 초등학교 역사는 초등수준의 교육기관이라는 점에서 보면 고구려의 경당(堂), 고려시대·조선시대의 서당(書堂) 등이 그 기원이라 할 수 있다. 그러나 근대적인 학교제도의 발달은 갑오개혁 이후의 일로, 1883년 원산학당이 설립된 이후 1895년 서울의 수하동소학교(水下洞小學校)·장동소학교(壯洞小學校)·정동소학교(貞洞小學校)·재동소학교(齋洞小學校) 등의 설립에서 비롯되었다. 그러나 소학교의 명칭은 일제강점기인 1911년 제정 공포된 '조선교육령'에 따라 보통학교로 변경되었고, 1938년 교육령 개정으로 심상소학교(尋常小學校)로, 1941년 일왕의 칙령으로 '황국신민의 학교'라는 의미의 국민학교로 바뀌었다. 이것이 8·15 광복 이후에도 계속 사용되어 오다가 1996년 민족정기 회복 차원에서 초등학교로 바뀌었다. 『두산세계대백과』 참조.

실을 감안한다면 영문국호 Corea가 Korea로 변경된 시기 역시 이를 기점으로 하고 있다는 주장은 다소 설득력을 갖는다. 1905년 을사조약을 시발점으로 대외관계문서 뿐만 아니라 대내외 공개문서인 「관보」에 이르기까지 한국의 영문국호는 Corea가 아닌 Korea로 통일하여 사용하고 있는 데에서 구체적인 예를 찾아 볼 수 있다.

우리나라 영문국호의 첫 사용은 사실상 프랑스의 선교사 류브류크·*G. de Rubruck*의 몽골여행기에서 비롯된다고 알려져 있다. 그는 1253년 몽골에 파견되었다가 1255년에 귀국한다. 그리고 그는 동방여행기를 기술하게 된다. 여기에서 그는 "중국의 동편에 섬나라 '카울레'·*Caule*가 있다"고 기술하고 있다. 이것은 '고려'·*Koryo*의 중국음인 '까우리'·*Caoli*를 표기한 것으로 인식된다. 그리고 이탈리아의 마르코 폴로·*Marco Polo* 역시 1270~1295년까지 무려 24여 년 동안 서아시아로부터 중앙아시아를 거쳐 원나라에 머물다 귀국한 후 『동방견문록』을 쓰게 된다. 그는 여기에 '고려'를 '카울리'·*Cauly*로 기록하고 있다. 또한 1653년부터 1668년에 이르기까지 14년 동안 조선에 억류되어 있었던 네덜란드인 하멜·*Hamel*은 본국으로 돌아가 『난선제주도난파기』를 기술한다. 그 역시 '고려'를 'Coree'로 표기했다. 이처럼 프랑스 선교사 류브류크가 1255년에 '고려'를 '카울레'·*Caule*로 표기한 이래 1905년경에 이르기까지 거의 700여 년 동안 우리나라의 영문국호는 'Corea'로 사용되어 왔었다. 물론 프랑스어, 포르투갈어, 영어, 화란어인 Cores, Coray, Corie, Corey, Coree 등으로 표기상의 차이는 있었지만 한결같이 첫 자를 C로 시작하고 있음을 목격할 수 있다.

우리나라의 영문국호 Korea는 100여 년 동안 대한민국을 상징하는 이름으로 하등에 손색이 없었다. 또한 한국인들에게 많은 사랑을 받아왔다. 이것은 지금도 변함이 없다. 우리는 그만큼 Corea보다 Korea에 더 익숙해 있고 친숙해져 있다. 따라서 한 세기가 지난 지금에 와서 굳이 영문국호의 명칭변경의 필요성에 대해 의문을 제기하는 이가 없지 않을 것이다. 그러나 Korea의 탄생은 Corea의 그것과 질적으로 다른 배경을 안고 있다.

일본에 의해 Corea가 Korea로 변경되었던 그렇지 않던 상관없이 Korea라는 영문국호는 현대의 부끄러운 역사와 함께 하고 있다. 즉, 일제강점기를 비롯하여 분단한국의 얼굴로, 다시는 기억하고 싶지 않은 크고 작은 흉물스런 오명의 상징으로 세계인을 비롯한 우리 모두에게 인식되어 있다. 우리는 이를 주목하고 있는 것이다. 이것은 앞으로 많은 한국인들의 정서와 삶에 전적으로 영향을 미치지 않을 수 없기 때문이다. 이에 반하여 Corea의 명칭은 통일된 단일국가의 상징으로, 주체적이고 창의적인 민족의 이름으로 기억되고 있다. 영문국호의 명칭 변경으로 인해 발생할 많은 어려움과 불편함을 감수하면서까지 Korea를 Corea로 변경의 필요성이 강조되는 이유가 바로 여기에 있는 것이다. 이처럼 Corea와 Korea는 이들이 만들어진 배경과 여기에 담겨져 있는 내용이 서로 다른 것이다. 따라서 Korea는 Corea에서 찾아 볼 수 없는 정의적인 내용을 지니고 있다 하겠다.

'한국인과 조센징', '일본인과 왜놈', '중국인과 뙷놈', '기독교인과 예수쟁이', '공산주의자와 빨갱이', '공무원과 관료' 그리고 '공무원과 공복' 등은 정의적으로 중립적인 언어와 정의적인 언어 관계에 있는 언어들이다.

그리고 달이나 별이 사실 과학적 관점에서는 중립적인 언어로서 위성이나 행성으로서의 내용을 갖지만, 감정 표출적 관점에서 보았듯이 달이 사랑하는 님의 얼굴로 승화된다든지, 모든 이가 곤히 잠든 추운 겨울 밤, 저 멀리 민가에서 가물거리든 불빛이 하나 둘씩 꺼져가고, 어디선가 간간이 들려오는 개 짖는 소리가 그 전부인 들녘에서, 국군 장

병아저씨의 이마 위를 비추고 있는 달은 추위와 두려움 그리고 배고픔을 잊게 하는 없어서는 안 될 다정한 벗으로 다가온다. 뿐만 아니라 때로는 별이 자신의 참된 모습으로 감정이 이입되기도 한다.

> …
> 별아. 네가 있는 것을 알기에 나는 행복에 겨워 울고 있다.
> 별아. 결코 너에게 도달할 수 있다는 걸 알기에 나는 동경으로 자신을 소모시킨다.
> 별아. 자아의 진정한 모습아.
> …

< 전혜린, 『이 모든 괴로움을 또 다시』 >

그러나 사실 과학적 관점에서 달은 얼굴이나 친구일 수 없으며, 별이 자신의 본래적 모습일 수 없다. 이것은 어디까지나 정의적으로 자신의 감정을 표출하여 이입한 언어들이고 대상들인 것이다.

언어의 감정 표출적 기능에서 보듯이, 정의적인 언어 역시 추리를 논증화하는 과정에서나 혹은 어떤 사실에 대한 지식에 도달하고자 할 때 걸림돌로 작용할 수 있다. 감정적 표출이 사태의 추리를 흐리게 하기 때문이다. 따라서 냉정하고 객관적인 태도로 추론이나 논증을 하고자 할 때, 지나치게 정의적인 언어를 사용하는 것은 방해가 된다. 이는 곧 논증을 전개함에 있어서 항상 적절한 언어를 선택하여 사용하는 일에 관심을 가져야 함을 의미한다. 언어를 부주의하게 사용함으로써 우리는 종종 오류를 범하기 때문이다.

2. 정 의

1) 개념의 내포와 외연

道可道 非常道 名可名 非常名
無名天地之始 有名萬物之母
…

< 老子, 『道德經』, 제1장 >

만물의 근본 원리로서 道를 道라 함은 이미 道가 아니고 名을 名이라 하면 이미 名이 아니다. 즉 可道는 이미 常道가 아니고 可名은 이미 常名이 아니다. 그러나 우리는 常道를 개념화하여 可道로 표현하고 常名을 개념화하여 可名으로 언표한다. 여기에서 '개념화한다'는 것은 무엇을 말하는가. **'개념'**이란 말은 **'대개 槪'**와 **'생각 念'**으로 구성되어 있다. 따라서 개념이란 말의 뜻은 **'대개 생각하는'**, **'대략적으로 생각하는'**, *generally think* 바를 말한다. 무엇을 대략 생각하는가. 그것은 道라 해도 좋고, 자연의 세계라 해도 좋다. 뿐만 아니라 우리들 자신인 바 인간이라 해도 무방하다. 중요한 것은 이들을 어떤 방식으로 생각하느냐 하는 것이다. 따라서 이들을 한마디로 존재자라 부르고자 한다. 즉 존재자를 대략 생각하여 표현한 바, 그것이 다름 아닌 언어이다.

한 걸음 더 나아가 존재자에 관한 무엇을 대략적으로 생각하는가. 그것은 곧 존재자의 영역이나 범위 또는 그 성질이나 내용을 대개 생각하는 것이다. 따라서 언어는 존재자의 범위와 영역을 또는 그 성질과 내용을 대략적으로 생각하여 나타낸 기호이다. 이렇게 볼 때 특정한 언어는 존재자를 대략 생각한 바의 표현이므로 차후에 언제든지 다른 언어로 표현이 가능한 것이다. 왜냐하면 존재자는 양적으로 또는 질적으로 우리에게 새로 발견되는 바가 없지 않기 때문이다. 그러므로 언어는 항상 일정한 모습으로 우리의 지적세계에 머무는 것이 아니다. 시대에 따라 사라지기도 하고 또 사라진 그 자리에 새로운 언어가 채워지기도 한다. 물론 기존의 언어를 다소 수정하여 보완하기도 한다. 이것이 바로 지적세계의 양적 팽창과 질적 향상을 가져다 준다.

이처럼 일정한 언어는 존재자의 일정한 영역과 범위 그리고 이에 따른 그 내용과 성질을 담고 있다. 언어에 의하여 지칭되는 바, 존재자의 일정한 영역과 범위를 **외연**·*Extension*이라 하고, 언어에 의해 표현되는 그 내용과 성질을 **내포**·*Intension*라 한다. 예를 들면 '학생'이란 개념의 외연은 유치원생을 비롯하여 초등학생, 중학생, 고등학생, 대학생 그리고 대학원생 등이다. 즉 학생의 외연은 학생이란 개념이 지칭하는 전 범위, 그 영역 내의 모든 구성원 또는 집합요소를 총칭한다. 이와 달리 학생의 내포는 '배우는 과정에 있는 사람', '경제력을 갖추고 있지 않는 사람', '직장을 가지고 있지 않는 사람', '일반적으로 결혼을 하지 않은 사람' 등등이다. 즉 학생이란 개념의 내포는 유치원생으로부터 시작하여 대학원생에 이르기까지, 이들 모두가 공통적으로 가지고 있는 성질 또는 속성을 말한다.

'포유동물'의 외연은 이 개념이 지칭하는 전 영역의 테두리를 말한다. 즉 인간을 비롯하여 원숭이, 곰, 개, 고양이, 호랑이, 사자, 코끼리, 박쥐, 다람쥐 등을 말한다. 그러나 '포유동물'의 내포는 이들 모든 동물이 공통적으로 가지고 있는 성질을 말한다. 즉 '새끼를 낳는 동물이다', '젖을 먹여 기르는 동물이다', '척추를 가진 동물이다', '온몸에 털이 나 있는 동물이다', '체내수정 하는 즉 정자와 난자가 암컷의 몸속에서 수정하는 동물이다', '심장이 2심방과 2심실로 구성되어 있는 동물이다', '2개의 폐를 가지고 호흡하는 동물이다' 그리고 '입 – 식도 – 위 – 소장 – 대장 – 항문의 순으로 먹이가 지나면서 소화가 되는 동물이다' 등등 이루 헤아릴 수 없다. 이것들이 포유동물이란 개념의 내포이다.

그러나 모든 개념이 포유동물의 개념에서 보듯이 많은 수의 구성요소와 다양한 속성을 가지고 있는 것은 아니다. 즉 '존재 – 경험적 존재 – 생물 – 동물 – 척추동물 – 포유동물 – 인간 – 나'라는 일련의 개념들에 있어서 '존재'라는 개념은 외연이 가장 넓다. 그러니 이 개념의 내포는 상대적으로 가장 적다. 그리고 '나'라는 개념의 외연은 가장 좁은 대신에, 이 개념의 내포는 상대적으로 가장 많다. 이처럼 일정한 개념의 외연과 내포의 관계는 반비례한다. 즉 외연이 증가함에 따라 내포는 감소하고, 외연이 감소함에 따라 내포는 증가한다.

연습문제

Ⅰ. 다음 개념들의 외연을 열거해 보시오.

1. 한국의 배우
2. 한국의 권투선수
3. 꽃
4. 한국의 신문사
5. 한국의 강
6. 한국의 자동차 회사
7. 대한민국 국립대학교
8. 대한민국 대통령
9. 한국의 항구
10. 한국의 시인

Ⅱ. 다음의 개념들을 내포가 증가하는 방향으로 배열해 보시오.

1. 생물, 동물, 인간, 척추동물, 포유동물.
2. 의사, 인간, 정형외과 의사, 직업인.
3. 학문 , 탈레스의 철학, 인문과학, 철학, 고대철학.
4. 운동, 구기, 축구, 골키퍼.
5. 도형, 삼각형, 평면도형, 등변삼각형.

2) 개념의 애매성과 모호성

앞에서 우리는 바깥세계의 일정한 분야나 영역 그리고 그 영역의 내용과 성질을 표현하는 바를 언어 즉 개념이라 하고, 이 개념은 외연적으로 그리고 내포적으로 세분화될 수 있음을 살펴보았다. 비록 개념이 바깥세계의 외연과 그것의 내포와 관련하여 일정한 영역과 일정한 내용에 국한하여 이를 언표한다 할지라도, 우리는 이를 정확하고 분명하게 나타낼 수 있어야 하겠다. 이를 소홀히 하거나 등한시함으로써 추리를 논증화하는 과정에서 혼란을 자초할 수 있다. 추리의 논증화는 어디까지나 우리가 대략적으로 생각한 언표 즉 개념을 사용하여 구성하기 때문이다. 특히 개념의 내포적인 내용을 소홀히 함으로써 우리는 애매함에 놓이게 된다.

애매성 · *Ambiguity*은 우선 개념의 다의성에서 비롯된다. 이것은 일정한 개념이 두 개 이상의 대상을 지칭함으로써 발생한다. 구체적으로 어느 대상을 지칭하는지가 분명하지 않기 때문이다. 다의적인 개념으로서 우리는 눈, 손, 배, 다리, 발을 비롯하여 보수, 기도, 연기 등을 들 수 있다. 이들 개념들은 특히 명제나 진술 내에서 상이하게 해석될 여지가 충분히 있는 것이다. 즉 '나는 배를 좋아한다'는 명제에서 배는 과일의 일종으로서 배를 칭할 수도 있다. 뿐만 아니라 교통수단의 일종으로서 기차나 비행기가 아닌 바다 위를 운행하는 선박일 수도 있다. 따라서 이 명제는 진술 상으로 보아서는 배가 구체적으로 무엇을 지칭하는지 분명치 않다. 이러한 개념을 두고 우리는 **애매한 개념** · *ambiguous Term*이라 한다. 그러나 '나는 배를 타고 왔다'라고 한다면 사정은 달라진다. 비행기가 아닌 교통수단으로 선박을 이용하여 왔다는 사실을 알 수 있기 때문이다. 따라서 개념이 다의적이라 하여 반드시 애매한 개념은 아니다. 이를 정확하게 사용함으로써 애매성을 벗어날 수 있다.

애매성은 비단 개념에만 국한되어 있는 것은 아니다. 진술 내에서 문법적인 배열이나 문장기호를 잘못 사용함으로써 진술자체가 애매해지는 경우도 있다. 즉 '나와 철수는 선생님을 찾아갔다'는 명제는 '나는 철수와 함께 선생님을 찾아갔다'는 애기인지, '나와 철수는 각각 선생님을 찾아갔다'는 애기인지 이 명제 상으로는 분명하지가 않다. '남자는 여자보다 명예를 더 사랑한다'든지, '김씨는 사랑하는 정 모양과 아내를 버리고 도망쳤다'든지, '아빠는 나보다 엄마를 더 사랑한다'든지 등등의 명제에서 이를 쉽게 목격할 수 있다. 이 명제들은 두 가지 이상의 뜻으로 전해질 소지가 다분히 있다. 이러한 명제를 두고 우리는 애매한 진술 혹은 **애매한 구(句)**라 부른다.

이와 달리 개념의 외연적인 관점에서 개념이 지칭하는 범위나 영역이 명확히 제시되지 않는 경우도 있다. 즉 중년부인, 짧은 치마, 긴 머리, 대머리, 단식, 외설, 미인, 컴맹, 고소득 보장 등을 비롯하여 정의, 사랑, 자유, 선한 행위, 의로운 삶, 인, 자비 등등 숱한 개념들이 있다. '중년부인'이란 개념이 지칭하는 나이의 범위는 몇 살에서 몇 살까지인지 이 개념으로 보아서는 전혀 알 수가 없다. '짧은 치마' 역시 마찬가지이다. 무릎 위 몇 cm까지 올라 간 치마를 짧은 치마라 말하는지 이 개념의 외연이 불분명하다. '미인'의 외연이 무엇인지, 즉 이 개념의 기준이 무엇인지 분명히 떠오르지 않는다. 우리는 이러한 개념을 두고 **모호한 개념**·*vague Term*이라 한다. 우리는 추리를 논증화함에 있어서 애매한 개념들 못지 않게 모호한 개념들 역시 신중하게 사용하지 않으면 안 된다. 이를 등한시함으로써 주장의 정확한 내용전달이 방해를 받기 일쑤이기 때문이다.

그렇다면 개념의 애매성과 모호성으로부터 우리는 완전히 벗어 날 수는 없는가. 이것은 사실상 불가능하다. 존재자의 내포를 온전하게 규정할 수 없을 뿐만 아니라 그것의 외연 역시 완전하게 언표할 수 없기 때문이다. 그러나 이로부터 우리는 전적으로 해방될 수는 없지만, 애매한 개념과 모호한 개념을 분명히 규정하여 이를 정의함으로써, 개념의 애매성과 모호성을 다소 줄일 수는 있을 것이다. 여기에 정의의 필요성과 중요성이 제기된다 하겠다.

연습문제

Ⅰ. 다음의 개념 중에서 다의적인 개념을 가려내어 보시오. 그리고 그 개념의 상이한 의미를 지적해 보시오.

1. 배
2. 눈
3. 발
4. 감
5. 말
6. 사과
7. 다리
8. 장
9. 낮
10. 영

Ⅱ. 다음의 문장에서 의미가 애매하거나 모호한 바를 지적해 보시오.

1. 하면 된다.
2. 한국의 중년부인들은 대부분 물질주의에 사로잡혀 있다.
3. 대머리 총각과 키다리 처녀는 결혼하기 어렵다.
4. 쉽게 쓴 글은 읽기가 어렵고, 어렵게 쓴 글은 읽기가 쉽다.
5. 예수는 누구나 다 좋아할 수 있는 분이다.
6. 천당 가고 싶어 죽겠다.
7. 이름 있는 큰 회사의 상품은 대체로 믿을 만하다.

8. 현대인들은 일반적으로 인류의 장래에 대하여 비관적인 견해를 가지고 있다.
9. 요즈음의 젊은 여성들은 남성들보다 경제적 자립에 더 큰 관심을 가지고 있다.
10. 부모님께 효도하고 나라에 충성하는 사람은 우리의 전통적인 도덕에 가장 충실한 사람이다.
11. 싸우며 건설하자.
12. 미인은 없다. 가꾸는 여자가 아름답다.
13. 고관들은 자동차 운전을 못 배운다.
14. 사정에 의하여 무기휴업하기로 했다.
15. 양심적인 지성인이라면 사회 부조리를 외면하고만 있을 수 없을 것이다.
16. 언제나 자신만만하던 친구의 아버지가 갑자기 세상을 떠났다.
17. 이 특별법을 처음으로 어기는 사람은 엄벌에 처한다.
18. 교육수준이 너무 높은 사람과 교육수준이 너무 낮은 사람은 화목한 생활을 할 수 없다.
19. 종교들 간에는 인구문제에 대해서 역사적 배경에 큰 차이가 있다.
20. 모든 교육자는 이상주의자가 아니다.

3) 정의의 목적과 유형

정의의 필요성과 중요성은 비단 개념의 애매성과 모호성을 제거하고 줄이는 데에 국한되지는 않는다. 때로는 청자의 삶에 영향을 미쳐 태도를 변화시킬 목적으로 행해지기도 한다.

통계청 발표에 따르면 2002년도 한 해 우리나라는 30만 6천 573쌍이 결혼을 하고, 그 절반인 14만 5천 324쌍이 이혼을 했다. 하루 평균 398쌍이 이혼을 한 셈이다. 결혼대비 이혼율이 47.4%에 해당되는 수치이다.[20] 이것은 미국(51%)과 스웨덴(48%)에 이어 세계 3위에 해당된다. 소위 선진국이라 일컫는 영국(42%), 캐나다(38%), 프랑스(33%) 그리고 독일(30%)보다 높다. 이처럼 날로 늘어가는 이혼율은 가정의 해체로 이혼고아 증가와 청소년 가출 등으로 인한 여러 가지 사회문제를 야기시키고 있는 실정이다. 따라서 이혼에 대한 각성을 촉구하는 차원에서 '이혼은 수명을 단축시키는 행위이다'라고 정의하고, '오래 살려면 이

---

20) 통계청은 2003년도 우리나라 결혼건수는 30만 4천 932쌍이고, 이혼건수는 16만 7천 96쌍이라 발표했다. 이것은 하루 평균 458쌍이 이혼을 했다는 얘기이다. 결혼대비 이혼율은 54.8%에 이르고 있다.

그러나 '2004년 혼인·이혼 통계'에 따르면 결혼건수는 31만 900쌍으로 6 천쌍 늘었다. 이에 반해 이혼건수는 13만 9천 365쌍으로 전년의 16만 7천 96쌍보다 16.6%가 감소했다. (대구매일신문, 2005. 3. 31)

그리고 2005년에는 결혼건수가 31만 6천 357쌍 이었으며 이혼건수는 12만 8천 468쌍 이었다. 2003년을 기준으로 이혼건수가 점차 감소하는 원인은 이혼에 앞서 냉각기간을 가지도록 해 무분별하고 충동적인 이혼을 자제시키고자 추진되고 있는 '이혼숙려기간제도'의 효과라 할 수 있겠다. (대구매일신문, 2005. 11. 5)

유럽에서 근대적 이혼법이 확립된 것은 19세기 후반에 이르러서 이다. 우리나라는 1894년 갑오개혁 때부터 여성의 재혼이 허용되었고, 재판이혼은 1915년에 시작된 것으로 알려져 있다. 그런데 우리나라가 '이혼천국'이라는 말이 무색할 정도로 이혼율이 세계최고를 치닫고 있다. 특히 돈 때문에 이혼하는 부부가 10년 전에 비해 무려 7배나 많아졌다 한다. 10년 전만 해도 이혼 사유는 부부불화가 85.0%로 압도적이었다. 그러나 외환위기 이후 사정은 크게 달라져, 돈 때문에 이혼하는 부부가 해마다 늘어나고 있는 추세라 한다.

혼하지 마세요'라고 설득시켜 나아간다. 그리하여 이혼에 관한 새로운 인식을 갖게 하고, 이를 통하여 이혼을 사전에 예방하고 나아가 이혼율을 낮추어 간다.

뿐만 아니라 지적 발전의 단계에서도 정의의 필요성과 중요성이 강조된다. 세계는 항상 열려 있다. 또한 연일 다양한 분야에서 이에 관한 새로운 내용이 발견되고, 이를 우리는 대략적으로나마 개념화하여 언표한다. 새로운 내용의 발견은 자연히 어휘의 증가를 가져오고, 이에 관한 규정 역시 명확하게 해 둘 필요성이 제기된다. 따라서 우리는 이러한 관점에서 정의의 유형을 세분화 할 수 있다.

정의는 피정의체와 정의체로 구성된다. 피정의체는 정의되는 개념이고 정의체는 이를 술어로 언표되는 내용이다.

(1) 약정적 정의(stipuative Definition)

약정적 정의는 말 그대로 약속하여 규정하는 정의를 말한다. 새로운 사태가 발견되거나 기존의 사실 외에 어떤 내용이 추가로 발견될 때, 우리는 이에 관하여 새로운 명칭을 부여하거나 기존의 명칭을 버리고 이에 걸맞는 새로운 이름을 떠올리게 된다. 말하자면 '새 술은 새 부대에 담는다'는 것이다. 이러한 새로운 사태에 관한 명칭부여는 곧 선택의 문제이고 나아가 약속의 문제이다. 명칭을 부여하는 행위에 있어서 고민은 바로 이 선택에 있다. 우리는 그야말로 아무렇게나 이름을 부여하지는 않기 때문이다. 가능한 사태의 성질이나 내용에 부합되는 명칭을 찾고자 한다.

언제부터인가 '코레일'은 열차를 '새마을호', '무궁화호', '통일호' 그리고 '비둘기호'라는 명칭을 사용하고 있다. 그런데 문제는 열차의 성질이나 내용과 명칭이 어울리지 않는다는 데에 있다. 즉 운동 중에서 새마을 운동을 하러 가는 사람들이 타는 기차가 새마을호인가, 꽃들 중에서 무궁화 꽃을 사랑하는 사람들이 타는 기차가 무궁화호인가, 무엇보다 남북통일을 열렬히 바라는 사람들이 타는 기차가 통일호인가 그리고 새들 중에서 그 어떤 새보다 비둘기를 사랑하는 사람들이 타고 다니는 기차가 비둘기호인가. 그렇지 않다면 일정한 기차를 특별히 새마을호라 칭하고, 또한 무궁화호라 칭하고, 통일호라 칭하고 그리고 비둘기호라 칭하는 기준이 무엇일까? 속력인가, 안전성인가, 편리함인가 그렇지 않으면 양질의 서비스인가. 이 모두가 이들 기차의 명칭을 분류하는 기준이라 하더라도 새마을이 무궁화보다, 무궁화가 통일보다, 통일이 비둘기보다 우월하거나 또는 열등하다고 말할 수 있는 성질의 것이 아니다. 이들은 서로 비교할 수 있는 동일한 영역의 범주가 아니기 때문이다. 아무리 약정의 문제이고 선택의 어려움이 있다 하더라도 이것은 너무 심했다.

통일부는 '북한을 탈출한 사람'이란 뜻으로 사용해 오던 '탈북자'란 표현을 '새로운 삶의 터전을 마련한 사람' 혹은 '새로운 터전을 찾아온 사람'의 뜻이 담긴 '새터민'이란 용어로 바꾸어 쓰기로 했다 한다.[21)]

한때 이들은 '귀순용사', '귀순동포', '귀순자'라고 하여 온 나라가 떠들썩하게 환영하고 따뜻하게 맞이한 적이 없지 않았다. 그러나 이들

---

21) 미디어 다음, 2005. 1. 9 참조.
뿐만 아니라 1980년 후반에 외국인, 특히 결혼이주여성이 우리사회의 구성원이 되면서 '다문화', '다문화 가정', '다문화 사회' 등의 용어가 새롭게 등장하게 되었다. 다문화는 단일문화와 반대되는 개념이다. 하나의 문화가 아닌 여러 개의 문화들이 함께 존재하면서, 소통과 화해를 통해 평화와 안녕을 일구어 내는 사회가 다름 아닌 다문화사회이다. (장윤수, 김영필 공저. 『한국 다문화사회와 교육』. 양서원. 2012. 16-17면 참조.

용어는 냉전적 이미지가 강하고 불쌍한 소외계층을 지칭하는 뉘앙스 때문에 다소 객관적 의미를 지닌 '탈북자', '북한이탈주민'으로 바뀌었다. 그럼에도 불구하고 이 또한 일반국민들과 차별성이 강조돼 보다 친근한 용어로 개선되어야 한다는 지적이 없지 않았다. 따라서 정부는 '탈북자'의 대체용어가 정치적·사회적 편견을 배제하고 이들의 객관적 성격을 잘 나타내야 할 뿐만 아니라 쉽게 이해할 수 있어야 한다는 기준에 따라 '새터민'이란 용어를 선정한 것이다. 이로써 무엇보다 고향을 떠나 새로운 삶의 터전을 마련한 그야말로 새터민들에게 한결 심적 부담을 덜어 주는 계기가 되었다. 이들은 혼자 자유를 찾아 잘 살기 위하여 일가친척을 정든 고향에 내버려두고 도망 온 이기적이고 배은망덕한 사람으로 그동안 널리 인식되어 왔기 때문이다. 뿐만 아니라 장차 '남한' 또는 '북한'이란 용어사용 자체가 무의미한 통일한국을 생각한다면 '탈북자' 보다 '새터민'이 한결 그 시대에 어울리는 용어라 하겠다.

이처럼 기존의 용어가 그 사용에 있어 다소 불편한 점이 발견되거나 동시대 다수인의 생각에 부합되지 않는 내용을 담고 있는 경우 우리는 명칭변경의 필요성을 제기하기도 한다.

그리고 약정적 정의의 고민은 이뿐만이 아니다. 기존의 명칭이 지나치게 복잡하여 사용하기에 불편하다든지, 또는 그 뜻이 난해하여 사용하는데 어려움이 뒤따를 때, 우리는 명칭변경의 필요성을 제기하기도 한다. 이는 보다 간소화하고 사용하기에 용이한 명칭으로 대체하는 데 그 취지가 있다. 즉 정보기술산업을 'I T산업'으로, 두뇌한국 21을 'BK 21'로, 인간 신체의 모든 유전자의 위치나 기능을 정확히 규명하는 작업을 'Human Genome Project'로, 노무현을 사랑하는 사람들의 모임을 '노사모'로 칭하는 데에서 구체적인 예를 찾아 볼 수 있다.

뿐만 아니라 기밀을 요하는 국가단위의 국책사업의 명칭들 – '율곡사업', '백두사업', '햇볕정책' 등 – 이나 다양한 군사훈련의 작전명칭들 – '팀스프리이트 훈련', '독수리 작전', '을지연습' 등 – 그리고 다양한 국제기구의 명칭들 – IAEA(국제원자력기구), NPT(핵확산금지조약), EU, WTO, IMF 등 – 에서도 약정적 정의의 흔적을 찾아 볼 수 있다.

(2) 사전적 정의(lexical Definition)

사전적 정의는 특히 애매함을 제거하기 위하여 사용하는 정의이다. 약정적 정의에 의해 부여된 명칭, 즉 언어는 이제 사전에 수록되고 이 수록된 언어는 차후 발견되는 사태나 활용의 단계에서 발생하는 애매함을 판단하는 기준이 된다.

우리나라는 국립국어연구원이 있고 여기에서 『표준국어대사전』을 발행한다. 국립국어연구원의 검증절차를 거쳐 약정적 정의에 의해 새롭게 만들어진 언어를 『표준국어대사전』에 수록하여 명시함으로써, 우리는 차후에 접하는 신조어에 대해 이로부터 정확한 정보를 제공받을 수 있다.

즉 정보기술산업의 발전은 곧 인터넷과 디지털 산업의 상용화를 가져 왔고, 이를 통한 삶은 질적으로 또는 양적으로 획기적인 변화를 맞이하게 된다. 이러한 변화는 언어에서도 그대로 반영된다. 기존의 언어나 문장의 틀이 깨어지고, 국적불명의 언어들이 난무한다. 그러나 이들 가운데에는 어느 정도 익숙한 언어들도 없지 않다. 즉,

러브콜 : 재능 있는 선수 스카웃을 위해 더 좋은 조건을 내걸고 부름.
브리치 : 머리카락을 몇 가락만 염색하는 것.

말팅 : 음성으로 하는 채팅.
중딩방 : 중학생들이 인터넷으로 대화하는 방.
웹시족 : 인터넷을 통해 생활정보를 얻는 20대 후반에서 30대 초반의 젊은 여성.
미시족 : 아가씨인 양 행세하는 아줌마.
투잡족 : 낮에는 샐러리맨, 밤에는 벤처족 식의 새로운 직업패턴.
딩크족 : 맞벌이 생활을 하면서 자식을 원하지 않는 젊은 부부.
딘스족 : 맞벌이 생활을 하면서 성관계를 별로 갖지 않는 부부.
돈비족 : 아무 생각없이 소비하는 사람.
캥거루족 : 부모에게 얹혀 사는 사람.
웰빙족 : '먹고 입고 바르고 운동하는' 모든 것에 있어 삶의 질을 중요시하는 사람.
통크족 : 자식에 의존하지 않고 노년을 보내는 부부.
새디민 : 새로운 디전에서 삶의 희망을 갖고 사는 사람.
올드 보이 : 졸업을 늦추며 구직에 매달리는 대학생.
공시족 : 공무원 채용시험을 계속 준비하는 사람.
배터리족 : 실직·퇴사 이후 재충전하는 사람.
샐러던트 : 공부하는 직장인.
체인지족 : 실직으로 아내와 역할이 바뀐 사람.

이들 외에 국제통화기금, 즉 IMF의 자금지원을 받으면서 경제산업 분야에서 대대적인 구조조정이 이루어지고, 이로 인하여 많은 이들이 몸담아 오던 직장을 떠나야만 했다. 이때 우리 사회에 한창 유행했던 '이태백', '삼팔선', '사오정', '오륙도' 등의 언어들 역시 사전적 정의의 테두리 내에서 다루질 수 있는 것들이다.

(3) 개량적 정의(precising Definition)

개량적 정의는 개념의 외연을 정확하게 하는 정의이다. 일정한 개념이 지칭하는 영역이나 범위가 불분명한 경우, 이 개념의 외연을 분명히 함으로써 개념의 모호함을 감소시킬 수 있다. 여기에 이 정의의 목적이 있다. 이는 일정한 개념의 외연을 규정하는 정의이므로 사전적 정의 못지 않게 중요성을 갖는다.

한 때 우리나라는 '보통사람의 시대'를 부르짖는 바가 있다. 즉 보통사람이 제대로 대접받는 사회, 보통사람이 주인이 되는 사회를 표방하고 나섰던 것이다. 그런데 문제는 보통사람이란 개념과 연관하여 이에 상응하는 사람의 모습이 떠오르질 않는다는 점이다. 보통사람이란 도대체 어떤 사람을 말하는가. 이에 관한 정의가 분명히 이루어져야 할 것이다. 그 후 언론매체를 통하여 한결같이 얘기되는 바 그 내용인 즉, 월 평균가계 수입이 80~100만원인 사람을 일러 보통사람이라 부르고 있는 것이다.

모 대학이 대학으로서 최초로 '브랜드 쌀'을 생산했다는 기사가 모 일간지에 실렸다. 즉 '○○대 이름을 건 고급 쌀이 나왔다 – ○○대 완전미·청결미 판매'가 그것이다. 그런데 우리를 당황하게 하는 것은 '고급 쌀'과 '완전미' 그리고 '청결미'라는 개념이다. 왜냐하면 이들 개념에 상응하는 쌀을 구체적으로 떠올릴 수 없기 때문이다. 여기에서 고급 쌀이란 어떤 쌀을 말하는가. 완전미와 청결미는 또한 어떤 성질을 갖는 쌀인가. 이 기사만으로는 종잡을 수가 없는 것이다. 무엇보다 이들 개념의 외연이 불분명하기 때문이다. 우리는 다양한 광고문이나 선전문구에서 종종 이와 유사한 개념들을 쉽게 목격한다. 즉 '품질을 고급화했다'든지, '중저가 제품을 취급한다'든지, '고소득 전문직에 한

하여 세무사찰을 실시하기로 했다'든지, '자동차 성능을 한 단계 끌어올렸다'든지 등등이 그것이다.

(4) 이론적 정의(theoretical Definition)

일정한 개념은 또 다른 개념을 전제로 하여 규정되기도 한다. 따라서 이 개념은 개념의 개념, 즉 메타개념으로서의 의미를 갖는다. 이 개념을 이해하기 위해서는 부득이 이 개념을 구성하고 있는 또 다른 개념에 관한 선이해를 요한다. 예를 들면 물리학에서 '열은 불규칙적인 분자운동 때문에 생기는 어떤 물체의 에너지이다'라고 정의한다. 여기에서 열이란 개념은 불규칙성, 분자, 운동, 물체, 에너지 등으로 이루어진 복합개념이다. 따라서 이들에 관한 올바른 선이해가 있을 때 비로소 열이란 개념이 정확하게 이해된다. 열이란 개념은 이처럼 다양한 개념들의 종합적인 구성어이다. 이러한 의미에서 열이란 개념의 이해는 다름 아닌 열에 관한 이론의 이해인 것이다. 이론이란 곧 이를 구성하는 개념들의 구성물 이외 다른 것이 아니기 때문이다. 그러므로 열이란 개념의 이해는 곧 열역학에 관한 이해이다.

우리가 즐겨 사용하는 정의, 즉 '인간은 이성적 동물이다'라는 정의 역시 마찬가지이다. 이성과 동물이란 개념에 관한 선이해가 있을 때 인간에 관한 이해가 가능하다. 인간이란 개념은 사실상 이성과 동물이란 개념의 메타개념인 것이다. 따라서 인간이란 개념에 관한 이해는 곧 인간학 또는 인간론의 이해를 지향한다. 개념을 알면 이론이 보인다. 플라톤의 'Idea' 인식이 곧 그의 형이상학에 관한 인식이다. 마찬가지로 아리스토텔레스의 '중용' 인식이 곧 그의 윤리학에 관한 인식이다. 하이데거의 'Dasein' 인식이 곧 그의 기초존재론에 관한 인식이다.

이론은 곧 개념들의 구성체이기 때문이다. 비단 열이나 인간이란 개념뿐만 아니라 우리가 사용하는 대다수의 개념들은 이러한 측면에서 이론적 정의의 예가 될 수 있다.

(5) 설득적 정의(persuasive Definition)

우리는 앞에서 보아 왔던 유형의 정의와 전혀 다른 정의의 유형을 접하게 된다. 즉 그것은 일정한 사태와 관련된 언어의 약정의 문제도 아니고, 일정한 개념의 애매성과 모호성을 제거하는 문제도 아니다. 이것은 곧 행위의 문제이고 실천에 관한 문제이다. 이것은 기존의 사전적 정의를 넘어 사태를 바라보는 시각을 달리함으로써, 이를 대하는 태도에 변화를 유도하는 정의의 유형이다.

통계청이 발표한 '2005년 출생통계 잠정결과'에 따르면 지난해 합계출산율은 1.08명으로 전년의 1.16명보다 0.08명 감소했다. 이는 관련 통계가 작성되기 시작한 1970(4.53명) 이후 가장 적은 것이며, 유엔인구기금(UNFPA) 기준 전 세계 평균 출산율 2.6명은 물론 OECD 평균 1.57명에도 크게 못 미치는 수준이다. 이것은 곧 '저출산 고령사회'로 이어져 경제활동 인구감소와 이에 따른 경제성장 저하 그리고 노인부양비 급등으로 나타나, 더 이상 활력도 없고 비전도 찾기 힘든 나라가 될 수밖에 없다. 따라서 사상 최악의 저출산을 해소하기 위해, 여성에게 불리한 취업 현실과 하늘 높은 줄 모르는 사교육비 및 주택비 부담, 고용 불안 등 리스크 투성이의 자녀 양육 환경을 제도적으로 개선함과 동시에 '아이는 미래를 위한 가장 아름다운 선물입니다'(공익광고협의회) 라는 사실을 각성시키고, 저출산으로 인한 국가적 재앙을 미연에 방지해야 할 것이다. 여기에서 '아이는 미래를 위한 가장 아름다운 선

25. 시간이란 흐르는 강물이다.
26. 여대생이란 고등교육기관에 재학중인 젊은 여자를 의미한다.
27. 번데기란 가난한 하숙생의 영양제이다.
28. 진화란 물질이 비규정적이고 비정합적인 동질성으로부터 규정적이고 정합적인 이질성으로 변화해 가는 과정이다.
29. 낙타란 사막의 배이다.
30. 데모란 공권력에 도전하는 행위이다.

물입니다' 라는 공익광고협의회의 출산장려 캠페인 CF는 설득적 취지를 갖는다.

그리고 2003년 한 해 동안 신병에 따른 건강비관이나 경제적 파탄으로 인한 생활고 그리고 남녀 간의 이성문제 및 이혼문제 등으로 스스로 목숨을 끊은 사람이 무려 1만 1천명에 이르는 것으로 나타났다. 통계청의 발표에 의하면, 이것은 하루 평균 30명씩 자살한 수치라 한다. 이러한 자살현상은 2002년에 이미 경제협력개발기구(OECD) 30개 회원국 중 일본(27명), 헝가리(24.3명) 그리고 핀란드(20.3명)에 이어 네 번째(18.7명)였는데, 이제 세계 최고의 수준으로 추정된다.[22] 특히 연평균 자살 증가율에서 한국은 1%로 일본(0.44%)과 멕시코(0.61%)를 제치고 1위를 기록했다. 마치 '자살을 권하는' 자살사회로 인식될 정도로 우리나라는 '자살대국'이 된 셈이다. 자살대국이란 오명은 분명 선진사회를 향하는 데 있어 장애요인으로 작용하고 있음은 두말할 나위 없다. 경제적으로 제 아무리 부강한 나라라 하더라도 국가 구성원 개개인의 삶의 질적 향상이 제대로 보장되지 않는다면, 이 또한 선진사회로부터 멀어지기 때문이다.

따라서 유교의 절대 절명의 가르침[23], 즉 '몸에 머리카락 한 올이라

---

22) 우리나라 자살률이 급증하면서 10년 사이에 2배 이상으로 늘었다. 이에 따라 우리나라의 자살률은 경제협력개발기구 회원국 가운데 가장 높아졌으며 특히 20~30대의 자살률이 크게 높아졌다.
통계청이 18일 발표한 '2005년 사망원인통계'에 따르면 지난해 한국의 자살자 수는 1만 2천 47명으로 하루 평균 33명, 약 44분 1명꼴로 자살한 것으로 나타났다. (대구매일신문, 2006. 9. 19)
특히 실업, 빈곤 등으로 20~30대 자살이 크게 늘어난 것으로 조사됐다. 10년 전 20대와 30대의 자살률은 인구 10만 명당 각각 12,2명(사망원인 2위)과 12.5명(4위)에 그쳤지만, 지난해에는 17.7명과 21.8명으로 늘어 이 연령대 사망원인 1위를 기록했다. 지난해 20~30대 자살인구는 3292명으로 2004년보다 375명 늘었다. (조선일보, 2006. 9. 19)

23) "身體髮膚 受之父母, 不敢毁傷 孝之始也" 『孝經』

도 훼손해서는 안 된다'는 신체관에 따라, '자살이야말로 불효행위의 극치이다'라고 정의하고, 따라서 이 보다 더 큰 불효행위는 없다는 점을 강조하여 자살에 대한 인식을 달리 하도록 계몽시켜 나아간다. 또는 인간에 있어 삶에 관한 문제뿐만 아니라 죽음 역시 창조주인 하나님의 소관으로서 인간 스스로가 관여할 사항이 아니라는 기독교의 가르침을 주지시켜, '자살은 하나님의 창조취지에 전적으로 위배되는 행위'이며, 나아가 '하나님의 말씀을 거역하는 행위'이며 동시에 '창조주인 하나님께 씻지 못할 큰 죄를 짓는 행위'로 규정함으로써, 자살행위에 대한 자제를 촉구한다. 이처럼 종교적 관점에서 내려진 자살에 관한 정의는 설득적 취지를 갖는다.

이 뿐만 아니라 날로 심화되어 가는 환경오염과 파괴는 이제 인류의 생존을 위협하는 지경에까지 이르게 되었다. 따라서 무엇보다도 환경의 보전과 개선이 인류의 새로운 과제로 등장하게 된다. 자연은 인간을 위하여 존재하고 따라서 자연은 인간의 삶에 유용하고 편리한 것만을 제공하는 생활도구로서 우리는 생각해 왔다. 그러나 자연은 결코 자신이 그렇지 않음을 보여 주고 있는 것이다.

환경호르몬은 남성의 정자 숫자를 감소시키는 물질이다.
환경호르몬은 여성의 초경을 앞당긴다.

환경호르몬의 사전적 정의는 '내분비계의 정상적인 기능을 방해하는 화학물질'이다. 이것은 환경 중 배출된 화학물질이 체내에 유입되어 마치 호르몬처럼 작용한다. 환경호르몬에 대한 사전적 정의가 현실적으로 어떻게 나타나고 있는지를 통계수치와 더불어 보다 구체적으로 제시함으로써, 환경파괴의 심각성에 경종을 울리고 환경을 보전해야 된다는 사실을 각성시켜 나아간다.[24] 그리하여 자연을 대하는 태도에 변화를 유도한다. 이것이 설득적 정의 목적이다. 아래의 정의들은 설득적 정의의 구체적인 예들이다. 즉,

담배는 폐암 등 각종 질병의 원인이 되는 물질이다.
담배는 임산부에게 기형아를 출산할 수 있는 물질이다.
시간은 돈이다.
청소년은 미래의 주인공이다.
유산은 살인 행위이다.
인간복제는 창조섭리에 정면으로 도전하는 행위이다.
형제는 자녀에게 물려줄 최고의 재산입니다. (아이낳기 좋은세상 대구운동본부)
출산은 미래의 희망이자, 국가의 경쟁력이다(한국제약바이오협회)

'인간 게놈 프로젝트'는 사실상 완성단계에 와 있다. 이에 따라 생명 유전공학은 이제 새로운 국면에 접어들고 있다. 인간의 유전자의 위치와 기능을 정확히 해독하여, 각종 질병과 불치의 병을 일으키는 유전인

---

24) 우리나라 하천에서 잡히는 붕어류 100마리 가운데 8마리는 암·수의 성(性)이 혼재하는, 자웅동체(雌雄同體)인 것으로 나타났다. 이런 성 변화는 환경호르몬(내분비계 장애물질)의 영향 탓으로 추정돼, 이 붕어를 먹을 경우 인체에 어떤 영향을 끼칠지도 관심사로 떠올랐다.
3일 국립환경과학원에 따르면 지난해 국내 4대 강(한강, 금강, 영산강, 낙동강)에서 붕어류 100마리를 잡아 생식세포를 검사한 결과, 이 중 8마리에서 암컷의 난소에 존재하는 세포가 수컷의 생식기에서 발견되고, 암컷 생식기에선 수컷의 생식세포가 관찰되었다. 이성(異性) 생식세포가 발견되는 비율은 2003년 4.8%, 2004년 5.3%, 2005년 4.8% 수준이었으나 이번 조사에선 8%로 껑충 뛰었다.
환경호르몬은 사람이나 동물의 호르몬 움직임을 교란시켜 생식계통 등에 악영향을 끼치는 물질로, 소각장 연기 속의 다이옥신을 비롯해 플라스틱류, 주방용 세제 같은 생활용품에 포함된 각종 화학물질을 통칭해서 일컫는다. (조선일보, 2007. 1. 4)

자를 찾아 이를 다른 유전자로 교환함으로써, 질병의 고통으로부터 인류를 해방시킬 수 있게 되었다. 현실적으로 식물의 유전인자를 조작하여 양적으로 혹은 질적으로 소위 우량물질을 생산하고 있다. 이러한 현상은 식물뿐만 아니라 동물의 영역에서도 진행되고 있다. 복제 개구리의 탄생을 시작으로 복제생쥐, 복제송아지, 복제양 돌리에 이르기까지 동물의 생명복제기술은 괄목할만한 성과를 현실적으로 거두고 있다.

마침내 2002년 연말에는 최초로 복제인간 '이브'가 탄생했다는 미국의 종교단체, '라엘리언 무브먼트'의 비밀조직인 클로네이드사의 대변인이 발표하여 세계인을 놀라게 하고 있다. 놀라움은 인간의 지적능력에 대한 놀라움이라기보다 인간복제의 상용화가 불러 올 심각한 부작용에 대한 우려의 놀라움이다. 더구나 생명유전공학적으로 복제생명의 건전성에 대한 검증이 아직 제대로 이루어지지 않는 상황에서, 복제인간의 탄생이 앞으로 가져 올 인류사회의 악영향에 대한 놀라움이 더 클 것이다. 영화 '토탈 리콜'처럼 화성식민지를 가득 채운 불량품·괴물인간들을 상상해 보라. 그들의 불행을 책임질 수도 없을 뿐 아니라 지구촌 곳곳을 활보하며 무슨 일을 어떻게 저지를지 알 수 없는 노릇이다. 따라서 앞으로 무분별한 인간복제 행위가 불러 올 인류의 재앙에 대하여 경각심을 심어주고, 이를 자제시키기 위한 일환으로 '인간복제는 창조섭리에 정면으로 위배되는 행위이다'라든지, '인간복제는 인간의 존엄성에 대한 도전하는 행위이다'라는 정의는 설득적 취지를 갖는다.

'복제인간'은 특정한 사람의 일부 신체의 세포에서 유전물질인 DNA만 담긴 핵을 분리하여, 핵을 제거한 다른 여성의 난자에 이를 전기 화학적 방법으로 융합하여 복제수정란을 만든다. 이 복제수정란을 대리모 자궁에 착상시킨 후 키워낸 인간이다. 이것이 말하자면 복제인간에 관한 사전적 정의이다. 이 사전적 정의는 '창조섭리에 위배되는 행위'로 정의한다든지 또는 '인간의 존엄성에 대한 도전 행위'로 정의하는 설득적 정의와 다른 것이다.

4) 정의의 방법

(1) 외연적 정의

일정한 개념에 관하여 정의를 내리고자 할 때, 개념의 외연적 관점에서 또는 내포적 관점에서 각각 정의를 내릴 수 있다. 개념의 외연적 관점에서 내리는 정의에는 매거적 정의와 지시적 정의가 있다.

우선 **매거적 정의**·*enumerative Definition*은 피정의체의 테두리 내에 있는 구성요소를 구체적으로 하나하나 술어로 열거하는 방법이다. 즉

> 태양의 위성은 수성, 금성, 지구, 화성, 목성, 토성, 천왕성 등이다.
> 파충류는 거북, 악어, 뱀, 도마뱀 등이다.
> 한국의 강은 압록강, 두만강, 대동강, 한강, 금강, 낙동강 등이다.

그리고 **지시적 정의**·*ostensive Definition*은 정의를 내리고자 하는 개념, 즉 피정의체가 지칭하는 사태를 손짓이나 몸짓으로 직접 지시하거나 가리키는 방법이다. 만약 '하늘'이란 개념에 관한 지시적 정의는 하늘을 직접 손가락으로 가리켜 보임으로써 이루어진다. '불국사'는 불국사의 사찰을 직접 보여 줌으로써 정의가 성립된다. 그러나 이 방법은 공간과 시간의 제약을 받는다는 점이 한계점으로 지적된다. 불국사를 지시적으로 정의하고자 한다면 이를 직접 답사할 수밖에 없다. 또한 달

이나 별에 관하여 정의를 내리고자 한다면, 부득이 밤이 될 때까지 기다려야 하는 번거러움이 있다. 지시적 정의를 한층 더 곤혹스럽게 하는 것은 도깨비나 용, 인어, 일각수와 같은 존재들에 대해서는 전혀 대처할 수 없다는 점이다. 이들은 손짓이나 몸짓으로 보여 줄 수 있는 성질의 것이 아니기 때문이다. 여기에 지시적 정의의 한계가 있다.

뿐만 아니라 하늘을 직접 손으로 가리키고 있다 하더라도 구름을 가리키고 있는지, 때마침 날아가는 비행기를 가리키고 있는지를 명확히 전해 질 수가 없다는 점도 이 정의의 단점으로 지적된다. '가리키는 달은 보지 않고 손끝만 쳐다보고 있다'는 어느 고승의 꾸짖음에서 알 수 있듯이, 항상 우리는 손가락이 가리키는 사태를 보고 있지만, 그것이 가리키고 있는 사태를 정확히 주시하기란 여간 어려운 일이 아니다. 그러나 이러한 한계점이 있음에도 불구하고 사태가 가지고 있는 성질을 보여주고 들려줌으로써, 사태의 그것을 보다 쉽게 접근하여 익힐 수 있다는 장점도 없지 않다.

(2) 내포적 정의

개념에 관한 두 번째 정의의 방법으로서 내포적 정의를 들 수 있다. 이것은 다음과 같이 세 가지의 유형이 있다. 즉 동의어에 의한 정의, 조작적 정의 그리고 유와 종차에 의한 정의가 그것이다.

우선 **동의어에 의한 정의**·*synonymous Definition*는 정의를 내리고자 하는 피정의체와 동일한 뜻을 가진 다른 개념을 술어로 취하는 정의방법이다. 즉 '도서는 책이다'와 같이 동일한 사태를 지칭하는 개념에 관하여 익숙할 때 사용하는 방법이다. 즉,

달구지는 마차이다.
의복은 옷이다.
수목은 나무이다.
노을은 황혼이다.
지각은 감각이다.

이 방법은 어휘의 증가를 가져 올 수 있다는 장점이 있다. 그러나 모든 개념들이 동의어를 가지고 있는 것이 아니다. 이것이 한계점으로 지적된다.

두 번째 유형으로서 **조작적 정의** · *operational Definition*를 들 수 있겠다. 이것은 말 그대로 특정한 사태의 성질 파악을 위하여 여러 가지 도구나 기구를 사용하여 이를 이끌어 내는 방법이다. 주로 관찰과 실험을 통하여 이루어진다. 예를 들면 일정한 용기 속에 들어 있는 액체가 산성용액인지 알칼리용액인지를 식별하기 위하여, 리트머스 종이를 직접 넣어 봄으로써 액체의 성질을 직접 확인할 수 있다. 그러나 이 또한 모든 개념들을 한결같이 관찰하고 실험함으로써 정의를 내려질 수 없다는 데에 한계점을 갖는다. 모든 사태가 실험할 수 있고 관찰할 수 있는 성질의 것이 아니기 때문이다. 이 방법을 통하여 사랑, 정의, 자유 등등의 개념을 정의한다는 것은 불가능하다.

마지막으로 **유와 종차에 의한 정의** · *Definition by genus and difference*이다. 이것은 피정의체의 유개념, 즉 피정의체보다 외연이 넓은 개념과 종차, 즉 이에 속하는 종개념들의 차이를 정의체로 가져온다.

여기에서 외연이 상대적으로 넓은 개념을 유개념이라 하고 외연이 상대적으로 좁은 개념을 종개념이라 한다. 즉 동물과 인간이란 두 개념에서 동물은 인간의 유개념이고, 인간은 동물의 종개념이다. 동물의 종개념은 비단 인간뿐만 아니라 소, 돼지, 말, 양, 사자, 호랑이, 토끼, 개 등등 다수가 있다. 동물의 종개념들 사이에서 인간만이 가질 수 있는 성질을 종차라 한다. 종개념들 사이에서의 차이점 바로 그것이다. 즉,

피정의체(종개념) = 종차 + 유개념

인간은 이성적 동물이다.

여기에서 '이성적'은 인간만이 가지고 있는 속성이다. 이것은 인간 이외의 동물에서는 찾아 볼 수 없다. 이러한 뜻에서 '이성적'은 정의체의 종차로서 하등의 손색이 없다.

포유류는 새끼를 낳아 젖을 먹이는 동물이다.

동물은 어류, 양서류, 파충류, 조류, 포유류가 있지만 이들 중에 새끼를 낳아 젖을 먹이면서 기르는 동물은 포유류가 유일하다. 따라서 '새끼를 낳아 젖을 먹여 기르는' 는 포유류 개념의 종차로서 적합하다.

파충류는 알을 낳아 지열에 의해 부화하는 동물이다.

어류와 양서류는 알을 낳아 체외 수정한다. 그러나 어미는 이를 품어주지 않는다. 그런데 조류는 체내 수정을 하여 알을 낳아 이를 어미가 품어서 부화한다. 그러므로 '알을 낳아 지열에 의해 부화하는'는 파충류의 종차로서 적절하다.

5) 유와 종차에 의한 정의의 규칙

규칙1 : 정의는 종의 본질적인 속성을 기술해야 한다.

학적 탐구는 다름 아닌 사태의 본질파악이다. 그러나 사태의 본질파악이 그리 쉬운 것만은 아니다. 사태의 본질파악은 사태자체가 가지고 있는 성질이라기보다 오히려 우리에게 발견되는 사태의 내용이기 때문이다. 그러므로 학적 탐구활동을 통하여 사태의 본질을 파악했다 하더라도, 이것이 실제로 사태자체가 가지고 있는 성질과 일치하는지의 여부를 확신할 수 없다.

사태 본질파악은 귀납적이고 연역적인 방식으로 진행된다. 사태를 향한 일차적인 접근은 다분히 귀납적이다. 귀납적 과정을 거쳐 우리는 사태에 관한 일반적인 내용을 추리해 낸다. 이것이 곧 경험과학의 지적 체계를 구성한다. 이를 매개로 하여 우리는 경험과학의 세계를 벗어나 있는 사태들에게로 접근한다. 그리하여 초경험적 사태의 내용을 추리해 낸다. 이것이 말하자면 연역추리의 과정이다. 학적 탐구는 바로 이러한 과정을 일러 말하는 것이다. 이러한 과정을 쫓아 사태의 성질을 이끌어 내었다면, 적어도 학적 체계에 있어서는 객관성을 확보하는 것이다.

그러나 이것은 어디까지나 학적 체계 내에서의 객관성이지 사태와의 관계에서까지 그러하다는 말은 아니다. 종의 본질적인 속성이란 바로 학적 체계에 의해 추리된 객관적 성질을 말하는 것이다. 주관적 성질과 관례적 성질은 이러한 지적 체계의 구조와 거리가 멀다. 따라서 주관적이고 관례적인 사태의 내용은 여기에서 제외된다.

규칙2 : 정의는 순환적이어서는 안 된다.

정의를 내리고자 하는 피정의체를 다시 정의체를 통하여 기술한다면 정의의 본래적인 취지를 상실하게 된다. 정의는 피정의체의 성질을 정의체를 통하여 규정하는 데에 그 목적이 있기 때문이다. 따라서 정의체에 피정의체와 동일한 기호나 동의어가 사용되어서는 안 된다. 즉,

물통은 물을 담는 통이다.
한밭은 넓은 땅이다.
수족은 손발이다.
다마는 구슬이다.

규칙3 : 정의는 너무 넓어서도 너무 좁아서도 안 된다.

물론 정의체의 유개념은 피정의체보다 외연이 넓은 개념을 사용해야 한다. 그러나 피정의체보다 지나치게 외연이 넓은 개념을 사용한다면, 오히려 정의를 내리게 되는 본래적인 취지에 어긋나게 된다. 정의는 어디까지나 피정의체의 내용을 보다 정확히 기술하여 전하는 데에 목적이 있기 때문이다.

그리고 정의는 반드시 알려진 내용을 정확히 기술하는 데 그 목적이 있는 것만은 아니다. 새로운 내용이 정의체를 통하여 표현될 수 있다. 이것은 어디까지나 종차와 관련되어 있다. 따라서 정의체의 종차는 기존의 피정의체의 성질을 얼마든지 벗어날 수 있는 것이다. 피정의체의 성질이 새롭게 발견될 수 있기 때문이다. 그러나 종차의 내용이 지나치게 좁게 설정되어서는 곤란하다. 피정의체의 외연이 여타의

개념과 중복될 여지가 있기 때문이다. 예를 들면 '인간은 새끼를 낳아 젖을 먹여 기르는 포유동물이다' 라고 정의한다면, 이 정의는 지나치게 넓게 기술되고 있다. '새끼를 낳아 젖을 먹여 기르는' 동물은 비단 인간만이 아니기 때문이다. 여기에는 여타의 포유류 즉 소, 양, 말, 사자, 호랑이 등과 같이 많은 동물들이 있다. 따라서 이 종차로서 인간이란 개념을 올바르게 정의를 내렸다고 볼 수 없다.

그리고 '동물은 새끼를 낳아 젖을 먹여 기르는 생명체이다'라고 정의한다면, 이 또한 동물에 관한 적절한 정의라고 볼 수 없다. 왜냐하면 동물 가운데에는 반드시 '새끼를 낳아 젖을 먹여 기르는' 동물만이 있는 것이 아니기 때문이다. 이 정의는 사실상 너무 좁게 정의되고 있는 것이다. 이처럼 유와 종차에 따라 일정한 개념을 정의한다는 것은 여간 어려운 것이 아님을 알 수 있다.

규칙4 : 정의는 애매하거나 불분명하거나 비유적인 말로 표현해서는 안 된다.

애매한을 제거하고 모호함을 줄이기 위한 일환으로 일정한 개념에 관하여 우리는 정의를 내린다. 뿐만 아니라 새롭게 발견되는 사태에 관한 정확한 언표를 위하여 그리고 삶의 태도 변화를 야기시킬 목적으로 정의를 내리기도 한다. 그런데 내려진 정의가 피정의체의 인식을 도리어 애매하게 하거나 모호하게 한다면, 정의의 근본적인 취지로부터 멀어지는 것이다. 따라서 애매하거나 모호한 개념의 사용은 가능한 자제하거나, 정확하고 분명한 표현을 통하여 이를 최소화해야 할 것이다.

또한 지나친 비유 역시 올바른 정의에 방해가 된다. 예를 들면 '사랑은 얄미운 나비'라든지 '당신은 무정한 철새'라든지 '침대는 과학'이라든지 등은 유와 종차에 따른 바람직한 정의라고 볼 수 없다. 사랑의 유개념이 나비일 수 없으며, 당신의 유개념 역시 철새일 수 없기 때문이다. 더구나 침대의 유개념은 과학이 아니다. 굳이 말하자면 침대는 수면을 편히 취할 수 있도록 만든 도구 혹은 기구이기 때문이다. 그러므로 이들의 대중가요의 가사나 가구회사의 선전문구는 사랑, 사람 그리고 침대에 대하여 정의체를 통하여 제공해 주는 정보가 없다. 여기에는 오히려 혼란만 가중될 따름이다.

규칙5 : 정의는 긍정적인 언어로 정의가 가능한데 부정적인 언어로 정의되어서는 안 된다.

애매함의 제거, 모호함의 최소화, 삶의 태도에 관한 변화유도, 새로운 개념이나 언어에 대한 명확한 규정에서 정의의 필요성이 제기된다. 그러나 지나친 기교나 현란한 문체는 오히려 올바른 정의의 걸림돌이 될 수 있다. 구태여 부정적인 언어를 사용하지 않더라도 충분히 피정의체의 내용을 정의체에 기술할 수 있음에도 불구하고, 이를 무리하게 감행함으로써 정의체의 내용전달이 도리어 방해를 받게 되는 경우가 종종 발생하게 된다.

특히 정의는 피정의체의 본질적인 속성을 종차로 기술해야 한다. 그런데 종차에 부정적인 언어를 사용하게 되면 정의체에 어떤 속성이 없다는 사실을 진술한다. 따라서 피정의체의 본질적인 속성을 구체적으로 밝히는 행위와 거리가 멀어지게 된다.

연습문제

Ⅰ. 다음의 개념들을 사전적으로 정의하고 두 가지 의미를 지적해 보시오.

1. 다리
2. 보수
3. 연기
4. 기도
5. 신부
6. 사전
7. 수도
8. 신
9. 비
10. 도서

Ⅱ. 다유의 개념들을 정확하게 하는 정의를 해 보시오. 그리고 모호함을 지적해 보시오.

1. 중년부인
2. 행복
3. 자유
4. 짧은 치마
5. 긴 머리
6. 단식

7. 죽음
8. 사랑
9. 알코올 중독자
10. 외설

Ⅲ. 다음의 개념들을 매거에 의하여 외연적으로 정의해 보시오.

1. 한국의 섬
2. 10이하의 홀수
3. 한국의 신문사
4. 한국의 배우
5. 한국의 산
6. 의사
7. 한국의 가수
8. 소설
9. 국가
10. 대륙

Ⅳ. 다음의 개념을 즉물적으로 정의해 보시오. 그리고 몸짓의 애매함을 지적해 보시오.

1. 선생님
2. 창문
3. 여자
4. 시계
5. 미남
6. 하늘

V. 다음의 문장들을 유와 종차에 의한 규칙에 따라 평가해 보시오.

1. 논리학은 사고의 법칙을 다루는 학문이다.
2. 철학은 인간을 다루는 학문이다.
3. 눈은 떡가루이다.
4. 자연은 인간의 생계수단이다.
5. 시간은 돈이다.
6. 사랑은 얄미운 나비인가 봐.
7. 행복이란 곧 건강이다.
8. 성실한 사람이란 거짓말을 하지 않고, 훔치는 행위를 하지 않는 사람을 말한다.
9. 보통사람이란 월 가계수입이 80~100 만원인 사람을 말한다.
10. 공권력이란 한 계급이 다른 계급을 억압하는 조직화된 힘이다.
11. 아내는 가정에서 살림을 하는 여자이다.
12. 남편은 돈버는 기계이다.
13. 독이란 유독성을 가진 물질이다.
14. 인간은 이족 동물이다.
15. 구름이란 양털 같은 커다란 반투명의 물질이다.
16. 섬이란 도서를 말한다.
17. 침대는 과학이다.
18. 달구지는 마차이다.
19. 착한 사람은 타인을 해치지 않는 사람을 말한다.
20. 라이터는 담배를 피울 때 사용하는 도구이다.
21. 마음이란 우물 깊이의 10분의 1에 해당되는 것을 말한다.
22. 대학생활은 취업의 준비과정이다.
23. 수족은 손과 발을 뜻한다.
24. 인간복제는 창조섭리에 정면으로 도전하는 행위이다.

제3장 ◆ 비형식적 오류

'**오류**'의 개념은 다의적이다. 일상적으로 오류는 상식에 어긋나는 현상을 칭할 때 사용한다. 이는 일상인으로서 갖추고 있는 지적범위 내에 미치지 못하는 내용이나, 이를 벗어나는 내용을 칭할 때이다. 또한 오류는 사태의 내용진술과 연관하여 사용되기도 한다. 즉 진술내용이 사태의 성질과 일치하지 않을 때이다. 여기에서는 참이 아닌 거짓의 동의어로 사용되고 있다. 이것은 사태진술의 진리성 문제와 결부되어 있다. 그리고 오류는 실천의 문제와 연관되어 있기도 하다. 잘못 행함으로써 상대방에게 누를 끼치거나 자신에게 해를 끼칠 때, 그릇된 행위 또는 바르지 못한 행위의 내용을 담은 뜻으로 사용된다.

그러나 여기에서 다루고자 하는 오류는 논증과 관련되어 있다. 즉 전제와 결론의 함의 관계에 결부되어 있다. 전제가 결론을 논리적으로 충분히 뒷받침하지 못할 때, 혹은 결론의 내용이 전제의 테두리를 벗어난 상태에 놓여 있을 때이다. 따라서 여기에서의 오류는 일상적인 관점에서 벗어남이나 사태의 내용과 진술의 불일치나 행위의 그릇됨의 뜻이 아니라 **바르지 못한 추리**, 즉 오류추리이다.

1. 형식적 오류와 비형식적 오류

'구슬이 서 말이라도 꿰어야 보배이다.' 즉 구슬이 그야말로 값진 보배가 되기 위해서는 하나로 꿰어져야 한다. 물론 보석이 될만한 구슬을 선별하는 과정도 중요하다. 그러나 선별된 구슬을 보석으로 거듭나게 하기 위해서는 무엇보다 이를 바르게 꿰어야 한다. 이것이 문제이다. 서 말의 구슬을 무작정 꿴다하여 보배가 되는 것이 아니기 때문이다.

마찬가지로 기존의 숱한 지적 내용을 많이 모으고, 수집하고 그리고 이를 암기하는 것도 중요하다. 왜냐하면 이는 그렇지 않는 것보다 상대적으로 그와 관련된 대상을 접근하여 다루기에 한결 용이하기 때문이다. 그러나 우리는 이를 무한정으로 행할 수 없는 노릇이다. 우리의 삶이 이를 기다려 주지 않기 때문이다. 따라서 우리는 일정한 시점에서 이미 알려진 지적 내용을 근거로 하여 알려지지 않는 그 이상의 내용을 이끌어 내지 않으면 안 된다. 이것이 곧 추리이다. 문제는 이를 어떻게 바르게 이끌어 낼 수 있는가에 있다. 따라서 지적 보배는 다름 아닌 바른 추리 여부에 달려있다.

오류는 한마디로 말하여 바르지 못한 추리를 말한다. 이를 두고 우리는 부당한 추리라 부른다. 이에 반하여 바른 추리를 타당한 추리라 한다. 타당한 추리는 반드시 전제 속에서 언표되고 있는 내용을 결론으로 추리해야 한다. 그렇지 않으면 부당한 추리가 된다. 특히 부당한 추리는 크게 두 가지로 나눌 수 있다. 즉 **형식적 오류**와 **비형식적 오류**가 그것이다.

2. 형식적 오류

우선 **형식적 오류추리**는 연역논증의 타당성과 결부되어 있다. 여기에서는 논증의 구조나 형식이 추리의 바름 여부를 결정한다. 이것은 표준형식의 정언 명제 4개 – A명제, E명제, I명제 그리고 O명제 – 중 어떤 종류의 정언 명제들로 구성하느냐에 따라 연역논증의 64개의 **식**·*Mood*이 결정된다. 나아가 표준형식의 정언 삼단논법은 3개의 개념 – 매개념, 소개념 그리고 대개념 – 이 등장하는데, 그 중에서 매개념이 전제들에 자리하는 위치에 따라 삼단논법의 **격**·*Figure*이 정해진다. 이처럼 정언 삼단논법은 식과 격에 따라 256개 종류의 형식으로 세분화 된다. 여기에서 타당한 연역논증은 15개에 불과하다.[25] 이것은 추리에 있어 지켜야 할 제 규칙의 준수여하에 달려 있다[26]. 즉,

> 모든 개는 포유동물이다.
> 모든 고양이는 포유동물이다.
> 그러므로 모든 고양이는 개다.

이런 형식의 논증은 부당하다. 전제들이 결론을 필연적으로 함의할 수 있는 형식이 아니기 때문이다. 따라서 위의 논증은 형식적인 잘못을 범하고 있다.

---

25) 『진리와 논리적 사고』, 제5장 정언 명제와 정언 삼단논법의 제4절 표준형식의 정언 삼단논법 참조.

26) 연역논증의 타당성 여부를 확인하는 방법은 일반적으로 두 가지 이다. 즉, 그 중의 하나는 '규칙'에 의한 방법이고, 다른 하나는 영국의 논리학자 부울·G. Boole에 의한 표준형식의 정언 명제에 관한 해석을 기초로 하여 벤·J. Venn이 그린 다이어그램, 즉 'Venn Diagram'을 통하여 확인하는 방법이다. 『진리와 논리적 사고』, 제6장 연역추리와 바른 사유의 제2절 삼단논법과 타당성 참조.

3. 비형식적 오류

그러나 논증이 형식적으로 타당한 구조를 갖추고 있으나, 내용상으로 볼 때 바르지 못한 경우가 없지 않다. 이런 종류의 추리를 **비형식적 오류추리**라 한다. 즉,

모든 죄인은 감옥에 가야 한다.
모든 인간은 죄인이다.
그러므로 모든 인간은 감옥에 가야 한다.

이 논증은 형식적으로는 타당하다. 그러나 내용상으로 볼 때, 이 논증은 일반적으로 적용될 수 없는 명제를 전제로 사용하여, 이로부터 무리하게 결론을 추론하여 잘못을 범하고 있다. 이처럼 형식적으로는 타당한 연역추리임에도 불구하고 내용적인 관점에서 보면 부당한 추리가 있다.

비형식적 오류추리는 논증의 형식적인 면보다 이것의 내용적인 면에서 발생하는 그릇된 추리이다. 이를 발생시키는 요인은 감정에 호소하는 심리적인 요인, 주어진 자료에 대한 그릇된 판단에 의한 자료적 요인 그리고 언어의 그릇된 인식에 따른 언어적 요인으로 세분화될 수 있다.

1) 감정에 호소하는 심리적 오류

여기에서 소개되는 오류논증들은 결론을 어디까지나 전제와의 함의

관계에 따라 이끌어 내는 것이 아니라, 감정이나 심리적 제 계기에 영향을 받아 결론을 추리하는 논증의 형태들이다. 즉 동정, 사랑, 공포, 증오, 존경, 등의 심적 요인에 영향을 받아 일정한 결론을 추론하는 논증들이다.

(1) 동정 · 연민에 호소하는 논증(Fallacy of appeal to pity)

자신이나 타인이 처한 딱한 상황을 다수인에게 이야기함으로써 이들로 하여금 연민의 정을 느끼게 하고, 이를 계기로 하여 소위 자신의 뜻이나 의사를 관철시켜 나가는 논증의 형태이다. 다음에서 국선 변호사의 변론을 들어보자.

· 이 사람은 부모님을 잃은 슬픔을 잊으려고 마약을 복용한 것입니다. 재판장님께서도 부모님을 잃은 슬픔을 잘 아시지 않습니까? 저는 이 사람이 비록 마약을 복용하기는 했지만 용서해 주는 것이 옳다고 생각합니다.

마약복용자의 사정은 동정을 사기에 충분하다. 그러나 그의 죄가 용서될 성질의 것인가는 전혀 별개의 문제이다. 그럼에도 불구하고 동정에 못 이겨 그를 용서하게 된다면, 동정에 호소하는 오류를 범하게 된다. 그런데 만일 용의자가 크게 반성하고 있고, 그야말로 범행동기가 이해할 만한 성질의 것이라면 물론 정상참작은 될 것이다.

교통법규를 위반한 운전자가 교통경찰관에게 자신의 딱한 처지를 설명하면서 벌과금 통지서를 발급하지 말아 달라고 호소하는 경우도 이에 해당된다 하겠다. 즉,

· 제발 벌과금 통지서를 끊지 말아 주십시오. 저는 하루 벌어서 하루 먹고사는 가난한 사람입니다. 그리고 팔순노모와 어린 자식이 넷이나 있습니다. 저의 처는 지금 병원에 입원 중입니다. 벌과금 통지서를 끊으시면 저는 벌점이 많아 면허정지를 당하게 됩니다. 그리고 그나마 장사도 할 수 없는 처지에 놓이게 됩니다. 어떻게 한번만 봐주시면 안 되겠습니까? 다음부터 위반하지 않겠습니다.

(2) 힘에 호소하는 논증(Fallacy of appeal to force)

보이는 또는 보이지 않는 힘을 사용하여 상대방에게 강압적으로 자신의 주장이나 의사를 관철시켜 나아가는 논증이다. 여기에는 사회적, 경제적, 정치적, 군사적, 물리적 힘뿐만 아니라 보이지 않는 종교적인 힘에 이르기까지 상대방을 설득시킬 수 있는 모든 힘이 동원된다. 이러한 힘을 이용하여 상대방으로 하여금 공포심을 심어 주기도 하고 때로는 협박하기도 한다. 근심과 불안을 야기시키기도 한다.

· 머지 않아 세계의 종말이 옵니다. 가족이나 재산은 아무 소용이 없게 됩니다. 어서 교회에 모든 것을 바칩시다.

· (만약 어떤 학생이 교수에게) "교수님 저에게 A학점을 주어야 합니다. 왜냐하면 저는 교수님의 불륜의 현장을 목격했고, 이를 폭로할 경우 교수님은 가정적으로나 사회적으로 파탄을 당할 것이 뻔하기 때문입니다."

이러한 그릇된 논증을 우리사회 뿐만 아니라 국제사회에서도 허다하게 목격할 수 있다. 고속도로를 질주하는 대형자동차들의 횡포에서

부터 시작하여, 국회에서 처리되는 입법안에 대한 다수당의 날치기 통과행위, 대통령이 가진 권한을 남용하여 사법기관에 압력을 가하여 공정한 법 집행을 방해하는 행위 등을 비롯하여, 국제사회에서 군사적으로 또는 경제적으로 우위를 점하고 있다 하여, 국제적인 규약이나 조약을 무시하고 약소국가를 위협하는 일련의 국가들에서, 원자폭탄을 보유하고 있다 하여 주변국가들에게 공포심을 조장하고, 이를 계기로 하여 자국의 이익을 챙기려는 국가들에 이르기까지, 이 모든 것들이 힘에 호소하는 그릇된 행태들이다.

· 미 단독 이라크전 시사
부시 "UN지지 없으면 동맹국끼리 실행"
조시 W 부시 미국 대통령은 21일 프랑스, 러시아, 중국 등 안보리 주요국들이 이라크 조기공격을 반대하고 있는 가운데 유엔지지 없이도 군사행동에 나설 것임을 거듭 시사했다. (2003년 1월 22일, 수요일, 대구매일신문 12면.)

· 당신은 여기에 주차해서는 안 됩니다. 어떤 표지판이 붙어 있던 상관이 없습니다. 만일 차를 다른 곳으로 끌고 가지 않으면 딱지를 떼겠습니다.

(3) 증오 · 분노에 호소하는 논증(Fallacy of appeal to hate and indignation)

· '17번째' 주차차량 방화
오늘 새벽 ○○동에서
한동안 숙졌던 연쇄방화로 보이는 대구시내 차량 화재가 다시 발생했다. 21일 새벽 5시 30분쯤 대구 ○○동 골목길에 주차되어 있던 이 동네 황모(28)씨의 승용차에서 불이 나 엔진 등 차 앞부분이 완전히 탔다. … 대구 동구·수성구에서는 지난 달 5일 이후로 모두 17건의 차량 화재가 발생했으며, 이날 불은 지난 1일 이후 20일 만에 난 것이다. (2003년 1월 21일, 화요일, 대구매일신문 29면.)

가진 자에 대한 증오와 분노가 사회를 멍들게 하고 있다. 말없이 서 있는 자동차의 유리와 백미러를 파손하는 행위나 교통법규위반자의 벌금부과에 대한 불만이 파출소 내의 난동으로 이어지고, 음주운전자의 면허정지처분에 대한 증오가 자동차를 몰고 파출소 정문을 향해 돌진으로 이어진다. 이러한 일련의 행위들이 증오에 호소하는 그릇된 논증의 대표적인 사례에 해당된다.

· 벌과금 부과에 앙심 파출소서 횡패

대구 남부경찰서는 21일 이모(32, 식당업)씨에 대해 구속영장을 신청했다. 이씨는 20일 밤 10시 30분쯤 대구 봉덕동 한 주점에서 행패를 부리다 봉덕 파출소로 연행되자 "작년 1월 너희들 때문에 244만원의 벌금을 물었다"며, 벌금 납입고지서를 내던지면서 집기를 부수고 근무 경찰관을 때린 혐의를 받고 있다. (2003년 1월 21일, 화요일, 대구매일신문 23면)

가정불화로 가출하는 행위나 집안에 불을 질러 가족의 생명을 위협하는 행위 등도 마찬가지이다. 하는 일마다 제대로 되지 않는다 하여 불특정인을 폭행하거나 해치는 행위 등도 증오와 분노에 호소하는 그릇된 행위들이다.

설령 증오와 분노의 감정이 생긴다 하더라도 이성적으로 그 원인을 찾아야 할 것이다. 원인 규명은 뒷전이고 이를 우선 감정적으로 해소하려는 데에서 되돌릴 수 없는 과오를 범하게 되는 것이다. 사회는 이성이 지배하는 영역이고 이를 통하여 구성된 조직이기 때문이다.

(4) 성적 쾌락에 호소하는 논증(Fallacy of appeal to sex)

술과 여자, 자동차와 여자 심지어 자동차 타이어와 여자는 어떤 상관관계가 있을까? 술집의 한쪽 모퉁이에 걸려 있는 주조회사의 달력에는 십중팔구 반라의 여자 모델이 등장한다.

자동차 신차 발표회에는 응당 늘씬한 미모의 여자가 핫팬츠를 입고 자동차에 동승하거나 자동차 옆을 지키고 서 있다. 자동차와 여자는 어떤 논리적인 관계가 있을까?

자동차 타이어를 신진하는 광고장면에는 여자의 다리가 등장한다. 그것도 여자의 양다리 사이로 타이어가 굴러 지나간다. 타이어와 여자의 다리는 어떤 논리적인 함의 관계가 있을까?

술의 맛과 향으로, 자동차의 우수한 성능과 탁월한 기능으로 그리고 자동차의 승차감과 제품의 품질로 승부할 일이다. 미인계의 등장은 감성을 자극시키고, 나아가 판단을 흐리게 하기 때문이다. 등장하는 미인에 현혹되어 낭패를 보는 경우가 현실적으로 허다하다.

· 이 화장품은 당신 같은 미모의 여성에게나 어울립니다.
"어머, 그래요? 하나 주세요."

(5) 사적 관계에 호소하는 논증(Fallacy of appeal to private relation)

무엇이든 지나치거나 과하면 일을 망치는 법이다. 어떤 일을 행함에 있어 지나치게 동창을 믿고 친구를 신뢰하고 동향을 등에 업으려다 보면 오히려 일을 그르치게 된다. 일의 내실을 갖추는 데 소홀해지기 때문이다. 타인의 주장을 받아들이기에 합당하지 않음에도 불구하고 친구이기 때문에 또는 동창이라는 이유로 이를 수용하거나, 또는 상대방의 주장이 합당한 경우에도 상대방이 오로지 친구가 아니라는 이유로 혹은 동창이 아니기 때문에 이를 번번이 거부한다면, 한결같이 사적관계에 호소하는 그릇된 논증이다.

즉 학교 반경 200m 이내에 청소년 유해업소가 들어서서는 안 됨에도 불구하고 친구나 동창 혹은 고향선배가 요구하기 때문에 이를 허락하는 경우, 충분히 검증되지 아니한 정치인이 지역 출신의 정치인이라는 점 때문에 또는 같은 정당활동을 하는 정치인이라는 점 때문에, 이를 지지하거나 표를 몰아주는 일련의 행위들이 대표적으로 사적관계에 호소하고 있는 그릇된 주장들이고 행위들이다.

· ○○○은 나와 같은 동네에 살고 있으니까, ○○○이 ○○철학회의 회장으로 선출되도록 회원들을 설득시켜 나가야겠다.

· 이 병원은 내가 다니는 대학의 부속병원이다. 그러므로 병원의 시설이나 직원들의 친절이 다른 병원에 비하여 월등하다.

· 이 감기약은 우리 아빠의 회사에서 만든 약이야, 그러므로 특효약이다.

(6) 대중에 호소하는 논증(Fallacy of appeal to the people)

어떤 주장에 대한 근거, 즉 이를 뒷받침하는 전제를 그 주장과 결부된 일련의 내용에서 찾는 것이 아니라 그 외적인 분야나 영역에서, 즉 절대 다수인의 생각이나 생활 또는 태도에서 찾는 경우 범하게 되는 그릇된 논증이다. '친구 따라 강남 간다'든지, 시골장날에 이웃들이 장보러 가는 것을 지켜보고 있다가 덩달아 '거름 지고 장에 간다'는 속담에서 보듯이, 오류가 일상생활에서 얼마나 친숙해져 있는지를 알 수 있다.

'친구들 모두가 휴대폰을 가지고 있기 때문에 나도 휴대폰을 가져야 한다'며 부모님에게 떼를 쓰는 경우, '특정한 책이 베스트셀러이기 때문에 나도 사서 읽어야 된다'든지, '흥행에 성공한 영화이기 때문에 나도 관람해야 된다'는지, '올 여름에 유행할 옷이기 때문에 나도 미리 장만해 두어야 된다'고 우기는 경우, 이 모든 것들이 대중에 호소하는 그릇된 논증이다. 선거 유세장에서 특정인을 지지하는 다수의 선거요원들이 박수와 환호 그리고 깃발을 동원하여 지지하는 경우를 지켜보고, 그 특정인에게 투표해야겠다고 생각하게 되면 이 역시 대중에 호소하는 논증을 범하게 된다.

- 대한민국 국민의 단 10%의 성전에 귀하를 모십니다.

(7) 권위에 호소하는 논증(Fallacy of appeal to authority)

언론매체를 통하여 우리는 각종 광고선전에서 권위에 호소하는 오류논증을 종종 목격하게 된다. 일종의 탤런트가 광고선전 내용에 대하여 마치 권위가인 것처럼 행세한다. 요란하게 떠들어대는 그들을 바라보고 있는 일반인들은 그야말로 슈퍼탤런트가 아닌 슈퍼권위가로 착각할 정도이다.

"○○○회사의 식용유를 사용해야 한다. 왜냐하면 탈렌트 김 아무개가 '콩이 100%인 것 다 아시죠?'라고 했기 때문이다"라든지, "담배는 반드시 끊어야 한다. 왜냐하면 코미디언 이 아무개가 '담배는 폐암을 유발시키므로 끊는 것이 좋다'고 했기 때문이다"라고 한다면, 권위에 호소하는 오류논증이다. 그들은 탤런트로서 또는 코미디언으로서 다소 전문가일 수는 있을지 몰라도, 콩을 식용유로 만드는 기술을 가지고 있는 것도 아니고, 담배가 폐암을 일으키는 구조적인 역학관계에 관해 알고 있는 전문가 또한 아니기 때문이다.

· 소크라테스는 "악법도 법이다"라고 했다. 그러므로 설령 법이 현실적이지 않더라도 우리는 이를 지켜야 한다.

· 옛 어른 말씀에 "암탉이 울면 집안이 망한다" 했다. 그러므로 여자는 자고로 얌전해야 한다.

· 선생님이 내 말이 옳다고 했어, 그러므로 내 말이 옳아.

· 그러나 너는 아리스토텔레스가 불을 제외한 모든 원소는 무게를 가진다고 분명히 확언하고 있는 것을 알면서도 공기도 무게를 가진다는 것을 의심할 수 있는 거냐?

누구나 특정한 한 분야에서 다소 전문성을 지녔다면 그 분야의 권위자일 수가 있다. 그러나 특정한 분야에서 권위자라 하여 모든 분야에서 반드시 그러한 것은 아니다. 뿐만 아니라 어느 누구도 권위자라 할 수 없는 영역이나 분야도 없지 않다. 즉 유산에 관한 문제, 안락사 혹은 뇌사와 같은 생명에 관한 문제, 종교적인 문제, 현재 진행 중인 정치적 현안문제 등에 관한 논쟁에 있어서는 실제로 권위가 근거할 수 있는 어떤 합의된 지혜도 존재하지 않는다.

(8) 인신공격(argumentum ad hominen : abusive)

상대방의 주장이 옳지 않다는 사실을 주장의 내용과 무관한 상대방의 인격, 사상, 재산, 과거의 행적 등을 들고 나와 반박하는 경우 범하게 되는 오류이다.

즉 정부기관의 부처장관을 선임하는 과정에서 국회의 승인을 받기 위해 청문회를 개최한다. 그런데 환경부 장관은 환경과 관련된 분야의 전문가이면 족하다. 즉 이 분야에서 오랫동안 활동하면서 다소 전문성을 지니고 있으며, 또한 특히 국내환경과 관련하여 문제점을 올바르게 파악하고 있으면서, 이를 해결할 수 있는 능력을 소유하고 있다면 부처의 장으로서 손색이 없다. 그런데 이러한 일련의 문제는 뒷전으로 밀려나고 오직 그 사람의 과거행적, 도덕성, 재산축적 과정의 정당성, 색깔론, 자식들의 군 입대 문제 등을 들고 나와, 장관에 임명된 지 이틀도 되지 않아 물러나야만 하는 불행한 일을 목격하게 된다.

선생님은 학생들을 잘 가르치고 지도하면 족하다. 선생님이 무엇을 부업으로 하든, 어떤 과정을 거쳐 재산을 축적하든, 과거 집안의 사상적 배경이 어떠하든 전혀 상관이 없는 것이다. 그러나 현실은 그렇지 못하다. 학생들을 올바르게 가르치고 지도하는 선생님이라 하더라도 인격적으로, 도덕적으로, 가정적으로 건전하지 못하면 주위에서 시끄러워지는 것이다.

경찰관이 술집을 경영하든, 여관을 운영하든 상관이 없다. 관할지역의 치안 유지와 주민의 안녕에 전념할 수만 있다면 말이다. 그러나 현실은 이를 문제로 삼는다.

· K교수의 이론은 받아들일 수 없다. 왜냐하면 그는 자유연애주의자로서 성관계가 복잡하다고 소문이 자자하기 때문이다.

· 정부정책에 대한 L의원의 비판은 말이 안 된다. 그는 전에 마르크스주의에 심취해서 공산주의 운동을 한 경력을 가지고 있기 때문이다.

· F. 베이컨의 주장은 설득력이 없다. 왜냐하면 그는 뇌물을 받은 혐의로 대법관에서 물러난 사람이기 때문이다.

(9) 상황적 사람에의 논증(argumentum ad hominen : circumstantial)

논자의 사회적 직책, 지위, 직업, 처지 등을 문제로 삼아 논자의 주장이 옳지 않다는 것을 반박하는 데서 나타나는 오류이다. 즉,

· 교원 봉급인상에 대한 K씨의 주장은 무시해도 된다. 왜냐하면 그 자신이 교원이기에 당연히 그는 봉급인상을 지지할 것이기 때문이다.

· 노동자들에 대한 그의 주장은 엉터리이다. 그는 사장으로서 노동자의 편에 설 리가 없기 때문이다.

· 신의 존재에 대한 그의 주장은 설득력이 없다. 왜냐하면 그는 독실한 기독교신자이기 때문이다.

(10) 피장파장의 오류(argumentum ad hominen : you also)

자신의 주장이 정당하지 못하다는 상대방의 반박에 대해, 상대방의 주장은 자신의 주장보다 더욱 정당하지 못하다거나 혹은 상대방 역시 자신의 주장과 똑같은 정도로 정당하지 못하다고 주장함으로써, 자신의 주장이 상대방의 주장보다 더 정당하다고 혹은 적어도 상대방의 주장과 동일한 정도의 정당성을 가지고 있음을 증명하려는 논증이다.

거짓말을 한 아들에게 아버지가 나무라자 아들은 '아버지도 저번 어린이날에 장난감을 사 주신다고 약속하고 사주시지 않았잖아요, 아버지는 거짓말을 하지 말라고 하시면서 왜 거짓말을 하시는데요?'라고 하는 경우에서, 또는 '네가 슈퍼맨이면 나는 배트맨이다'라고 하든가, 또는 '네가 그것을 해내면 나는 성을 바꾼다'라고 하는 경우에서 이 논증의 오류를 목격할 수 있다.

· 은행원들도 토요일 쉬는데 우리라고 쉬지 말란 법 있냐?

· 너는 얼마나 잘 생겼기에 나더러 그렇게 못생겼다고 그러냐?

· 자동차 10부제에 동참하자고요? 그런데 당신은 어째 부제차량을 끌고 나왔소이.

· 늑대가 양 우리에서 양을 한 마리 물고 달아나고 있었다. 그러나 불행하게도 도중에 사자를 만나 그만 사냥한 양을 빼앗기고 말았다.

화가 난 늑대가 사자와 멀리 떨어지자, "남의 것을 빼앗는 것은 부정이오!" 라고 소리쳤다. 그러자 사자는 웃으면서 말했다. "그럼 너는 이 양을 정당하게 얻었냐?"

연습문제

Ⅰ. 다음의 논증들은 하나의 오류를 범하고 있다. 어떤 오류를 범하고 있는 구체적으로 지적해 보시오.

1. D 일간지 사설은 우리 회사가 이 도시의 수질오염의 원흉들 중의 하나라고 비판한다. 그러나 수질오염의 책임은 우리보다 D일간지가 더 많이 져야 한다. 그들은 K제지회사를 소유하고 있으며, 그 제지회사는 매일 수 톤의 화학폐기물을 이 도시의 강물에 쏟아 붇고 있기 때문이다.
2. 이 기사를 보도하는 것은 귀 신문사의 자유이고 권한입니다. 그러나 우리가 일 년에 얼마만큼의 광고비를 귀사에 지불할 것인가를 결정하는 것은 우리의 자유이고 권한입니다.
3. 너는 반드시 마 교수의 소설 『즐거운 사라』를 읽어야 한다. 왜냐하면 그 책은 지금 베스트셀러이며, 실제로 많은 대학생들이 그 책을 화재로 삼고 있기 때문이다.
4. 이번 취직자리에는 김 군이 추천되어야 한다. 그는 이미 결혼을 해서 부양할 가족이 있고, 더구나 그의 아내는 병원에 입원해 있기 때문이다.
5. 나하고 다툴 생각은 말게. 자네 봉급을 누가 주는지를 기억해 보란 말야.
6. 특별한 안목을 가진 고급 취미의 사모님들만이 이 제품을 찾습니다.
7. 아마도 너는 경제적인 측면을 고려해서라도 우리 동아리에 가입하는 것이 나을 것이다. 네가 우리 동아리에 가입하지 않음으로써 입을 피해를 한번 생각해 봐라. 아마 너는 옷이 찢기고, 이가 부러지고, 책을 빼앗기고, 돈도 많이 빼앗길 것이다. 우리는 그런 일을 할만한 조직을 가지고 있거든.
8. 그녀가 당신의 남성적 매력을 온몸으로 느끼게 하십시오. 남성용 화장품, 아모레!

9. 아버님, 제 성적이 나쁘다고 너무 나무라지 말아 주십시오. 대학 일 학년은 공부하지 않고 그럭저럭 보내는 것이 정상적이라고 선배들이 다 말하고 있습니다. 이 사실을 아버님께서도 참고해 주셨으면 좋겠습니다.
10. 저의 의뢰인은 혼자서 노부모를 모시고 있는 몸입니다. 만일 그가 감옥에 가게 되면 그들은 마음이 찢어질 것이며, 또 집도 없고 돈도 없는 신세가 될 것입니다. 그러므로 판사님, 판사님께서 내릴 수 있는 판정이란 무죄선고밖에 없습니다.
11. 그 주지사는 이 주의 농부들의 좋은 친구임에 틀림없다. 왜냐하면 그가 어젯밤 연설에서 이렇게 말하였으니까, "자기 친구에게 거짓말을 하는 사람은 없는 법이다"라고.
12. 자네는 나에게 담배를 끊으라는 충고를 할 수 있는 입장에 있지 않아, 자네가 더 골초잖아.
13. 체육교육 분야에 일자리가 많이 있음에 틀림없다. 오늘밤 학장이 대학 체육관에서 졸업생들에게 취업에 대한 강연을 한다고 학보에 난 것을 보면.
14. 브라운 영감은 자기네 농장에서 비행접시 한 대가 착륙하는 것을 보았다고 한다. 하지만 그는 초등학교 3학년까지 밖에 다니지 못하여 읽고 쓸 줄도 모른다. 그는 과학자들이 그 문제에 대해 쓴 것에 대해서 전혀 무지하다. 따라서 그의 보고는 사실일 수 없다.
15. 사냥꾼인 내가 죄 없는 짐승을 죽이는 야만인이라고 하는데, 당신은 왜 죄 없는 짐승의 고기를 먹는가.
16. 나는 그가 얼마나 아픈지 상관 안 해. 가게에는 그가 당장 필요하고, 또 지배인이 사람을 보내서 부르면 점원이 모습을 보여야 할 거 아니야.
17. 황금률은 지금까지 제시된 모든 윤리학 체계의 근거가 된다. 또 모든 사람은 그것을 어떤 형태로든지 받아들이고 있다. 따라서 황금률이 건전한 도덕률이라는 것은 부정할 수 없다.
18. 그 여자는 결혼상대로서는 부적합해, 고아출신이잖아.

19. 그가 주장하는 봉급인상 불가피론은 믿을 만한 것이 못된다. 그는 요즈음 빚에 쪼달리고 있기 때문이다.
20. 그는 우리가 잘못이라는 것입니다. 그러나 신경 쓰지 마십시오. 목사로서 당연히 그렇게 말 할테니까요.

2) 자료의 그릇된 판단에 의한 지적 오류

자료에 대한 그릇된 판단은 여러 가지 요인이 있을 수 있다. 특히 전제로 동원하는 자료가 양적으로 극히 한정된 경우, 질적으로 정확성이 떨어지는 자료인 경우, 극히 제한된 분야나 영역의 자료를 전제로 삼음으로써 대표성이 결여되는 경우가 여기에 해당된다. 이러한 자료들을 전제로 사용함으로써 그릇된 논증을 구성하게 된다. 뿐만 아니라 자료에 대한 지나친 신뢰나 불신 역시 올바른 추리를 기대할 수 없게 만드는 요인이 되기도 한다.

(11) 성급한 일반화의 오류(Fallacy of hasty generalization)

지적세계는 다름 아닌 귀납추론으로부터 시작한다. 귀납추론에 의한 일반화가 곧 지적세계를 구성한다. 일반화에 의해 구성된 지적세계는 어디까지나 개연성을 본질로 한다. 귀납적 일반화가 본질상 개연성을 벗어나지 못한다 하더라도, 우리는 이를 상대적으로 개연성이 높은 지적세계를 구성할 수 있다. 이것은 충분한 정보와 적합한 데이터, 대표성을 띠는 사례들을 근거로 하여 추론함으로써 가능하다. 그러나 우리는 일상적으로 이를 소홀히 하여 성급하게 일반화시킴으로써, 상대적으로 개연성이 낮은 지적세계를 구성하게 된다. 그리하여 소위 **성급한 일반화의 오류**를 범하게 되는 것이다. 즉

· 어제 나와 데이트한 김 군은 나에게 강제로 포옹하려고 했다. 그리고 저번에 나와 데이트한 이 군은 입맞춤을 하려고 했다. 이로 미루어 보아 남자들은 다 똑같다. 그들은 성에 굶주린 늑대임에 틀림

없다.

그러나 강 군도 있고 박 군도 있으며 최 군도 있다. 그리고 홍 군, 양 군도 있음에도 불구하고 김 군과 이 군이 그러하다고 하여, 다른 이들도 다같이 '성에 굶주린 늑대'라고 추론한다면, 이는 너무나 성급하게 결론을 추리했다. 이것은 사실과 일치할 가능성보다 그렇지 않을 가능성이 더 높다.

· 눈이 큰 A는 겁이 많다. B와 C도 눈이 큰 데 겁이 많다. 그러므로 일반적으로 눈이 큰 사람은 겁이 많다.

· A지방출신인 김 씨는 피해의식이 강하다. 같은 지방 출신인 이 씨도 마찬가지이고 박 씨도 그렇다. 그러므로 일반적으로 A지방출신 사람들은 피해의식이 강한 사람들이다.

· 서울, 부산, 대구의 거리는 자동차매연이 심하다. 그러므로 우리나라 모든 도시의 거리는 자동차매연이 심하다.

(12) 약한 유비추리(Fallacy of weak analogy)

사건과 사건 사이에 혹은 사물과 사물 사이에 그 성질상 다소 유사성을 갖는다 하여, 일정한 사건과 사물을 통하여 여타의 사건이나 사물의 성질을 추론하는 논증이다. 즉 식물과 인간이 성질상 다소 유사성을 갖는다 하여, 인간을 식물에 비유하여 '뿌리가 깊은 나무는 바람에 흔들리지 않듯이, 삶의 근본문제들에 대한 확고한 가치관을 가진 사람은 세상이 어지러워도 동요하지 않는다'라고 하는 데에서, 또는 인간을 자연에 비유하여 '열 길 물속은 알아도 이것의 10분의 1에 해당되는 사람의 속은 모른다'라고 하는 데에서, 그리고 인간을 짐승에 비유하여 '짐승만도 못한 놈'이라고 하는 데에서 약한 유비추리를 목격할 수 있다.

뿌리 깊은 나무는 바람에 흔들리지 않을지 모르나, 아무리 확고한 가치관을 가진 사람이라 하더라도 주변이 혼란스러우면 동요하는 법이다. 인간은 나무가 아니기 때문이다. 마찬가지로 물속은 훤히 들여다 볼 수 있을지 모르지만 사람의 마음은 들여다 볼 수가 없다. 물속과 사람 속이 결코 동일할 수 없기 때문이다.

인간과 짐승이 성질상 다소 유사성이 보인다 하여, 교육심리학에서는 아동들에게 학습동기를 유발할 목적으로 다양한 짐승들을 실험대상으로 삼고 있다. 이것은 대단히 위험한 일이다. 짐승들은 자극에 따라 즉각적으로 동일한 반응을 보일지 모르나, 인간은 결코 그렇지 않다. 인간은 결코 짐승이 아니기 때문이다.

· 우리는 기계가 고장 났을 때, 그 부품을 뜯어내고 새로운 부품으로 갈아 끼운다. 그러므로 신체의 일부분이 고장 나면 그 부분을 제거한 후, 인공제품이건 혹은 다른 사람의 신체이건 이를 교체 한다.

· 컴퓨터와 인간은 유사한 점이 많다. 따라서 컴퓨터 역시 사랑을 비롯한 다양한 감정을 가지고 있다.

(13) 무지에 호소하는 논증(Fallacy of appeal to ignorance)

우리의 지적세계는 양적으로나 질적으로 한계가 있다. 우리가 주변의 것들에 관하여 인식하고자 할 때, 그들에 관하여 모든 내용을 완전히 안다는 것은 전적으로 불가능하다. 또한 우리가 그들에 관하여 완전히 알고 있기 때문에, 이들을 삶에 이용하고 활용하는 것은 더구나 아니다. 우리가 그들에 관하여 알고 있는 만큼, 그 범위 내에서 그들을 활용하고 있을 따름이다. 우리가 그들에 관하여 얼마나 알고 있는지조차 가름되지 않는다. 정말 보잘것없는 지식인 셈이다.

그리고 우리가 설령 주변의 것들에 관하여 다소 알고 있다 하더라도, 이것이 그들이 가지고 있는 성질과 전적으로 일치하는지의 여부를 확신할 수도 없다. 그렇지 않다면 우리는 그릇된 판단으로 실수할 이유가 하등에 없을 뿐만 아니라, 수정이나 보완 혹은 개선이란 말조차 필요 없지 않겠는가. 주변에 이리한 개념들이 심심찮세 나노는 것은 우리의 지식이 그야말로 하찮은 내용을 가진 지식임을 입증하고 있는 것이다.

이것은 곧 무엇을 말해 주고 있는가. 지금 내가 이 자리에서 어떤 것을 볼 수 없다 하여, 그것이 없는 것은 아니다. 또한 지금 우리가 이 자리에서 일정한 사태의 존재를 증명할 수 없다 하여, 이것이 그것의 존재여부를 결정하는 것이 아니다. 만약 그러하다면 이것은 **무지의 오류**를 범하고 있는 것이다. 나의 시야에 들어오지 않는다 하더라도, 더구나 지금 우리의 지식으로는 증명할 수 없다 하더라도 그것은 엄연히 존재할 수 있는 것이다.

· 어느 누구도 도깨비가 존재하지 않는다는 사실을 보여주지 못했다. 그러므로 도깨비는 존재한다.

· 누구도 UFO가 있다는 사실을 증명하지 못했다. 따라서 UFO는

존재하지 않는다.

그러나 어떤 주장에 대한 증명이나 반증을 위한 탐구가 그 분야에서 오랫동안 일해 온 전문가들에 의하여 체계적인 방식으로 행해졌음에도 불구하고, 이에 대한 증명이나 반증이 불가능했을 경우, 이에 근거한 결론은 비록 연역적으로는 부당하나 귀납적으로는 상대적으로 다소 강한 논증이 될 수 있다.

· 여러 분야의 과학자들로서 구성된 연구팀이 수십 년 간에 걸쳐 찾아보았지만 스스로 발광하는 기체의 존재를 발견하지 못했다. 그래서 우리는 다음과 같은 결론에 내리게 되었다. 스스로 발광하는 기체는 존재하지 않는다.

(14) 우연의 오류(Fallacy of accident)

이처럼 우리의 지식은 허점투성이인 것이다. 지적세계의 근저에 귀납적 일반화가 놓여 있기 때문이다. 귀납적 일반화란 개개의 사례들을 관찰하고 실험하여, 이들이 공통적으로 가지고 있는 성질을 추론하는 방법이다. 그러나 사례들의 공통적인 성질의 추론은 모든 경우들을 관찰하고 실험한 연후에 할 수는 없는 노릇이다. 어디까지나 경험 가능한 범위 내에서 관찰하고 실험할 수 있을 따름이다. 문제는 바로 여기에 있다. 즉 관찰과 실험에서 제외된 사례들의 성질이 일반화한 성질과 일치하지 않을 수가 있다는 점 바로 그것이다. 그러므로 귀납적 일반화에 의한 추론은 항상 예외가 있는 것이다. 이를 무시하게 된다면 **우연의 오류**를 범하게 되는 것이다.

'거짓말을 해서는 안 된다.' 그러나 말기 암환자에게 의사가 환자의 안정과 병의 호전을 기대하면서 '충분히 나을 수 있습니다. 마음의 안정을 취하고 음식을 골고루 많이 드십시오'라고 할 수 있다. 이 때 의사는 분명히 환자에게 거짓말을 하고 있는 것이다. '약속은 반드시 지켜야 한다.' 그러나 예외가 있는 것이다. 약속을 이행할 수 없는 부득이한 경우가 삶 속에 늘 산재해 있기 때문이다.

우리나라는 언론 출판의 자유가 법으로 보장되어 있다. 청소년들에게 성과 관련된 범죄를 부추기고 나아가 사회의 기강을 해치는 출판물에 대해서는 출판을 허용하지 않을 수 있다. '모든 물체는 낙하운동을 한다'는 자연과학적 지식 역시 마찬가지이다. 낙하운동을 하지 않는 물체가 존재하는 것이다. 이를 문제로 삼게 된다면 우연의 오류를 범하게 되는 것이다.

· 빌린 물건은 주인이 원할 때는 언제나 되돌려 주어야 한다. 그런데 너는 김 씨로부터 낫을 빌렸다. 그리므로 그가 지금 극도로 흥분해서 박 씨와 다투고 있다 하더라도, 그가 낫을 되돌려 달라고 요구하면 즉시 그에게 낫을 되돌려 주어야 한다.

(15) 결합의 오류(Fallacy of composition)

한 마디로 말하여 부분들이 가지고 있는 성질을 그 전체 또한 가지고 있다고 생각하는 데서 범해지는 오류이다. 즉 우리의 몸은 다수의 기관들로 구성된 유기체이다. 뇌를 비롯하여 눈, 코, 귀, 입, 폐, 심장, 간, 각종 소화기관 등이 그것이다. 이들은 우리의 몸에서 각각 작용하는 기능이 서로 다르다. 서로 다른 기능을 통하여 유기체로서의 전체를 구성하고 있다. 그러나 이들 각 기능을 아무리 분석하더라도 이들에게서 정신이나 마음을 이끌어 낼 수가 없다. 그러므로 이들로 구성된 나는 정신과 마음을 갖지 않는다고 하면 어떨까? 각 기관들이 갖지 않은 내용을 유기체로서의 전체는 가지고 있는 것이다. 전체는 부분의 총화 그 이상이다.

물은 산소 한 분자와 수소 두 분자로서 구성되어 있다. 그런데 산소와 수소는 그 성질상 기체인데 반하여, 이들로서 구성된 전체로서의 물은 액체이다. 즉 성질이 다른 것이다. 또한 물을 가지고 우리는 화재를 진화하는 데에 사용한다. 그런데 산소와 수소를 가지고 불을 끌 수 있을까? 불가능 할 것이다. 이처럼 부분이 가지고 있는 성질을 총화로서 전체가 반드시 갖는 것이 아니다. 그러나 우리는 현실적으로나 학적 탐구에 있어 한결같이 부분이 갖는 성질을 그 전체가 가지고 있다고 생각하는 것이다. 그리하여 전체가 갖는 성질을 그 부분에서 찾고 있는 것이다. 따라서 결합의 오류를 범하고 있는 것이다.

- 각 제조업자는 자기가 만들어 낸 상품에 자기 마음대로 값을 매길 수 있다. 따라서 모든 제조업자들이 모여서 자기들이 만들어 낸 상품에 값을 정하는 데에도 아무런 문제가 없다.

- 이 영화는 인기가 있다. 왜냐하면 소위 인기 있는 배우들만 출연하기 때문이다.

- 저희 회사 제품은 성능이 우수하다. 왜냐하면 저희 회사는 좋은 재료만 사용하기 때문이다.

- 이 옷들은 50% 할인 판매품이다. 만일 내가 두 벌의 옷을 산다면

100% 할인인 셈이다. 따라서 나는 그것들을 무료로 가져 갈 수 있을 것이다.

(16) 분해의 오류(Fallacy of division)

분해의 오류는 결합의 오류의 정반대이다. 전체가 가지고 있는 성질을 그 전체를 구성하고 있는 부분들 역시 가지고 있다고 보는 데서 범하게 되는 오류이다. 물의 경우와 마찬가지로 소금은 나트륨과 염소로 구성되어 있다. 소금은 고체이고 식용이 가능하다. 그러나 소금의 이러한 성질을 나트륨이나 염소 역시 가지고 있을까?

한국축구가 2002년 월드컵 축구경기를 통하여 세계 4위를 했다. 그렇다고 하여 그 구성원들 모두가 세계 4위의 기량을 갖춘 선수들일까? 대답은 회의적일 수밖에 없다. 한국은 부정부패의 나라이다. 이것은 세계가 인정하는 바이다. 그렇다고 하여 한국인 개개인이 부정과 부패를 일삼은 국민일까? 그렇지 않을 것이다. 그러나 우리는 전체가 갖는 성질이나 속성을 이를 구성하고 있는 개체들, 즉 부분들도 갖는다고 생각하는 것이다. 이것은 다분히 논리적으로 오류인 것이다.

· K대학은 훌륭한 대학이다. 그러므로 그 학교에 다니는 S도 분명히 훌륭하다.

· 미국은 전쟁을 좋아하는 나라이다. 그러므로 미국사람들은 누구나 전쟁을 좋아한다.

· 개는 흔한 동물이다. 풍산개도 개다. 그러므로 풍산개도 흔한 동물이다.

· 8은 짝수이다. 그러므로 이를 구성하는 5와 3도 짝수이다.

(17) 거짓 이분법(Fallacy of appeal to false dichotomy)

제 3의 대안이 있을 수 있음에도 불구하고 이를 배제하는 경우에 범하게 되는 오류이다. 즉 이것 아니면 저것이라는 두 개의 대안만을 제시하고, 이것이 가능한 대안의 전부인 것처럼 유도하여, 어느 경우를 선택하더라도 곤경에 처하게 할 목적으로 저질러지는 오류이다.

2002년 부산 아시안 게임이 열리던 때에, 북한의 인공기를 경기장 안에서 관중들에게 흔들게 할 것이냐 말 것이냐의 문제를 놓고, 주최 측의 임원들 간에 논란이 벌어진 경우가 있다. 즉 인공기를 들고 흔들면 북한을 찬양하는 행위가 될 것이고, 그렇지 않으면 북한을 거부하는 행위가 된다고 생각했기 때문이다. 이들의 고민은 바로 여기에 있었던 것이다. 다른 참가국가의 국기는 잔뜩 흔들면서 유독 인공기만은 안 된다는 것이 초청한 북한에 대해 주최 측으로서의 예의가 아니기 때문이다. 그야말로 흑백사고의 논리에 젖어 있는 것이다. 이들의 머리 속에는 인공기를 들고 흔들면 공산주의자이고, 그렇지 않으면 민주주의자이다라는 식의 생각이 깔려 있는 것이다. 국가정책에 반대하는 데모를 하면 불순분자이고, 그렇지 않으면 찬양자로 생각하는 것과 하등 다를 바가 없다. 거짓 이분법의 오류를 범하고 있는 것이다. 인공기를 들고 흔든다고 해서, 국가정책에 반대한다고 해서 북한을 찬양하거나 공산주의를 지향하는 것은 아니다. 국산품을 사용하면 나라를 사랑하는 행위이고, 수입품을 사용하면 나라를 팔아먹은 행위라는 전 근대적인 사고방식이 지배하는 한, 흑백사고의 논리를 벗어날 수 없다.

· 너는 눈물을 흘리지 않는구나, 나와 헤어지는 것이 기쁜 모양이지.

· 너는 공부를 그렇게 하지 않고서 이 다음에 뭐가 될래?

· 아버지, 저를 과외 공부시켜 주시든가 아니면 대학시험에 낙방하는 걸 보시든가 알아서 하이소.

(18) 허수아비 논증(Fallacy of appeal to straw man)

이 논증은 상대방이 주장하고 있는 논증과 유사한 논증, 즉 허수아비 논증을 만들어 상대방을 비판하거나 공격하는 그릇된 논증의 형태이다. 즉,

· 다윈의 진화론은 한마디로 말하면 원숭이가 진화해서 인간이 되었다는 것인데, 그렇다면 지금도 인간으로 진화하는 원숭이가 발견되어야 하잖아. 그런데 어디에서도 그런 것을 보았다는 사람이 없으니, 다윈의 진화론은 정당한 것이 아니라는 것이 증명되었다고 보아야 옳다.

그러나 다윈의 진화론의 내용은 '원숭이가 진화하여 인간이 된다'는 사실을 말하고 있는 것은 아니다. 그의 진화론은 한마디로 말하여 '자연도태설'이다. 즉 개체 중에는 태어나면서부터 물리적으로 강하게 태어나는 개체가 있는가 하면, 또한 약하게 태어나는 개체도 있다. 뿐만 아니라 환경에 잘 적응하는 기질을 가진 개체가 있는가 하면, 그렇지 못한 개체 또한 없지 않다. 여기에서 다만 육체적으로 강하게 태어나는 개체, 즉 강자와 환경에 잘 적응하는 기술을 갖춘 적자만이 살아남

고, 그렇지 못한 약자나 부적응자는 도태된다는 내용을 담고 있는 것이 다윈이 주장하는 바 자연도태설이다. 이것은 진화론의 일종이다. 라마르크의 용불용설도 있지 않는가. '원숭이가 진화하여 인간이 된다'는 진화의 사실을 주장한 이가 없지 않겠지만, 이것은 다윈의 진화론과 아무런 관련이 없다. 그런데 이를 마치 다윈이 주장한 진화론인 것처럼 들고 나와, 이러한 현상이 자연계에서 발견되지 않으므로 그의 진화론이 틀렸다고 주장하는 것은 설득력이 없다.

· 김 아무개가 마르크스의 이론의 정당성을 다소 길고 복잡하게 논증하는 것을 허 아무개가 듣고 있다가 "뭐 그리 복잡하냐. 간단히 말해서 너의 주장은 사회주의 우월성이 마르크스 이론의 정당성을 증명한다는 것 아니야? 그런데 유럽의 동구에서도 그렇고 소련에서도 그렇고 이미 사회주의의 몰락은 증명된 것 아니겠어. 따라서 너의 주장은 정당성을 상실할 수밖에 없다."

(19) 복합질문의 오류(Fallacy of appeal to complex question)

질문을 정확히 하는 것, 이것 역시 오류를 피해 가는 지름길 중의 하나이다. 물음이 정확해야 이에 대한 정확한 답을 기대할 수 있다. 토론장에서 질문자가 도대체 무엇을 질문하고 있는지 본인조차 모를 정도로 장구하게 늘어놓은 경우를 허다하게 보게 된다. 간단하면서도 정확한 질문은 정확한 답을 구상하게 만든다.

두 개 이상의 내용을 담고 있는 물음이 하나의 질문으로 포장되어 있으면, 답하는 이는 여간 곤혹스러운 것이 아니다. 중간고사 시험기간 어느 대학의 게시판에 '아직도 커닝을 하십니까?'라는 포스터가 ○○

학생회 이름으로 나붙은 적이 있다. 정말 답하기가 난처하다. 이 물음에 '아니오'라고 답하게 되면, 과거에는 커닝을 했는데 지금은 그만 두었다는 얘기가 될 것이고, '예'라고 답하게 되면, 예나 지금이나 변함없이 줄기차게 커닝을 한다는 얘기가 될 것이기 때문이다.

모처럼 만난 친구가 인사말로 '너 요즘도 부부싸움 하냐?'라고 묻게 되면, 답하기가 쉽지 않다. 부부싸움 한번 하지 않고 사는 잉꼬부부가 어디 있겠냐마는, 막상 질문을 받고 보면 답하기가 망설여지게 된다.

수사관이 절도 용의자를 체포하여 '너 훔친 지갑 어디에 숨겼어?'라고 기습적으로 묻게 되면, 용의자는 난감해지는 것이다. 이 모든 것이 말하자면 복합질문의 오류를 범하고 있다 하겠다.

· 이제 증권에서 손뗐냐?

· 어때, 이제 과속하지 않기로 했나?

· 이제부터 자동차 10부제에 동참하기로 했나?

· 우주의 시초는 언제인가?

(20) 무관한 결론의 오류(Fallacy of appeal to irrelevant conclusion)

논점과는 직접적인 관계가 없는 내용을 들고 나와 논점을 흐리게 하거나 심지어 논점을 이탈함으로써, 전제와 무관한 결론에 이르게 하는 오류를 말한다. 즉 주장에 대한 직접적인 관련이 없는 근거, 이유, 전제를 가지고 이들이 함의하는 이상의 것을 결론에서 주장하게 되면

이 오류를 범하게 된다.

'공교육이 제 기능을 못하고 있다. 모든 학생과 학부모들이 학교보다는 사설학원을 더 신뢰하며 따르고 있다. 따라서 공교육을 폐지해야 마땅하다'라고 주장한다든지, '신용카드와 관련된 범죄가 날로 증가하고 있다. 따라서 신용카드제도를 없애자'라고 주장한다든지, '사립대학의 재정이 날로 어려워지고 있다. 그러므로 기여입학제도를 활성화하자'라고 주장한다든지, '학생들의 수가 점점 줄어들고 있다. 이로 인하여 학교재정이 어려워지고 있다. 따라서 등록금을 대폭 인상하자'라고 주장한다면 무관한 결론의 오류를 범하고 있는 것이다. 그러나 이 중에는 다소 현실적으로 설득력을 갖는 주장들이 없지 않다. 현실적으로 설득력을 갖는다 하여 논리적으로 타당한 것은 결코 아니다.

· 요즈음 소매치기가 급증하고 있다. 그리고 좀도둑 또한 증가일로에 있다. 따라서 결론은 분명하다. 우리는 즉각 공개처형 제도를 부활해야 한다.

· 오늘날 고등학교 교육은 크게 잘못되어 있다. 10년 전과 비교해 보았을 때, 학력은 엄청나게 저하되었고, 고등학교를 졸업해도 한자도 제대로 읽지 못하는 학생이 부지기수이며, 더군다나 예의는 말할 나위도 없다. 따라서 분명한 결론은 고등학교를 없애야 한다는 것이다.

(21) 거짓원인의 오류(Fallacy of false cause)

서로 다른 두 사건이 연이어 발생하는 경우를 우리는 종종 목격한다. 따라서 우리는 시간상으로 앞서 발생한 사건을 연이어 발생한 또 다른 사건의 원인으로 생각하곤 한다. 그러나 이 두 사건은 서로 원인과 결과의 관계에 놓여 있지 않는 사건들 일 수 있다. 앞서 발생한 사건이라 하여 반드시 연이어 발생하는 사건의 원인일 수만은 없는 것이다. 그야말로 우연의 일치로서 두 사건은 내적으로 아무런 논리적 연관이 없는 무관한 사건일 수 있기 때문이다. 시간적인 선후관계와 인과관계는 전적으로 일치하지 않는다. 이를 무시하고 앞 사건을 뒤 사건의 원인으로, 뒤 사건을 앞 사건의 결과로서 간주하는 데서 우리는 거짓원인의 오류를 범하게 된다. 즉,

· 까마귀가 날자 배가 떨어졌다. 그러므로 까마귀가 날아간 사건이 배가 떨어진 사건의 원인이다.

· 지난밤에 돼지꿈을 꾼 후 다음날 로또 복권에 당첨되었다. 그러므로 로또 복권의 당첨은 오로지 간밤의 돼지꿈의 결과이다.

· 아침에 미역국을 먹고 시험장에 갔다. 그런데 문제를 제대로 풀지 못하여 시험을 망쳤다. 생각해 보니 시험을 망친 것은 순전히 아침에 먹은 미역국 탓이다.

비록 사건들이 시간상으로 선후관계에 놓여 있지 않더라도 거짓원인의 오류를 범할 수 있다. 즉 어떤 사건이 다른 사건의 진정한 원인이 아님에도 불구하고 이를 원인으로 간주하여 추리하는 경우가 그러하다. 즉,

· 그는 단것을 좋아한다. 그런데 그는 고운 피부를 지니고 있다. 그러므로 고운 피부가 단것을 좋아하게 하는 원인이다.

(22) 연쇄반응의 오류(Fallacy of slippery slope)

하나의 사건으로부터 출발하여 추리에 추리를 거듭하면서, 마침내 처음의 사건과는 내용상으로 거리가 먼 결론에 도달하는 경우에 범하게 되는 그릇된 추리이다. 연속적인 추리는 결국 앞 사건과 뒤 사건 사이의 논리적 함의를 약하게 만들고, 끝내 추리의 출발내용과는 전혀 무관한 결론에 이르게 된다.

· 도색잡지의 판매를 금지하는 법이 즉시 그리고 전면적으로 실시되어야 한다. 왜냐하면 도색잡지의 제작과 판매는 거의 확실히 강간과 근친상간과 같은 성관련 범죄를 증가시키는 결과를 낳을 것이고, 이러한 결과는 다시 점차적으로 사회의 도덕적 근간을 해치게 된다. 나아가 이로 인하여 모든 종류의 범죄가 증가하는 결과를 초래할 것은 명백하기 때문이다. 또한 그렇게 되면 법과 질서의 완전한 해체가 일어나게 될 것이고, 이는 종국적으로 문명의 총체적인 부패를 낳게 할 것이다.

그러나 도색잡지에 관한 판매금지법이 즉시 그리고 전면적으로 실시되지 않는다고 하여, 사회의 도덕적 근간이 뿌리째 흔들리는 것은 아니다. 이로 인하여 다소 영향을 미치기는 하겠지만 그렇다고 하여 모든 종류의 범죄가 증가하는 것은 더구나 아니다. 문명의 총체적 붕괴 역시 지나친 과민한 반응의 결과이다.

서해안에서 남북한 군함의 교전이 발생했다 하여, 북한의 지령을 받아 동해안으로 간첩이 침투했다 하여, 곧 남북한 간의 전쟁이 일어나는 것으로 확대 해석하여, 온 나라를 전쟁의 상태로 몰고 가는 경우에서도 연쇄반응의 오류를 지적할 수 있다. 전쟁은 서로가 원하는 바가 아니기 때문이다.

(23) 선결문제요구의 오류(Fallacy of begging the question)

어떤 명제가 진리임을 증명하고자 할 때, 그 명제를 결론으로 연역 내지 추리할 수 있게 해주는 전제들을 찾아보려고 한다. 이 때 자기가 증명하려고 하는 명제 자체를 논증의 전제로 삼으면 선결문제요구의 오류를 범하게 된다. 즉

· 성서의 글은 모두 하나님의 말씀이다. 성서가 하나님의 말씀인 것은 성서에 쓰여 있다. 그러므로 성서가 하나님의 말씀인 것은 틀림없다.

그러나 확립하려는 명제가 결론과 전제에서 똑 같은 말로 되어 있다면 아무도 그런 잘못을 놓치지 않겠지만, 전제와 결론이 같은 말이면서도 상당히 다르게 표현됨으로써 전제와 결론이 사실은 같은 명제라는 것을 흐리게 하는 수도 있다.

· 사형제도는 살인죄와 유괴죄에 대해서는 정당화된다. 왜냐하면 그러한 기증스럽고 비인간직인 죄를 서시른 사람이 처형되는 것은 지극히 적법하고 적절하기 때문이다.

여기에서 '정당화된다'와 '적법하고 적절하다'는 동일한 뜻을 가진 상이한 표현이다. 문제는 전제가 과연 참이냐 하는 것이다. 이 논증의 전제는 참이 아니라 참일 가능성이 있는 명제이다.

그리고 논증을 형식적으로 타당하게 하는데 필요한 의심스러운 전제가 완전히 무시되는 경우에도 선결문제요구의 오류를 범한다. 즉,

· 살인은 도덕적으로 옳지 못하다. 이것은 사실이므로 유산은 도덕적으로 옳지 못하다는 결론이 도출된다.

이 논증에서 완전히 무시된 전제는 '유산은 일종의 살인행위이다'이다. 한 걸음 더 나아가 그것이 사람을 살해하는 행위인지의 여부는 여전히 의심의 여지로 남아 있다. 이것이 결론의 주장에 앞서 말하자면 선결되어야 할 과제로 남아 있다.

연습문제

Ⅰ. 다음의 논증들은 하나의 오류를 범하고 있다. 어떤 오류를 범하고 있는 구체적으로 지적해 보시오.

1. 산다는 것은 산을 오르는 것과 같다. 산은 힘든 오르막길이 있는 가 하면 편안한 내리막길이 있다. 따라서 오늘의 삶이 고통스럽다고 해서 절망할 필요는 없다. 반드시 오늘의 고통을 상쇄시킬 수 있는 행복한 때가 올 것이기 때문이다.
2. 핵 금지사들은 방사능 낙진이 인간의 생명에 위험하다는 것을 증명해 내지 못했다. 그러므로 우리의 열핵무기 실험계획을 계속해 나가는 것은 절대로 안전하다.
3. 사회주의는 그 역사적 실험 끝에 오류임이 판명되었다. 그럼에도 불구하고 민중이니 공동체이니 하면서 사회주의적 냄새를 피우는 사람들이 있는데, 그들은 역사의 가르침을 바로 깨닫지 못하고 있는 것이다.
4. 법률가가 일을 할 때에는 마음대로 법률서적을 참고로 할 수 있다. 또 의사는 필요할 때마다 의학 서적을 펼쳐 볼 수 있다. 누구에게든지 책을 참조할 자유가 있다. 따라서 학생들은 시험을 볼 때 책을 마음대로 볼 수 있어야 한다.
5. 나는 그 대사가 그 문제에 대해서 합리적으로 대처하리라고 확신한다. 어쨌든 인간은 합리적인 동물이 아닌가.
6. 우리 사회는 한국병에 걸려 있다. 따라서 네가 깨끗한 척해 봐야 소용없다.
7. 신은 존재한다. 왜냐하면 성경에 그렇게 기록되어 있으니까. 또 우리는 성경의 기록이 진리임을 알고 있다. 그것은 신의 계시의 말씀이므로.
8. 진통제는 습관성이다. 따라서 네가 만일 의사로 하여금 진통제를 써서 네

통증을 가라앉히도록 한다면 너는 가망 없는 중독자가 될 것이다.

9. 네가 저축을 하지 않는다니 놀랐다. 그 많은 돈을 다 무얼 사는 데 쓰는지 알 수 없구나.
10. 우리나라 역사의 그 어느 때보다 많은 젊은이들이 고등학교와 대학교에 다니고 있다. 그런데 또한 어느 때보다도 청소년 범죄가 많다. 따라서 청소년 범죄를 뿌리뽑기 위해서는 학교를 폐지해야 한다.
11. 여지껏 어느 누구도 초감각적 지각의 실재를 증명하지 못했다. 그러므로 초감각적인 지각은 미신일 뿐이다.
12. 우주 내에 있는 모든 것은 그것 이상의 어떤 것을 위한 기능을 가지고 있다. 따라서 우주 자체도 그것 이상의 어떤 것을 위한 기능을 가지고 있음에 틀림없다.
13. 신발을 신어 보지 않고는 어느 누구도 그 신을 사지 않을 것이다. 그러므로 젊은 남녀가 혼전에 잠자리를 같이 한다는 것은 자연스러운 것이다.
14. 정치인 김 씨의 연설이 있고 난 후, 학생들의 시위가 과격해졌다. 그러므로 학생들의 과격시위를 방지하기 위해서 김 씨는 더 이상 연설을 해서는 안 된다.
15. 논리학 공부를 열심히 하지 않으면 이번 시험에 낙제하게 되고, 그리되면 장학금도 타지 못하게 되고, 그렇게 되면 모든 사람이 너를 비웃게 되고, 결국 사랑하는 그녀와 헤어져야만 될 것이다. 그러므로 논리학 공부는 열심히 해야만 한다.
16. 월요일 날 나는 소주 한 병과 콜라 두 병을 섞어서 마셨는데, 다음 날 머리가 아팠다. 수요일도 역시 소주 한 병과 콜라 두 병을 섞어 마셨는데 다음 날 머리가 아팠다. 금요일도 마찬가지였다. 그러므로 머리가 아프지 않기 위해서는 소주와 콜라를 섞어 마셔서는 안 된다.
17. 넌 아직도 그렇게 나를 잊지 못하는 거냐?
18. 김 씨는 경제 기획원에서 일하고 있다. 그런데 우리 모두가 알고 있듯이 그곳은 가장 바쁜 부처이다. 그러므로 그는 아주 바쁜 사람임에 틀림없다.

19. 너의 선택은 나와 즉시 결혼하든지 아니면 부모님과 인연을 끊든지 둘 중의 하나이다. 나는 네가 부모님과 인연을 끊으리라고 생각하지 않는다. 그러므로 너는 나와 즐거운 마음으로 결혼을 해야 할 것이다.
20. 권력도 재산도 학력도 건강이 없으면 쓸모가 없다. 따라서 우리는 오로지 건강을 돌보도록 해야 한다.

3) 언어의 그릇된 인식에 따른 언어적 오류

즉, 언어의 구조나 기능 나아가 이것의 형성과정에 관한 정확한 인식의 결여가 그릇된 논증을 낳기도 한다. 언어의 다의성, 문장의 구조에 대한 부주의, 사태와 이를 지칭하는 언어와의 본질적인 관계 등이 언어적 오류의 대표적인 요인이다.

(24) 애매어의 오류(Fallacy of equivocation)

애매어의 오류는 언어의 다의성으로부터 발생하는 오류이다. 언어 가운데 일부는 다의적이다. 즉 하나의 언어가 두 가지 이상의 뜻을 지니고 있다. 배, 감, 눈, 다리, 발, 보수 등과 같은 언어가 이에 해당된다. 이들 언어는 한 문장에서 사용되는 뜻과 다른 문장에서 사용되는 뜻이 서로 다를 수가 있다. 따라서 이를 보다 분명하게 사용해야 할 것이다. 그렇지 않으면 정확한 내용전달을 기대할 수 없기 때문이다. '발을 내려라'라든지, '나는 감을 잡았다'라든지, '어제 그에게 사과를 받았다'라든지 등등에서 이를 목격할 수 있다. 이처럼 애매어의 오류는 바로 다의적인 언어를 보다 분명하게 사용하지 않음으로써 범하게 되는 오류이다.

· 모든 법은 국회에서 수정될 수 있다. 그런데 중력의 법칙도 법이다. 그러므로 중력의 법칙도 국회에서 수정될 수 있다.

자연의 법칙으로서 법이 있는가 하면, 우리가 함께 더불어 살아가기 위한 일환으로 인위적으로 만든 법도 있다. 그런데 우리가 인위적으로 만든 법은 우리의 의식구조와 생활양상이 달라짐에 따라 이에 걸맞게 수정되고 보완되어야 한다. 그렇지 않으면 법은 결코 우리의 의식과 생활에 어울리지 않은 법이 될 것이고, 그것은 우리의 삶에 있어 의미가 없어질 것이다. 그러나 자연의 법칙 그 자체는 결코 우리에 의해 수정될 성질의 것이 아니다. 그것은 우리의 세계관과 가치관과 상관없이 존재하는 바의 것이기 때문이다. 이를 혼동하여 자연의 법칙 역시 입법기관인 국회에서 수정하여 보완될 수 있는 것으로 생각한다면, 이것은 법 개념의 다의성을 잘못 이해하고 있는 것이다. 이어지는 예도 사정은 마찬가지이다.

· 꼬리가 길면 잡힌다. 다람쥐는 꼬리가 길다. 그러므로 다람쥐는 잡힌다.

(25) 애매구의 오류(Fallacy of amphiboly)

애매구란 문장 속에 애메어가 포함되어 있지 않더라도, 문장의 문법적 구조로 인하여 두 가지 이상의 뜻으로 해석될 수 있는 문장을 말한다. 이를 일정한 한 측면의 내용만을 취하여 결론을 추론한다면 애매구의 오류를 범하게 된다. 즉 '모든 철학자는 이상주의자가 아니다'는 문장은 애매구이다. 이 문장은 '철학자는 한 사람도 이상주의자가 아니다'는 사실을 말하고 있는지 또는 '철학자 중에는 이상주의자가 아닌 사람도 있다'는 사실을 말하고 있는지 분명하지 않기 때문이다. 이러한 일련의 문장을 두고 애매한 문장이라 한다.

· 이 사전에는 없는 항목이 없다.

· 당신은 나보다 컴퓨터를 더 사랑한다.

· 그는 사랑하는 애인과 아내를 버리고 도망갔다.

· 아빠는 나보다 엄마를 더 사랑해?

(26) 실재화의 오류(Fallacy of hypostatization)

언어가 실재의 내용을 담을 수 있다고 생각하는 데서 범하는 오류이다. 즉 이 오류는 언어가 실재에 대응한다고 보고 있다. 물론 실재의 내용을 언어는 다소 드러내 보이고 있다. 그러나 언어가 실재의 내용을 전적으로 담을 수 있는 것은 아니다. 실재의 세계, 즉 존재의 세계는 언어의 세계인 바 이성의 세계를 넘어 서 있기 때문이다. 존재의 세계는 결코 이성의 세계로서 답할 수 없는 내용을 가지고 있다.

하이데거 · *M. Heidegger*(1889~1976)는 언어를 '존재의 주막'이라 표현했다. 언어는 존재라는 실재가 잠시 머무는 공간이다. 그것은 실재가 일시 머물면서 남긴 흔적이다. 실재는 주막을 떠났지만 그 흔적은 남는다. 그러나 남긴 흔적이 곧 실재 그것일 수는 없는 것이다. 남긴 흔적은 그야말로 그것의 일부이기 때문이다. 실재와 이것의 흔적, 즉 언어는 결코 일치하지 않는다.

(27) 정의에 의한 존재강요의 오류(Fallacy of substantiating a word by definition)

이처럼 존재하는 바는 언어에 의해 다소 자신의 모습을 현상한다.

그런데 이러한 생각이 극단으로 치닫는 데에 문제의 심각성이 있다. 즉 존재하는 바는 반드시 언어로 표현되어야 한다든지 또는 언어로 표현되는 것만이 존재한다는 생각이 그것이다. 이것은 존재보다 언어를 지나치게 강조함으로써 범하게 되는 오류이다. 이를 소위 '정의(定義)에 의한 존재강요의 오류'라 한다.

'나는 사유한다 그러므로 존재하다'는 **데카르트** · *R. Descartes* (1596~1650)의 제 1명제가 사유와 존재의 일치를 넘어서, 사유가 존재척도의 유일한 수단으로 등장하고, 나아가 사유하는 것만이 존재하는 것으로 인식되는 사유지상주의를 초래하듯이, 이것 역시 언어와 존재의 일치를 넘어, 언어로 표현된 것만이 존재한다는 언어지상주의의 이데올로기를 낳게 되는 것이다. 이러한 언어지상주의 하에서는 언어의 표현여부에 따라 존재여부가 결정된다. 말하자면 언어가 유일한 존재척도로 부상되는 셈이다. 주객이 완전히 전도되는 현상이 빚어지고 있는 것이다. 여기에는 인간 중심적인 세계관이 확고하게 뿌리내리고 있다. 언어는 결코 인간의 소관이지 존재가 관여할 사항이 아니기 때문이다. 『형이상학』에서 아리스토텔레스가 한 이야기를 진지하게 생각해 보자. 즉,

> "분리된 것을 분리된 것으로 보고 결합된 것을 결합된 것으로 보는 사람은 참된 사유를 하게 되지만, 사태 그 자체와 반대되는 생각을 하는 사람은 오류에 빠지게 된다. … 이것은 다시 말해서 다음과 같은 것이다. 너를 희다고 여기는 우리의 생각이 진리이기 때문에 네가 흰 것이 아니라 네가 희기 때문에 그렇게 주장하는 우리의 이야기가 진리가 되는 것이다."

(28) 범주 오류(Fallacy of category)

동일한 범주에 속하지 않는 언어를 동일한 범주에 속하는 것으로 생각하고, 이를 사용하는 데서 범하게 되는 오류이다. 즉 '침대는 과학'이라든지, '사랑은 눈물의 씨앗'이라든지, '새의 울음소리'라든지, 추운 겨울날 하늘에서 떨어지는 눈을 떡가루로 표현한다든지 등에서 이를 목격할 수 있다. 침대는 가구로서 생활도구이고, 과학은 학문으로서 지적탐구이다. 침대는 기술의 산물이고, 과학은 사실탐구의 결과이다. 그리고 사랑과 씨앗은 전혀 다른 범주에 속한다. 사랑은 인간감정의 일종이고, 씨앗은 식물의 씨이다. 내리는 눈은 성질상 물이고, 떡가루는 성분상 식물이다.

코레일은 2003년 12월부터 서울과 대전간의 고속철도 개통시기에 맞추어, 기차 '새마을호'의 명칭을 '태극호'로 바꾸기로 했다고 한다. 고속열차의 이름은 'KTX'나 '비호' 혹은 '드림' 가운데 최종결정을 남겨둔 채. 그러나 여기에서 '새마을', '태극'의 명칭은 속도와 관련된 범주에 들어가지 않는다. 오히려 과거에 사용해 오던 급행 또는 완행의 명칭이 속도개념과 일치한다. '새마을'이란 새로운 마을의 준말로서 새로운 동네를 칭하는 것이다. 즉 마을의 여러 가지 불편한 시설들을 다소 개선하여 마을을 새롭게 단장했을 때 부르는 개념이다. 갓 시집온 아낙네를 새댁이라 하듯이 말이다. 기존의 마을을 헌마을이라 한다면 깔끔하게 단장한 마을은 말 그대로 새마을인 것이다.

'태극'이란 무엇인가. 만물의 존재원리인 것이다. 이것이 어떻게 게 중에 빠른 속도를 가진 기차의 명칭, 즉 교통수단의 범주와 일치할 수 있겠는가. 자고로 이름은 그 사태의 내실과 일치해야 하는 것이다.

'Love Hotel'이 여기저기 우후죽순처럼 난립하고 있다. 하늘 높은 줄 모르고 산봉우리를 향해 치솟고 있다. 이런 와중에 한 쪽에서는 물이 오염되고 생태계가 파괴된다고들 야단이다. 아랑곳하지 않고 자투리 땅만 생기면 너도나도 소위 러브호텔을 짓고 있다. 이것이 밤낮 없이 성업되어 많은 돈을 벌 수 있기 때문이다. 호텔 앞에는 문전성시를 이룬다. 그런데 러브호텔이 정작 무엇을 하는 곳이냐에 관해서는 묻지 않는다. 다 알고 있다는 얘기이다. 즉 사랑을 나누는 호텔이라는 뜻이다. 과연 이름값을 제대로 하는 호텔일까? 그 속에서 하는 짓거리라고는 기껏 성적충동의 해소이다. 이를 위한 공간으로 사용되고 있는 것이다. 성적충동을 해소하는 짓이 사랑노릇일까? 그렇지 않을 것이다. 사랑이란 개념의 외연은 그렇게 좁지 않기 때문이다. 소위 러브호텔이란 이름 아래서 행해지고 있는 사태를 고려할 때, 'Sex Hotel'이 한층 더 어울림직하다. 왜냐하면 이것이 소위 러브호텔을 짓는 취지나 목적 그리고 이를 이용하는 용도에 부합되기 때문이다. 러브호텔이란 범주는 성행위의 범주와 전적으로 어울리지 않는다. 이처럼 일정한 사태와 이에 부합되는 언어조차 식별하지 못하는 사회에 우리는 살고 있다. 모두들 생각 없이 즉흥적으로 살아가는 것이다.

(29) 사용과 언급 혼동의 오류(use-mention error)

언어를 사용할 때 우리는 일반적으로 일정한 언어가 지시하는 대상을 지칭하면서 사용한다. 그러나 때로는 일정한 언어 그 자체를 지칭하면서 사용하기도 한다. 즉,

1) 한국인은 바보 노무현을 사랑한다.

2) '바보 노무현'은 노무현 대통령의 애칭이다.

위의 첫 번째 예에서 '바보 노무현'은 대한민국 제16대 대통령을 지낸 노무현이라는 사람을 지칭하는 말이다. 그러나 두 번째의 예에서 보듯이 '바보 노무현'은 다섯 음절로서 구성된 말을 지칭하는 기호이다. 따라서 전자의 '바보 노무현'은 노무현이란 사람을 직접 겨냥하여 **사용**되고 있는 말이며, 후자의 그것은 기호로서 **언급**되고 있는 말이다. 이처럼 우리는 일정한 언어가 사용되고 있는지 혹은 언급되고 있는지를 분명히 해야 한다. 그렇지 않으면 사용과 언급 혼동의 오류를 범하게 된다. 예를 들면,

선생 : 쓰레기통을 거꾸로 하면 어떻게 됩니까?
학생 : '통기레쓰'입니다.
선생 : 아닙니다. 쓰레기가 쏟아집니다.

여기에서 학생은 '쓰레기통'을 언급하고 있으며, 선생은 그것을 사용하고 있다. 이처럼 일정한 개념의 사용과 언급을 분명히 하지 않았기 때문에 선생과 학생간의 의사소통에 문제가 생긴 것이다. 따라서 일정 개념이 사용되고 있는지 또는 언급되고 있는지를 정확하게 밝혀둘 필요가 있다. 여기에서 특히 언급되고 있는 일정한 언어에 대하여 홑따옴표를 하거나 '…라는 말'로 표현함으로써 사용과 언급 혼동의 오류를 피할 수 있다.

· 유대민족의 고대사는 모두 성경 안에 들어 있다. 그런데 '성경'은 두 글자로 된 말이다. 그러므로 유대민족의 고대사는 두 글자로

된 말 안에 들어 있다.

- '아홉'은 두 글자로 이루어져 있다.
- 아홉은 일곱보다 크다.
- '아홉'은 이 페이지에 아홉 번이나 나왔다.

(30) 강조의 오류(Fallacy of accent)

말 또는 문장의 일정 부분을 특별히 강조하게 되면, 그것이 전혀 다른 의미로 전달될 소지가 충분히 있다. 따라서 이를 고려하지 않고 추론을 감행하게 되면 오류를 범하게 된다. 이를 **강조의 오류**라 한다. 예를 들면, "친구들하고 밤늦게까지 술을 마시면 안 된다."는 일반적으로 아무런 의의 없이 충고로서 받아들일 수 있다. 그런데 여기에서 어느 일정한 부분이 강조되면 사정은 전혀 달라진다. 즉, 위의 충고에서 '친구들'이라는 말을 강조하거나 혹은 강조된 것처럼 받아들여 친구가 아닌 다른 사람들과 밤늦게까지 술을 마셔도 된다로 추론하여, 이를 결론으로 삼으면 이 오류를 범하게 된다. 충고로서의 의미가 상실되기 때문이다. 마찬가지로 여기에서 '밤늦게'를 강조할 수도 있고 '술'을 강조하여 추론할 수도 있다. 어떤 경우이든 동일하게 강조의 오류를 범하게 된다. 위의 충고는 친구가 아닌 다른 사람들과 밤늦게까지 술을 마셔도 좋다든지 또는 밤늦게까지 춤을 춰도 된다는 의미를 가지고 있는 것이 아니기 때문이다.

뿐만 아니라 강조의 오류는 글을 쓰면서 다른 사람의 주장을 인용할 경우에도 종종 범한다. 주장의 전체 내용을 고려하지 않고 특히 그 일부만을 떼어 내어 인용하는 경우 역시 이 오류를 범하게 된다. 즉, "그 소설은 표현이 좀 매끄럽지 못하다는 것을 제외하고는 완전한 작품이다."는 평론가의 작품 평을 인용하면서, 그 소설의 출판사가 중간 부분을 생략하고 처음과 나중 부분만을 떼어 내어 "그 소설은 … 완전한 작품이다."로 선전을 한다면, 강조의 오류를 범하게 된다.

· 우리는 우리의 친구에 관해서 나쁘게 말해서는 안 된다.

연습문제 I

I. 다음의 논증들은 하나의 오류를 범하고 있다. 어떤 오류를 범하고 있는 구체적으로 지적해 보시오.

1. 이 책은 매우 잘 팔림에 틀림없다. 책표지에 이 책이 '베스트셀러'라고 쓰여 있지 않는가.
2. 세일즈맨은 인간이다. 그러므로 좋은 세일즈맨은 좋은 인간이다.
3. 그녀와 결혼하기로 한 것은 잘못인 것 같아. 그녀는 나보다 보석을 더 좋아한다고 하지 않겠니.
4. "가나다 백화점에 가보니까 없는 게 없더라." "무슨 소리니? 내가 며칠 전에 몇 가지 사러 갔을 때, 내가 찾는 건 하나도 없던데." "글쎄, 누가 뭐라고 했니? 없는 게 없다고 했지"
5. 요즈음 좋은 불고기는 보기 힘들어. 그러니 자네도 불고기를 주문할 때는 잘 해 달라는 말은 하지 말게.
6. "나는 내년에 더 이상의 돈을 당신들의 명분을 위해서 낼 수 없소." "선생님, 저희는 선생님께서 올해에 내신만큼만 내시는 걸로 알겠습니다."
7. 다이아몬드는 이 나라에서 좀처럼 발견되지 않는다. 그러므로 너는 네 약혼반지를 잘못 놓아두지 않도록 주의해라.
8. 논리적 음악, 그것은 앞으로 음악가들이 나아가야 할 방향이다. 비논리적 음악으로 인해서 음악은 소음으로 전락할 위기에 봉착해 있기 때문이다.
9. "앞으로는 절대로 그 집에 들어가지 마라." "예, 다음부턴 뒤로 들어가겠습니다."
10. 부인 : "당신과 나 사이에는 예전에 없던 그 무엇이 존재합니다."
    남편 : "있긴 뭐가 있어요? '과'가 있지. 쓸데없는 소리하지 말고 밥이나 줘요."

연습문제 II

Ⅰ. 다음의 논증들은 하나의 오류를 범하고 있다. 어떤 오류를 범하고 있는 구체적으로 지적해 보시오.

1. 지금까지 어떤 수학자도 저 유명한 페르미의 마지막 정리를 증명할 수 없었다. 그러므로 그것은 거짓임에 틀림없다.
2. 다른 사람의 몸에 칼을 들이대는 자는 누구든지 체포되어야 한다. 그런데 의사는 수술을 할 때, 그들의 환자에게 분명히 칼을 들이댄다. 그러므로 의사들도 체포되어야 한다.
3. 그 일에 숙련된 노동자를 고용하는 것은 아무 의미도 없다. 왜냐하면 숙련된 노동자라고 여겨졌던 많은 사람들이 다른 사람들보다 나은 것이 없으니까...
4. 전시 첩보 부대는 용의자의 전화를 도청해서 적의 간첩망을 찾아냈다. 그러므로 모든 용의자의 전화를 도청해야 한다.
5. 잘될 나무는 떡잎부터 알아본다. 저 친구는 별 볼일 없을 것이다.
6. 우리 팀은 이 지역에서 가장 뛰어난 팀이다. 우리는 최고의 선수들과 최고의 코치를 갖고 있으니까 우리 팀의 선수들과 코치가 최고라는 것은 우리 팀이 지역 대회에서 우승하리라는 것을 생각해 보면 알 수 있다. 우리 팀은 우승할 것이다. 왜냐하면 우리 팀은 우승할 자격이 있으니까. 물론 우리 팀이 우승할 자격이 있다는 것은 우리 팀이 가장 뛰어난 팀이라는 이유에서 분명하다.
7. 범죄자를 감금하고 정신병자를 가두어 두는 것은 필요하고도 적절한 일이다. 그러므로 사람들의 자유를 박탈하는 것은 잘못이 없다.
8. 군대가 비효율적인 집단이라는 것은 잘 알려져 있다. 따라서 우리는 스미

드 대령이 그 일을 효율적으로 처리하리라고 기대해서는 안 된다.

9. 나는 물가 안정에 관한 어떤 설득력 있는 견해도 접한 바가 없다. 따라서 물가 안정에 대한 묘안 같은 것은 없다.
10. 사후의 생에 관한 우리의 종교적 믿음을 다른 사람들이 받아들이도록 강요하는 것은 그들 자신을 위해서도 꼭 필요한 일이다. 이는 정신착란증 환자가 벼랑 끝을 향해 걸어가는 것을 억지로라도 막아야 하는 것이 그 자신을 위해서 꼭 필요한 것과 같은 것이다.
11. 지금까지는 운이 좋았어. 계속 따기만 했으니 말야. 그러나 이젠 조심해야 돼. 딸 때가 있으면 잃을 때도 있는 법이니까.
12. 국회는 군사기금에 대해서 삼군참모회의에 구태여 물어볼 필요가 없다. 그들은 군대의 일원이고 따라서 자기네가 얻어낼 수 있는 한 많은 군사기금을 얻어내기를 바라는 것이 당연하니까.
13. 구름은 미세한 물방울들로 이루어져 있다. 이 물방울들은 한 숟갈을 채우는 2억 방울이 필요할 정도로 작다. 구름은 크게 보이지만, 그것은 환상이다.
14. 너는 그 불행에 대해서 그가 책임을 져야 한다는 것을 증명하지 못했다. 따라서 다른 누군가가 책임 있는 사람이 있었음에 틀림없다.
15. 순수한 음악은 아마도 가장 웅변적이고 가장 감동적인 예술 형식일 것이다. 하지만 거기에는 이야기는 없다. 추상적인 회화나 조각은 인간의 독창성을 가장 잘 보여주는 예술품이다. 그러나 거기에도 이야기는 없다. 그러므로 소설이나 드라마에 있어서도 그것들이 담고 있는 이야기는 그것의 예술적 우수성과 아무 관련도 없다.
16. K시에는 어느 다른 도시보다도 많은 교회가 있다. 그리고 다른 어느 곳보다도 그 도시에는 범죄가 많다. 그러므로 범죄를 줄이기 위해서는 그 도시에서 교회 숫자를 줄여야 한다.
17. 우리나라는 민주국가이며 모든 사람은 평등하게 태어났다는 명제를 원리로 삼고 있다. 우리는 모든 사람에게 똑같은 기회가 주어져야 한다고 믿는다. 따라서 모든 대학은 지원자의 경제적 배경이나 교육 정도를 따지지 말

고 모든 사람을 받아들여야 한다.

18. 만일 한 국가가 용감한가를 알고 싶다면 그 군대를 보아야 한다. 그것은 그 나라에서 용감한 사람이 군인들뿐이어서가 아니라 그 나라의 용기나 비겁함이 드러나는 것이 그들의 행위를 통해서 뿐이기 때문이다.
19. 그 비서가 그 소식을 신문에 누설했다는 어떤 증거도 없다. 그러므로 그녀가 그런 짓을 했을 리가 없다.
20. 모든 사람은 죽게 마련이다. 그러므로 인간은 언젠가는 종말을 맞게 될 것이다.
21. 인기배우인 최 모양과 핵물리학의 권위자인 김 박사가 핵 개발은 즉시 중단되어야 한다고 말했다. 그러므로 우리는 핵 개발을 즉시 중단해야 한다.
22. 지난번에 박군이 경기 때문에 수업을 빠질 때 교수는 아무런 문제가 없으니 경기나 잘하라고 말했다. 그런 걸 보면 그 교수는 우리가 수업에 참석하든 안 하든 전혀 관심이 없는 것 같다.
23. 좋은 의사는 그가 좋은 의학 공부를 받았기 때문에 그의 환자를 대부분 치료한다. 왜냐하면 좋은 의학 공부를 받은 사람이란 그의 환자를 대부분 치료하는 좋은 의사니까.
24. 여러분은 사회에 공헌하고 세계 속에서 맡은 바 일을 할 수 있을 중요한 시간을 학교에 다니느라고 얼마나 낭비하고 있는가? 만일 여러분이 사회에 대해서 조금이라도 책임감을 느낀다면 당장 학교를 떠나야 한다.
25. 물은 갈증을 해소해 준다. 그런데 물은 산소와 수소로 되어 있다 그러므로 산소와 수소는 갈증을 해소해 준다.
26. 고의로 다른 사람을 치는 사람은 처벌되어야 한다. 그러므로 저 미들급 챔피언 선수는 혹독하게 처벌받아 마땅하다. 그는 모든 상대를 공격해서 때려 눕혔으므로.
27. 철학자는 지능지수가 높은 사람들이다. 왜냐하면 그들이 지능지수가 높지 않았다면 그들은 철학자가 되지 못했을 것이기 때문이다.
28. 스위스 인들은 48%가 프로테스탄트이다. 그런데 하이디 길싱 씨는 스위

스 인이다. 그러므로 그는 48%의 프로테스탄트이다.

29. 미국 들소들은 실제로 멸종상태에 있다. 이 동물은 미국 들소이다. 그러므로 이 동물은 실제로 멸종상태에 있다.

30. 소크라테스! 내 생각에 당신은 사람들을 너무나 비방하는 것 같소. 조심하는 것이 신상에 좋을 것이요. 당신도 잘 알고 있겠지만 사람들을 돕기보다는 해치기를 좋아하는 곳이 도시국가요. 아테네도 예외는 아니니까 말이요.

31. 지방자치단체의 단체장 선거를 연기해야 한다는 나의 주장은 전적으로 옳다. 왜냐하면 내 의견은 행정학의 권위자이신 모교수의 의견과 일치하기 때문이다.

32. 정신적 텔레파시 현상을 어떻게 설명할 것인가.

33. 술을 많이 마시면 일반적으로 취하고 따라서 헛소리를 많이 한다. 그런데 너는 오늘 취하지도 헛소리도 안 한다. 그러므로 너는 오늘 술을 거의 마시지 않았음에 틀림없다.

34. 전기, 가스, 수도 등의 공익사업을 국유화하는 것은 위험하다. 그러한 일은 사회주의적이기 때문이다.

35. 몇몇 운동권 학생들의 문란한 남녀관계로 미루어 보아 일반적으로 운동권 학생들은 남녀관계가 문란함에 틀림없다.

36. 아무도 우리에게 침묵을 강요할 수 없다. 따라서 우리가 강의실 밖에서 떠들고 노래하는 것을 비난해서는 안 된다.

37. 임금이 많이 올랐다. 그런데 전세 값이 엄청나게 올랐다. 그러므로 임금인상이 전세 값 폭등의 원인이다.

38. 사람은 개와 같은 점이 많다. 힘이 세면 지배하고, 약하면 지배당한다. 지배당하지 않으려면, 마땅히 힘을 길러야 한다.

39. 결과A는 원인을 갖는다. 결과 B도 원인을 갖는다. 결과 C도 원인을 갖는다. 그러므로 모든 결과는 원인을 갖는다.

40. 교통법규를 지키는 것은 사회의 민주화를 위해서 매우 중요하다. 따라서 민주사회를 건설하기 위해서는 병원의 응급차도 교통규칙을 어기는 일이

없도록 해야 한다.

41. 내가 부정행위를 한 것은 인정합니다. 그러나 한번만 용서해 주십시오. 만약 용서해 주시지 않으시면 저는 졸업을 못하게 되고, 그리되면 제 처와 저는 이혼을 해야 할 정도로 제 처가 어렵게, 그러나 기대를 가지고 저의 공부를 돕고 있습니다. 한번만 선처해 주십시오.
42. 이 제안에 찬성하지 않니? 나는 자네가 반대할 줄 몰랐네.
43. 국민 여러분! 이제 우리는 모두 국가 경제를 생각할 때입니다. 이대로 쓰러져서야 되겠습니까. 과소비는 우리의 적입니다. 우리 모두 과소비를 추방하고 사회전체에 요원의 불길처럼 번지고 있는 30분 더 일하기에 동참합시다!
44. 미모의 그녀는 불우하게 살다가 요절하였다. 그 미녀는 박명한 것이다.
45. 남북통일에 관한 그의 의견은 잘못이다. 왜냐하면 그는 아직 젖 비린내나는 어린 대학생이며, 그의 학업성적도 형편없을 뿐 아니라 방위출신이기 때문이다.
46. 귀신이 없다는 것이 현대과학이 말하고 있는 바이지만, 그러나 귀신이 없다는 것이 입증된 바도 없다. 따라서 귀신은 존재한다.
47. 성직자인 그가 공산주의자의 행동을 감싸고 도는 것은 성직자로서 그가 처한 상황을 망각한데서 오는 처사로 밖에 볼 수 없다.
48. 대부분의 사람들이 금복주를 마시는 것을 보면 금복주가 좋은가 봐.
49. 마리화나가 사람에게 해롭다는 결정적인 증거는 발견되지 않았다. 그러므로 우리나라에서도 마리화나는 합법화되어야 한다.
50. 부동산 투기가 최고다. 왜냐하면 물가가 계속 오르니까? 물가는 왜 오르는가? 부동산 투기를 하기 때문이다.
51. 죄인이 많은 까닭은 세상이 타락했기 때문이야, 왜 세상이 타락했냐구? 그야 죄인이 많기 때문이지.
52. 당신은 소련과 동구의 몰락을 보고도 아직까지 사회주의 건설에 집착하고 계신지요?

53. 원자는 육안으로 볼 수 없다. 모든 물체는 원자로 되어 있다. 그러므로 물체는 육안으로 볼 수 없다.

54. 그의 부정행위는 이기주의적 윤리관의 산물이다. 왜냐하면 그의 경우가 분명히 입증하듯이 모든 부정행위는 그러한 윤리관에서 저질러지기 때문이다.

55. 뇌사상태에서도 소생할 수 있다는 것은 현재까지 완전히 증명되지 않았다. 그러므로 뇌사는 인정되어야 한다.

56. 대남 비방방송이 강도를 높인 후부터 학생운동이 격렬해졌다. 따라서 격렬한 학생운동의 원인은 대남 비방방송이다.

57. 당신들은 핵사찰을 받는 것이 좋을 것이오. 왜냐하면 이라크의 경우에서 보듯이 핵사찰을 받지 않을 경우에 여러 보복을 감수해야 할 것이기 때문이오.

58. 모 교수의 강의는 들을 만한 것이 못된다. 그는 독재시절의 권력의 시녀 노릇을 한 사람이기 때문이다.

59. 델타 클럽의 모든 회원은 70세 이상이다. 그러므로 델타 클럽은 70년 이상 되었음에 틀림없다.

60. 이광수와 서정주의 문학은 별 가치가 없다. 그들은 친일파였기 때문이다.

61. 선은 점으로 구성되어 있다. 그런데 점은 길이를 갖지 않는다. 그러므로 선은 길이를 갖지 않는다.

62. 정부가 왜 이 사상을 탄압하는지 아십니까? 위험한 사상이기 때문입니다. 왜 위험하냐구요? 그야 정부에서 탄압하는 사상이니까 그렇지요.

63. 홉스가 모든 사람은 평등하다고 한 것은 잘못이다. 대통령은 많은 권한을 가지고 있지 않는가.

64. 중형차가 소형차보다 연료를 더 많이 소모한다. 따라서 우리나라에서 소모되는 연료량 중 중형차가 소모하는 연료량이 소형차가 소모하는 연료량보다 많다.

65. 우주의 끝은 어디인가.

66. 나를 사랑하지 않는다구요? 당신이 나를 미워한다는 것을 이제야 알다니!

67. 저 술주정뱅이 봐라. 이 나라 남자들이 모두 저러니까 사회의 기강이 흔들리는 거지. 따라서 서둘러 금주법을 제정해야 돼.

68. 교수님은 주로 나에게 심부름을 시키고, 가끔 격려도 해 주시는 등 나에게 관심을 보이셨는데, 지난 학기에 C학점을 주셨다. 반면에 교수님의 흉을 보고 다니던 친구에게는 A학점을 주셨다. 나는 그러한 교수님을 이해할 수 없다.

69 그녀의 아버지는 매우 뛰어난 용모를 갖고 있다. 그러므로 그는 매우 뛰어난 인물임에 틀림없다.

70. 자기방어력이 없는 사람을 고의적으로 죽이는 것은 옳지 못하다. 안락사는 자기 방어력이 없는 사람을 고의적으로 죽이는 것이다. 따라서 안락사는 옳지 않다.

71. 모든 사람들이 그 수프가 매우 독특한 맛을 가지고 있다고 말했다. 그러므로 그 모든 사람은 그 수프가 매우 맛있다는 것을 알고 있음에 틀림없다.

72. 그녀는 대통령으로서 적임자가 아니다. 독재자의 딸이기 때문이다.

73. 그 여자는 눈, 코, 입 어딜 봐도 나무랄 데 없이 예쁘다고 하더라. 그러니까 그녀는 미인임에 틀림없을 것이나.

74. 영숙아 너 이 옷 사 입어라, 이 옷이 최근에 대 유행이래.

75. 원수는 외나무다리에서 만난다. 원수를 없애기 위해서 모든 외나무다리를 없애야 돼.

76. 수학을 싫어하는 것을 보니, 영식이는 영어를 좋아하겠네

제4장 ◆ 귀납추리와 과학적 탐구

1. 귀납추리의 특성

앞에서 살펴본 바와 같이 **귀납추리**는 지속적인 관찰과 반복되는 실험을 통하여 개개의 구체적인 경우들의 성질이나 내용을 추론하는 방식이다. 여기에서 추론된 성질이나 내용은 지적세계를 구성하는 가장 근원적인 내용이다. 연역추리가 바로 이로부터 시작되기 때문이다. 그러나 이것은 또한 보편성과 필연성을 갖는 지적 내용이 아니라 일반성과 개연성을 본질로 하는 지적내용이다. 그것은 시간과 공간에 따라 상이한 진리 값을 갖은 지적 내용이기 때문이다. 그럼에도 불구하고 귀납추리의 결론은 종래에 볼 수 없었던 사태의 새로운 성질이나 내용으로 구성될 수 있다. 관찰과 실험에 의해 사태의 성질이 새롭게 발견되기 때문이다. 따라서 귀납추리를 일러 그 특성상 발견의 추리 또는 사실의 추리라 칭하기도 한다.

귀납추리에 있어 **관찰과 실험**은 사태의 내용 파악을 위한 일차적 접근 방식이다. 우선 관찰은 관찰자가 나름의 목적의식을 가지고 특정한 사태의 성질, 상태, 변화 등을 파악하기 위해 행해진다. 이를 목적적 관찰이라 한다. 예를 들면 수의시가 우리안의 사자의 건강상태를 파악하기 위하여 지속적으로 관찰하는 경우는 이에 해당된다. 그러나 특정한 목적의식 없이 우연히 사태의 성질이나 상태 등이 발견되는 경우도 없지 않다. 이를 우연적 관찰이라 칭한다. 뉴턴의 만유인력의 법칙이 대표적인 예이다.

뿐만 아니라 사태의 보다 정확한 관찰을 위해 기구나 도구 등을 사용하여 행해지는 경우도 있다. 실험이 이에 해당된다. 이것은 특히 시간과 공간의 제약을 받는 사태나, 일회적으로 관찰할 수밖에 없는 사태, 또는 요소나 부분만을 관찰할 필요성이 있는 사태 등에 널리 행해진다. 따라서 이에 의한 사태의 내용 파악은 특정한 조건, 즉 도구나 기구 사용뿐만 아니라 최상의 관찰 여건을 만들어 접근해야 한다. 실험은 목적적 관찰의 대표적 예라 할 수 있다. 사태접근에 있어서 실험의 필요성과 중요성은 다음과 같다.

(1) 사태의 정확한 관찰을 위해 복잡한 현상을 단순화시킬 수 있다.
(2) 지속적인 관찰이 불가능한 경우에 임의의 조건을 조성함으로써, 시간과 공간을 벗어나 지속적으로 관찰을 시도할 수 있다.
(3) 사태를 반복적으로 관찰할 수 있다.

이처럼 관찰과 실험을 통하여 일반적인 성질이나 내용을 이끌어 내는 방법에 따라, 귀납추리는 **통계적 귀납추리**, **유비추리**, **인과적 추리**로 세분화 된다.

2. 귀납적 일반화 : 통계적 귀납추리

어떤 특정한 사건이 지속적으로 반복된다면 우리는 이 사건에 관해 오늘, 내일 그리고 아마도 영원히 일어날 것이라 추론한다. 이것이 귀납추리이다. 그리고 정기적으로 반복되는 다수의 경우들을 매개로 하여 그와 관련된 영역의 외연을 전 범위로 확대하여 추론하는 과정을 **귀납적 일반화**라 한다. 즉,

- 1531년, 1607년, 1682년, 1758년, 1864년, 1910년, 1986년에 각각 핸리혜성은 지구 가까이 나타났다가 사라졌다.
따라서 핸리혜성은 76년의 주기를 가진 별이다.

따라서 핸리혜성은 76년 후인 2062년경에 또 다시 지구 가까이에 나타날 것이라 추리될 수 있다. 이처럼 관찰은 지금까지 목격되지 않은 새로운 사실을 발견할 수 있다. 그러나 발견된 바로 그 내용이 개연적인 특성을 갖는다.

귀납적 일반화는 이와 같이 개개의 구체적인 사례들을 일반화시켜 나가는 매거적인 경우가 있는가 하면, 집단적 자료에 의해 수량적으로 결정하여 추리하는 통계적인 방법이 있다. 전자를 **매거적 귀납적 일반화**라 하고, 후자를 **통계적 귀납적 일반화**라 부른다.

- 어떤 호수의 조류 함유량을 검사하기 위하여, 생물학자는 그 호수의 한쪽 끝에 있는 물을 표본으로 채취했다. 그런데 그 표본으로 추출된 물 안에 있는 조류는 리터 당 5 마이크로그램이었다. 따라서

그는 그 호수에 있는 조류를 리터 당 5 마이크로그램으로 기록했다.

이 추론의 결과는 설득력이 약하다. 호수의 특정 부분, 즉 '한쪽 끝'의 물을 표본으로 취했기 때문이다. 그러나 호수의 중심부와 사방의 조류 함류량을 동시에 취한다면 사정은 다르다. 표본의 편향성을 지양할 수 있기 때문이다. 이처럼 통계적 귀납적 일반화는 대표성이 결여된 편향적 내용을 취하지 않도록 주의해야 한다. 보다 설득력 있는 통계적 귀납적 일반화를 위해 유의해야 될 내용은 다음과 같다.

(1) 전제로서 제시되는 표본이 무작위 방식으로 추출되었는지의 여부를 확인해야 한다. 편향적 통계추리를 사전에 방지할 수 있기 때문이다. 예를 들면 프로 야구경기를 관람하기 위해 경기장에 모인 사람들을 상대로 '당신은 어떤 스포츠를 좋아하십니까?' 라는 설문지를 나누어 주고, 조사한 결과 야구를 좋아하는 사람이 90%가 된다는 정보를 근거로 하여, '우리나라 사라들이 가장 좋아하는 스포츠는 야구이다'고 결론을 내린다면, 이것은 극단적인 편향적 통계추리의 예이다. 여론조사 과정에서 조사장소, 조사방법 등이 고려해야 하는 이유가 바로 여기에 있다.

(2) 전제로서 제시되는 표본이 큰지 혹은 작은지의 여부를 확인해야 한다. 표본이 무작위로 선택되었을 경우 표본이 크면 클수록 그 표본은 집단을 훨씬 정확하게 반영하기 때문이다. 즉, 통계에서 정확성의 정도는 표본추출오차에 의해 나타난다. 표본추출오차란 어떤 특징이 그 표본에서 나타나는 빈도와 동일한 특징이 집단에서 나타나는 빈도 사이의 차이를 말한다. 예를 들면 어느 지구당 국회의원 선거에 대한 여론조사에서 갑 후보에 대한 지지도가 50%였는데, 실제로 40%의 유권자만이 갑에 대해 투표를 했다면, 표본추출오차는 10%가 되는 셈이

다. 표본이 크면 클수록 오차는 줄어든다.

(3) 전제로서 제시되는 표본이 추출된 집단의 심리적 요인과 관련 여부를 확인해야 한다. 표본이 추출된 집단의 경우, 그것이 특히 사람과 관련되어 있다면 심리적 요인이 크게 작용하기 때문이다. 즉, 표본으로 선택된 사람이 자신들의 대답에 의해 전체 집단에 이익을 가져다 주거나 혹은 손해를 끼친다고 생각한다면, 그들은 결과를 생각하면서 대답에 임할 것이다. 따라서 이 또한 객관적 통계추리와 거리가 멀다. 예를 들면 모 대학의 학생회가 구내식당 주인에게 압력을 가할 목적으로 20% 인상된 식대인상에 대해 학생들의 여론을 조사했다고 하자. 학생들은 학생회 측의 의도를 쉽게 간파할 것이고, 따라서 대부분의 학생들이 식대 인상에 대해 반대하는 반응을 보일 것이라는 점이 쉽게 예상될 수 있을 것이다. 다음과 같은 질문들도 공정한 대답을 기대하기가 어려울 것이다. 즉, '하루에 몇 번 칫솔질을 하십니까?', '일 년에 몇 권의 책을 읽습니까?', '당신의 성생활은 만족스럽습니까?' 등등. 이 물음들은 심리적 연관성을 가지기 때문이다.

3. 유비추리

이처럼 귀납적 일반화는 동일한 개개의 경우들이 가지고 있는 성질이나 내용을 일반화시키는 방식이다. 그러나 동일하지 않는 경우들의 성질이나 내용을 추론하는 방식도 있다. 이를 **유비추리**라 한다. 이것은 동일하지 않는 경우들이 가지고 있는 성질이나 내용들의 유사성에 근거하여 추리하는 방식이다. 예를 들면,

· 지구는 물, 공기, 적당한 온도가 있어 생물이 존재한다.
화성은 물, 공기, 적당한 온도가 있다.
따라서 화성 역시 생물이 존재한다.

유비추리는 강한 추리와 약한 추리로 세분화 된다. 이것은 비교되는 두 사태 사이의 유사성 정도에 연관되어 있다. 즉, 유사성이 큰 두 유형간의 유비추리는 강한 추리이다. 그러나 차이성이 큰 두 유형간의 유비추리는 상대적으로 약한 추리이다. 이것은 오류추리의 일종인 약한 유비추리에 해당된다. 즉,

· M 교수는 심야 라디오 방송에 나와 청소년 청취자들에게 격양된 목소리로 다음과 같이 말하고 있었다. '우리가 매일 똑 같은 음식을 먹다 보면 싫증나게 된다. 따라서 아침, 점심 그리고 저녁뿐만 아니라 어제, 오늘 그리고 내일의 메뉴를 달리 한다. 사람 역시 마찬가지이다. 한 사람을 계속 만나면 별 재미가 없다. 따라서 오늘은 이 사람, 내일은 저 사람 그리고 모레는 또 다른 저 사람으로 바꿔 사귀는 것이 늘 새롭고 생활에 활력소가 된다.'

이처럼 사람을 음식에 비유하여 추리하는 행위는 설득력이 약하다. 음식과 사람 사이에 유사성이 별로 없기 때문이다. 즉, 음식은 생활의 도구인데 반하여 사람은 어떤 것의 도구나 수단이 아니기 때문이다. 따라서 이것은 **약한 유비추리**이다.

유비추리의 결론의 개연성을 높이기 위해서 다음의 규칙을 지켜야 한다.

(1) 비교되는 유사점은 비교되는 사물의 본질적이고 적극적인 성질이어야 한다. 즉, 만일 의사가 환자 A와 B 두 사람의 혈청검사를 실시한 결과 동일 종류의 병원균을 보유하고 있음을 발견했다. 그 중 한 사람인 A에게 K라는 약을 처방하여 치유했다. 그리고 의사가 B에게도 K라는 약을 처방하면 치유될 것이라 생각했다. 의사의 생각은 아주 건전하다. 그러나 환자 A와 B 두 사람의 친구인 C 역시 K라는 약을 처방하면 치유될 것이라 생각했다. 이들은 다 같이 비슷한 학력을 가졌고, 나이 또한 동갑이고, 같은 음식을 좋아하고, 축구경기를 좋아하기 때문이다. 환자 C에 대한 의사의 생각은 건전하지 않다.

(2) 비교될 유사점은 가급적 많이 열거되어야 한다. 유비되는 사례가 많을수록 상대적으로 결론의 개연성이 높아지기 때문이다.

(3) 결론에서 추정될 성질은 이미 알고 있는 유사한 제성질과 협동적인 관계를 지닌 것이 아니면 안 된다. 즉, 추정될 결론을 파괴할 상이점이 있어서는 안 된다. 즉, 화성의 속성이 지구와 비슷하다. 그러나 생물이 살 수 없는 가스가 많다면 그 속성은 화성에도 생물이 살고 있다는 결론을 파괴한다.

4. 인과적 추리

귀납추리는 특정한 사태들에 관하여 관찰하고 실험하는 일련의 행위를 통해 그들이 가지고 있는 성질을 이끌어 내는 추론 방식이다. 그러니 이것의 결론은 보편성과 필연성을 갖지 않는다. 이것이 우리를 당황하게 한다. 즉, 태초로부터 오늘에 이르기까지 매일 아침에 태양이 떠올랐다는 것이 부인할 수 없는 명백한 사실이라 하더라도, 이 사실을 근거로 하여 우리는 미래에도 태양이 매일 아침에 떠올라야 한다고 주장할 수는 없다. 여러 가지 요인으로 인하여 태양은 소멸되고 파괴될 수 있다는 사실을 우리는 너무나 잘 알고 있기 때문이다.

이와 같이 귀납추리는 특정한 사건이 필연적으로 일어난다는 사실을 주장할 수 없다. 실로 자연은 많은 규칙성을 우리에게 보여 주고 있다. 계절의 순환이라든지, 인간의 탄생에서 죽음에 이르는 과정의 규칙성 등등. 그러나 때때로 겨울에 홍수가 일어날 수 있으며, 몇 살 되지 않는 어린아이가 늙은 경우가 있다.

이처럼 귀납추리는 어디까지나 관찰하고 실험한 결과, 즉 경험의 테두리 내에서 볼 때 그 진리 값이 참이라는 사실을 말하고 있다. 따라서 관찰과 실험에서 제외된 그와 동일한 사태 역시 동일한 진리 값을 가진다고 말하는 것이 아니다. 이것은 곧 특정한 사태에 관한 진술의 내용이 개연적이고 일반적인 성질임을 뜻한다. 이것은 **흄**·D. *Hume*(1711~1776)의 '**인과율 분석**'이 이를 잘 말해 주고 있다.

그러나 일정한 사태들에 관한 과거의 경험적 사실의 내용이 그와 동일한 사태들에 관한 미래의 경험적 사실의 그것과 전적으로 그 진리 값이 일치해야 한다. 이 때 비로소 일정한 사태들에 관한 경험적 사실의 내용은 보편성과 필연성을 갖은 지식으로서의 존재가치를 갖기 때문이다. 그러나 흄의 인과율 분석은 이것이 사실상 성립되지 않음을 보여주고 있다. 일정한 사태들에 관한 과거의 경험적 사실의 내용이 그와 동일한 사태들에 관한 미래의 경험적 사실의 충분조건에 지나지 않기 때문이다. 이들의 진리 값이 전적으로 일치하기 위해서는 과거의 경험적 사실의 내용이 필요충분조건일 때 가능하다. 즉, 일정한 사태들에 관한 과거의 경험적 사실의 내용은 반드시 일정한 사태들에 관한 미래의 경험적 사실의 내용을 충분히 동반해야 하며, 또한 미래의 경험적 사실의 내용은 필연적으로 과거의 경험적 사실의 내용에 근거하고 있어야 한다. 이러한 경우는 과거와 미래의 두 사태들에 관한 경험적 사실의 내용의 진리 값이 일치할 때 가능하다.

귀납추리가 안고 있는 문제점을 보완하기 위하여 **밀**·*J. S. Mill*(1806~1873)은 인과적 추리 방법을 행하게 된다. 이것은 주어진 결과로부터 원인을 밝히는 방법이다. 즉, 결론에서 전제를 찾아가는 역방향이다. 이를 위해 밀이 제시한 다섯 가지 방법은 아래와 같다.

(1) 일치법 (The method of Agreement)

이것은 일정한 현상이 존재하는 많은 사례를 수집하고, 이들 사례 가운데 항상 일정한 사정이 존재하는 것을 발견하여, 그 사정과 연구하려는 현상 간에 인과관계가 있음을 추정하는 방법이다. 밀은 이를 다음과 같이 설명한다. 즉,

"연구하려는 현상의 두 개 또는 그 이상의 사례가 유일한 공통적 사정을 갖는다면 그 모든 사례와 그 점에 있어서 일치하는 그 사정은 그 현상의 원인 또는 결과이다." (J. S. Mill. 『*A System df Logic*』)

선행요소	결과
A B C D	E
D E F G	E

∴ D가 E의 원인이다.

예를 들면, 금, 은, 동, 철, 얼음 등 기타 모든 고체가 액체로 변하는

많은 사례를 비교한 결과, 어느 경우에도 항상 열이 존재하고 있었다는 것을 발견했다. 따라서 열이 고체를 액체로 변화시키는 원인임을 알게 되는 경우이다.

일치법의 단점은 다음과 같다. 즉,

① 일치법은 가능한 많은 사례를 수집해야 한다. 소수의 사례는 우연한 것을 원인으로 다룰 가능성이 있기 때문이다.

② 하나의 결과가 다른 원인에 의하여 생기는 경우도 있다. 이것을 원인의 다양성이라 한다. 예를 들면, 죽음의 경우가 그러하다. 독, 병, 사고 등이 그 원인이기 때문이다.

③ 결과가 다수의 원인의 결합으로 생기는 경우도 있다. 이를 원인의 다수성이라 한다. 예를 들면, 나의 취업성공은 건강, 노력, 성실, 사교, 학점관리 등의 결과이다.

(2) 차이법 (The method of Difference)

이것은 연구하려는 현상이 나타나는 사례와 나타나지 않는 사례를 비교하여, 양자 간의 차이점인 유일한 사정을 발견하고, 나아가 그 사정과 연구하려는 현상간의 인과관계가 있음을 추정하는 방법이다. 밀은 이를 다음과 같이 기술한다. 즉,

"연구하려는 현상이 일어나는 사례와 그것이 일어나지 않는 사례에 있어서, 전자에서만 일어나는 단 한가지의 사정을 제외하면 나머지의 모든 사정을 공유하고 있으면, 두 사례의 유일한 차이인 그 사정은 모든 현상의 결과이든가, 원인이든가, 또는 원인의 불가결의 일부분이다."

선행요소	결과
A B C D	E
A B C	

∴ D가 E의 원인이다.

예를 들면, 공기가 들어 있는 유리병 속의 방울은 흔들면 소리가 난다. 그러나 공기가 들어 있지 않은 유리병 속의 방울은 소리가 나지 않는다. 이 두 사실에 있어 차이점은 공기의 유무이다. 따라서 공기가 소리의 원인이라 판단하는 경우이다.

일치법이 가능한 한 많은 사례를 수집 관찰해야 하는데 반하여, 차이법은 단 두 개의 사례로서 충분하다. 그리고 여러 사례가 한 개 이상의 사정을 공유할 때, 일치법은 그 중 어느 것이 연구하려는 현상의 원인인가를 결정하기가 어렵다. 그러나 차이법은 그 하나하나를 시험함으로써 그 원인을 찾아낼 수 있다. 따라서 일치법은 주로 관찰된 결과에서 소급하여 원인을 발견하는데 편리한 방법이다. 이에 반하여 차이법은 일치법을 이용하여 얻은 결론을 검증하는 편리한 실험적 방법이다. 그러나 차이법 역시 난점을 가지고 있다. 그것은 다름 아닌 한 가지의 사정만을 달리 하는 두 사례를 발견하는 경우이다.

(3) 일치차이법 (The method of Agreement and Difference)

이것은 어떤 현상을 가진 여러 사례, 즉 적극적인 사례들과 어떤 현상을 가지지 않은 여러 사례, 즉 소극적인 사례들을 서로 비교하여 인과관계를 추리하는 방법이다. 밀은 이를 다음과 같이 공식화 한다. 즉,

"연구하려는 현상이 발생하는 두 개 또는 그 이상의 사례가 단 하나의 사정을 공유하고, 또 한편으로 그 현상이 발생하지 않는 두 개 또는 그 이상의 사례가 그 사정만을 공유하지 않는다면, 이 두 쌍의 사례의 유일한 차이점인 그 사정은 연구하려는 현상의 결과이거나 원인이거나 또는 원인의 불가결한 일부분이다."

선행요소	결과
A B C D	E
D E F G	E
A B C	

∴ D가 E의 원인이다.

J. Lubbock는 이 방법을 이용하여 개미의 후각을 실험했다. 그는 개미의 앞수염에 펜을 가까이 해 보았다. 그러나 아무런 반응이 없었다. 그는 다시 펜에 사향액을 묻혀 개미의 수염에 가까이 해 보았다. 이번에는 앞수염이 반응을 보였다. 이를 통해 루벅은 개미의 앞수염이 후각기능을 한다는 것을 발견했다.

(4) 잉여법 (The method of Residues)

이것은 결과를 구성하는 요소들 중 그 원인이 밝혀진 것들을 제거해 나감으로써 원인이 밝혀지지 않았던 요소의 원인을 알아내는 방법이다. 밀은 이를 설명하는 과정에서 사정과 현상의 용어 대신 전건과 현상이라는 용어를 사용한다. 이 때 전건은 선행사정을 의미한다. 이

것은 밀에 의해 다음과 같이 정의된다. 즉,

"어떤 현상으로부터 이미 귀납법에 의하여 어떤 전건의 결과로서 알려진 부분을 제거하면 나머지 현상은 나머지 전건의 결과이다."

A B C 는 a b c의 선행요소
A 는 a의 선행요소
B는 b의 선행요소

∴ C가 c의 원인이다.

예를 들면, 화물 자동차의 적재물의 무게를 알고자 할 때, 우선 빈 화물차의 무게를 달아 본 후, 그 다음 화물을 실은 자동차 총무게를 알게 되면, 자동차의 적재물의 무게를 알 수 있다. 즉, 자동차의 총무게에서 빈 자동차의 무게를 제거한 나머지 무게가 적재물(나머지의 전건)의 무게이다.

(5) 공변법 (The method of Concomitant Variation)

이것은 원인이 될 만한 요소들을 변화시켜서, 동일한 변화가 결과에도 초래되는 경우를 찾아 원인을 알아내는 방법이다. 밀은 이를 "다른 현상이 어떤 특수한 방법으로 변하는 데 따라서 자신도 어떤 방법으로 항상 변화하는 현상은 그 다른 현상의 원인 또는 결과이든가, 또는 인과의 어떤 사실에 의하여 이와 연결되어 있다." 로 정의한다.

선행요소 결과
A_1 B_2 C_3 D_1 E_1

A_1 B_3 C_1 D_2 E_2

A_3 B_1 C_2 D_3 E_3

∴ D가 E의 원인이다.

이 방법은 매우 널리 사용된다. 예를 들면, 농부가 자기의 논밭의 각 구역에 각각 다른 양의 비료를 사용하고, 많은 비료를 사용한 구역으로부터 많은 수확을 얻음을 발견하여, 따라서 비료의 사용과 수확양의 대소에 인과관계가 있음을 추정한다든가, 또는 상인이 일정한 간격을 두고 한 번은 대규모 광고를, 또 한 번은 소규모의 광고를 하여, 대규모 광고 기간이 소규모의 광고 기간보다 판매량이 많음을 발견하고서, 그의 광고의 효과를 확인하는 행위 등은 모두 공변법의 대표적인 예이다.

그리고 차이법이 어떤 원인을 제거함으로써 그 결과가 나타나지 않음을 밝히려는데 반하여, 공변법은 원인을 전연 제거하는 것이 아니라 원인의 변화에 따라 결과도 역시 변화함을 규정하는 것이다. 따라서 공변법은 차이법을 적용할 수 없는 경우에 필요한 방법이다.

이상의 일치법, 차이법 그리고 일치차이법의 인과적 추리들은 원인과 결과가 무엇인가를 추론하는 질적 방법들이다. 그러나 잉여법과 공변법의 인과적 추리들은 양적 변화에 있어 인과관계를 추론하는 양적 방법들이다.

연습문제

1. 다음 논증은 인과적 추리의 예이다. 밀의 다섯 가지 방법 중 어떤 방법이 사용되었는지 확인하시오.

(1) 존스톤은 흡연의 결과와 피하에 주사된 니코틴의 결과를 비교했다. 비흡연자들은 흡연의 느낌을 "어질어질한 하다"고 말함에도 불구하고, 흡연자들은 그것을 유쾌한 것으로 생각했다. 하루에 서 너 번씩 1.3밀리그램의 니코틴을 80여 차에 걸쳐 자신에 주사했던 존스톤은 자신이 흡연보다는 피하에 니코틴을 주사하는 것을 더 좋아하게 되었다는 것을 발견했다. 그의 경우에 니코틴이 흡연 때문에 나타나는 유쾌한 감정의 주요한 요인이었던 듯이 보인다. (*The Biologic Effect of Tobacco*, ed. E. L. Wynder, M.D.)

(2) 김씨의 장미 관목 중 두 그루에 진딧물이 만연했다. 그는 그 중 한 그루에 말라치온을 뿌리고, 다른 한 그루는 그대로 내버려 두었다. 사흘 안에 진딧물은 말라치온이 뿌려진 관목으로부터는 사라졌지만, 다른 관목에는 여전히 진딧물이 번성했다. 김씨는 말라치온이 관목의 진딧물을 죽였다고 결론 내렸다.

(3) 텔레비전이 거실에 놓여 있었을 때 좋은 화면이 나타났다. 그러나 텔레비전을 다른 방에다 옮기면 화면이 크게 나빠졌다. 장소를 제외하고는 모든 것이 동일한 듯이 보였기 때문에, 집주인은 거실의 위치가 보다 나은 화면의 원인이라고 결론 내렸다.

(4) 공기가 무게를 가진다는 것은 논의의 여지가 없다. 기구가 비어있을 때보다도 부풀었을 때 더 무겁다는 것은 상식에 속한다. 그것은 충분히 증명된 바이다. 왜냐하면 공기가 가볍다면 기구가 부풀면 부풀수록 그 안에 공기가 보다 많아질 것이기에, 전체는 더 가벼워질 것이다. 그러나 거꾸로 공

기가 보다 많이 넣어질 때, 전체는 보다 무겁게 되기 때문에, 각 부분은 자기 자신의 무게를 가지고, 따라서 공기는 무게를 가진다는 결론이 나온다. (B. Pascal, *Treatise on the Weight of the Mass of the Air*)

(5) 멘체스터의 줄씨는 하나의 물질을 다른 물질에 부벼서 힘의 정확한 양을 소비함으로써 마찰이 열의 원인이라는 것을 결정적으로 증명했으며, 생산된 열은 힘이 크거나 작음에 정확하게 비례해서 커지거나 작아진다는 점을 보여주었다. (W.S. Jevons)

제5장 ◆ 정언명제와 정언 삼단논법

1. 표준형식의 정언명제

논리학의 대상은 추리와 그 추리의 타당성이다. 그런데 추리는 그 존재하는 방식이 초경험적이므로, 그 자체로서는 타당성 여부, 즉 바른 추리인지 혹은 그른 추리인지의 여부를 확인할 수 없다. 따라서 이를 확인할 수 있는 형태로 모양새를 갖추어야 할 것이다. 여기에는 여러 가지 방법이 있을 수 있겠으나, 특히 언어를 매개로 하여 이를 드러내는 바를 논증화라 한다. 우리는 추리를 언어화하여 논증을 구성한다. 이를 통하여 추리의 타당성 여부를 간접적으로 확인한다.

이 때 추리를 언어화한다는 것은 다름 아닌 일정한 시점의 추리내용을 현상화하는 행위이다. 그러나 추리의 내용을 현상화하는 것도 중요하지만, 현상화한 추리내용이 추리 그 자체의 성질과 일치하는지를 확인 가능한 형태로 언어화해야 할 것이다. 그렇지 않다면 언어화된 추리내용이 참인지 거짓인지 알 수 없기 때문이다. 그것은 명제의 형태를 취함으로써 가능하다. 다양한 문장들 가운데 사실과 일치여부를 확인 가능한 진술이 바로 명제이기 때문이다. 감탄문이나 명령문, 의문문 등은 사실 일치여부를 확인 불가능한 문장들이다. 그러므로 이들에 의하여 언표되는 내용은 참 혹은 거짓의 식별자체가 불가능하다.

명제는 **세 요소**로 구성되어 있다. 즉 **주어**·*Subject*, **술어**·*Predicate* 그리고 **계사**·*Copula*가 그것이다. 여기에서 주어는 술어를 통하여 진술되는 내용의 주체이며, 술어는 주어가 가지고 있는 성질 혹은 내용을 언표한다. 그리고 계사는 주어와 술어, 이 양자를 긍정적으로 혹은 부정적으로 연결시키는 매체이다. 즉, 명제의 주어와 술어를 연결하여 긍정이나 부정의 뜻을 나타내는 말이다. 이것은 '이다' 혹은 '아니다'로 언표된다.

명제는 주어에 의한 분량의 언표내용과 술어의 성질, 정확히 말하여 계사의 언표내용에 따라 네 가지의 유형으로 분류된다. 즉 주어에 의한 언표내용, 즉 주어가 지칭하는 대상이 수적으로 전부인가 혹은 부분인가에 따라, 명제는 전칭명제·*universal Proposition*와 특칭명제·*particular Proposition*로 나누어진다. 또한 계사의 언표내용이 긍정인 경우와 부정인 경우에 따라, 명제는 긍정명제·*affirmative Proposition*와 부정명제·*negative Proposition*로 세분화된다. 이리하여 명제는 전칭이면서 긍정을 나타내는 **전칭긍정명제**와 전칭이면서 부정을 나타내는 **전칭부정명제** 그리고 특칭이면서 긍정인 명제, 즉 **특칭긍정명제**와 특칭이면서 부정인 **특칭부정명제**로 분류된다. 이를 각각 **A명제**, **E명제**, **I명제**, **O명제**로 약칭하여 사용한다. 네 가지 정언명제의 약칭은 라틴어 '*affirmo*'(나는 긍정한다)와 '*nego*'(나는 부정한다)의 모음에서 유래한다.

그리고 정언명제의 구성요소들 중 주어를 S로 표기하고, 술어를 P로 표기하여 나타내면 다음과 같다. 즉,

A 명제 : 모든 S는 P이다.

E 명제 : 어떤 S도 P가 아니다.[27)]

I 명제 : 어떤 S는 P이다.

O 명제 : 어떤 S는 P가 아니다.

우리는 A명제, E명제, I명제 그리고 O명제를 **표준형식의 정언명제**·*categorial Proposition*라 부른다. 논증은 바로 이 네 가지 유형의 명제로 구성된다. 따라서 추리의 논증화는 반드시 이 네 가지 유형의 명제를 모델로 하여 언표해야 한다. 표준형식의 정언명제라는 표현을 사용하면서까지 굳이 이를 강조하는 이유는 다름 아닌 이 네 가지의 유형의 명제로 논증을 구성함으로써, 보다 효율적이고 편리하게 그것의 타당성 여부를 확인할 수 있기 때문이다.

2. 일상적인 언표를 표준형식의 정언명제로 바꾸는 규칙

추론의 타당성 여부를 확인함에 있어, 우리는 항상 소위 표준형식의 정언명제만을 접하는 것이 아니라 일상적인 대화나 언표를 대상으로

27) E 명제는 전칭이면서 부정의 내용을 언표하는 정언명제이다. 따라서 E 명제는 '모든 S는 P가 아니다'로 언표하는 것이 바람직하다. 그러나 앞에서 살펴본 바와 같이 '모든 S는 P가 아니다'라는 정언명제는 언표되는 내용을 애매하게 할 수 있는 형식이다. 왜냐하면 이것은 전칭부정을 나타내는 정언명제로서 'S는 그 어떤 것도 P가 아니다'(E)의 내용을 언표해야 하나, 'S 가운데 그 일부는 P이다'(I)와 'S 가운데 그 일부만이 P가 아니다'(O)를 언표하는 명제로 인식될 수 있기 때문이다. 따라서 E 명제, 즉 '모든 S는 P가 아니다'의 정언명제의 틀을 전칭이면서 부정의 내용을 정확히 언표하는 '어떤 S도 P가 아니다' 혹은 '어느 S도 P가 아니다'의 형식으로 바꾸어 쓰고자 한다. 다만 『논리와 비판적 사유』는 '모든 S는 P가 아니다'의 전칭부정의 정언명제를 '어떤 S도 P가 아니다'의 틀로 통일하여 사용하였다.

타당성 여부를 확인해야 할 경우가 없지 않다. 그런데 일상적인 대화나 서술은 필요 이상의 언어들을 사용하거나 혹은 지나치게 생략하여 사용함으로써, 추리의 타당성 여부를 확인하는 과정에 적지 않는 어려움이 뒤따른다. 따라서 일상적인 대화나 언표를 표준형식의 정언명제로 바꾸는 방법에 관하여 생각해 보자.

1) 유개념이 없는 술어는 피정의체의 유개념을 찾아 넣어라.

정언명제의 표준형식은 '유와 종차에 의한 정의'를 모범으로 한다. 따라서 일정한 개념의 정의체가 유개념을 가지지 않을 경우 이를 찾아 첨가한다. 예를 들면,

모든 인간은 이성적이다.
→ 모든 인간은 이성적 동물이다.

모든 양은 순하다.
→ 모든 양은 순한 동물이다.

2) 단칭명제는 전칭명제화 하라.

단칭명제는 특정한 사태에 관하여 언표하고 있다. 이를 표준형식의 정언명제로 모양새를 갖추기 위해서는 전칭명제로 전환시킨다. 여기에서 특정한 사태란 사람, 장소, 사물, 시간 등을 말한다. 따라서 단칭명제는 ~와 동일한 모든 사람, ~와 동일한 모든 장소, ~와 동일한 모

든 사물, ~와 동일한 모든 시간 등을 첨가하여 전칭명제로 바꾼다. 예를 들면,

나는 배우는 학생이다.
→ 나와 동일한 모든 사람은 배우는 학생이다.

그는 재주꾼이다.
→ 그와 동일한 모든 사람은 재주꾼인 사람이다.

3) 양화사가 없는 명제는 전칭명제로 나타내어라.

분량을 나타내는 개념이 없는 명제는 전칭명제, 즉 전칭긍정 또는 전칭부정으로 정언명제화 하라. 예를 들면,

침팬지는 생각하지 않는다.
→ 어떤 침팬지도 생각하는 동물이 아니다.
→ 모든 침팬지는 생각하지 않는 동물이다.

인간은 생각한다.
→ 모든 인간은 생각하는 동물이다.

4) 시간 혹은 공간을 나타내는 부사가 있는 명제는 '시간' 혹은 '공간'개념을 넣어 정언명제화 하라.

예를 들면

그는 출근할 때 항상 승용차를 타고 간다.
→ 그가 출근하는 모든 시간은 그가 승용차를 타고 가는 시간이다.

UFO는 존재하지 않는다.
→ 어떤 장소도 UFO가 존재하는 장소가 아니다.
→ 모든 장소는 UFO가 존재하지 않는 장소이다.

5) 조건언명제에 있어 전건과 후건의 주어가 동일한 사태를 지칭할 때 정언명제로 전환시켜라.

예를 들면

만약 그것이 도깨비라면, 그것은 존재하지 않는다.
→ 모든 도깨비는 존재하지 않는 동물이다.
→ 어떤 도깨비도 존재하는 동물이 아니다.

그러나 전건과 후건의 주어가 서로 다를 경우 이를 정언명제로 전환시킬 수 없다. 즉,

만약 불국사가 대구에 있다면, 대구는 문화유적지이다.

6) 배제적 명제, 즉 '~만이', '~을 제외하고는 어느 누구도', '~을 제외하고는 그 어떤 것도'를 포함하는 명제는 주어와 술어의 위치를 바꾸어 정언명제화 하라.

예를 들면

도덕적으로 깨끗한 사람만이 이번 선거에서 당선되었다.
→ 이번 선거에서 당선된 모든 사람은 도덕적으로 깨끗한 사람이다.

자동차 운전 면허시험에 합격한 사람을 제외하고는 어느 누구도 자동차를 운전할 수 없다.
→ 자동차를 운전하는 모든 사람은 자동차 운전 면허시험에 합격한 사람이다.

7) '모든 ~인 것은 ~아니다'와 같은 형식을 가진 명제는 특칭부정명제화 하라.

예를 들면

모든 교수가 학문활동에 몰두하는 것은 아니다.
→ 어떤 교수는 학문활동에 몰두하는 사람이 아니다.

모든 꽃이 향기로운 것은 아니다.
→ 어떤 꽃은 향기로운 식물이 아니다.

8) 예외적 명제, 즉 '거의 모든', '전부는 아니지만', '상당한' 등을 포함한 명제는 특칭긍정명제와 특칭부정명제로 세분화하라. 예외적 개념을 포함하는 명제는 복합명제이기 때문이다.

예를 들면

거의 모든 학생이 휴대폰을 가지고 있다.
→ 어떤 학생은 휴대폰을 가지고 있는 사람이다. 그리고 어떤 학생은 휴대폰을 가지고 있는 사람이 아니다.

9) '유일한'을 포함하는 명제는 전칭명제로 정언명제화 하라.

예를 들면

이 동네에서 활개치고 다니는 유일한 사람은 조폭들이다.
→ 이 동네에서 활개치고 다니는 모든 사람은 조폭들이다.

연습문제

Ⅰ. 일상언어로 표현된 명제를 표준형식의 정언명제로 바꾸시오.

1. 난초는 향기롭지 않다.
2. 백조는 희다.
3. 장미에는 가시가 있다.
4. 끝이 좋으면 다 좋다.
5. 그는 항상 성공했다.
6. 큰소리치는 놈 겁 안 난다.
7. 하면 된다.
8. 칼로 일어선 자는 칼로 망한다.
9. 아시아의 국가들 중에는 호전적이 아닌 국가가 있다.
10. 모험성이 없는 것은 재미가 없다.
11. 태양을 쳐다보는 사람은 자기 그림자를 볼 수 없다.
12. 아름다운 것은 우리에게 즐거움을 준다.
13. 대부분의 학생들은 화려한 축제를 반대했다.
14. 기업인은 한사람도 노동조합의 지도자가 아니다.
15. 남의 미움을 사는 사람들 중에는 철학자가 있다.
16. 그가 노래하는 것을 들으면 영감이 떠오른다.
17. 많은 사람들은 낭비해 버린 젊음을 안타까워한다.
18. 용감한 자만이 미인을 차지한다.
19. 사랑을 잘하는 사람은 기도를 잘한다.
20. 위대한 사람만이 위대함의 불행을 안다.
21. 아픔을 모르는 자만이 남의 약점을 노린다.
22. 몸이 아픈 사람은 누구나 세상을 비관적으로 본다.
23. 가는 말이 고우면 오는 말이 곱다.

24. 사람은 죽기 마련이다.

25. 모든 군인이 사격을 잘하는 것은 아니다.

3. 정언명제의 주연관계

우리는 논증을 구성하는 명제의 유형을 네 가지로 분류하면서 이를 표준형식의 정언명제라 칭하고, 일상적 대화나 언표 역시 이 표준형식의 정언명제로 전환시켜야 함을 강조했다. 여기에 머무르지 않고 이를 위한 몇 가지의 규칙을 제시하기도 했다. 이것은 다름 아닌 논증의 타당성을 보다 편리하고 효율적으로 그 여부를 확인하는 데 목적이 있다 하겠다.

특히 여기에서 다루고자 하는 **정언명제의 주연관계 여부**는 **'규칙과 오류'에 의한 연역논증의 타당성여부를 확인하는 데 중요한 역할**을 한다.

정언명제의 주연관계는 명제를 구성하는 요소 중, 주어와 술어의 외연들이 그 개념과 연관된 영역을 전 범위에 걸쳐 관여하고 있는지 혹은 그렇지 않는지의 여부를 확인하는 방법이다. 이것이 논증의 타당성 여부를 확인하는 과정에서 유용한 것은, 삼단논법이 표준형식의 정언명제로 구성되어 있고, 여기에 사용되는 개념들 사이의 주연관계 여부를 통하여 전제와 결론의 함의 관계를 확인할 수 있기 때문이다. 따라서 명제 속에서 개념의 외연이 전 범위에 걸쳐 지시하고 있다면 이를 두고 **주연된 개념**·*distributed Term*이라 하고, 일정한 부분만을 지시하고 있다면 이를 **부주연된 개념**·*undistributed Term*이라 한다.

그러나 표준형식의 정언명제들 중, 주어개념은 그 자체가 이미 주연 혹은 부주연의 여부를 나타내고 있다. 왜냐하면 '모든 사람은 죽는 존재이다'에서 주어인 '모든 인간'은 이미 '인간'개념과 관련된 전 범위를 지칭하고 있기 때문이다. 마찬가지로 '어떤 사람은 학생이다'에서도 주어인 '어떤 사람'은 '사람'이란 개념과 관련하여 그 일부를 칭하고 있기 때문이다. 그러나 술어의 경우는 사정이 다르다. 술어는 어떤 특정한 명제 내에 있는 주어의 술어이기 때문에 술어의 주연여부는 어디까지나 주어와의 연관성 속에서 이를 확인해야 한다. 즉,

A 명제 : 모든 사람은 죽는 존재이다.

이 명제의 주어는 이미 주연된 개념이다. 사람들 중 일부가 아니라 사람의 전부를 칭하고 있기 때문이다. '모든 사람'이 이를 잘 말해 주고 있다. 그러나 술어인 '죽는 존재'는 부주연된 개념이다. '죽는 존재' 가운데 사람이란 존재에 한정하여 언표하고 있기 때문이다. 즉 죽는 존재는 사람뿐만 아니라 여타의 많은 생명체가 있다.

E 명제 : 어떤 동물도 식물이 아니다.

이 명제의 주어 역시 주연된 개념이다. 동물일반, 즉 모든 동물에 관하여 언급하고 있기 때문이다. 그리고 술어도 주연되어 있다. 동물일반이 식물 모두와 완전히 무관하다는 것을 나타내고 있기 때문이다.

I 명제 : 어떤 여성은 군인이다.

이 명제의 주어는 부주연된 개념이다. 여성들 가운데 그 일부를 지칭하고 있기 때문이다. 술어 또한 부주연된 개념이다. 여성인 군인은 군인들의 그 일부에 해당되기 때문이다.

O 명제 : 어떤 정치가는 도덕적인 사람이 아니다.

이 명제의 주어 역시 부주연되어 있다. 정치가들 가운데 그 일부에 관하여 언급하고 있기 때문이다. 그러나 술어는 주연된 개념이다. 언급되는 정치가는 도덕적인 사람의 부류에서 완전히 배제되어 있기 때문이다.

명제의 형식과 개념의 주연관계를 도표로 표시하면 아래와 같다.

개념 / 명제	주어개념	술어개념
A 명제	주연	부주연
E 명제	주연	주연
I 명제	부주연	부주연
O 명제	부주연	주연

연습문제

Ⅰ. 다음 명제의 주어와 술어가 무엇이며, 또한 주연되어 있는지 부주연되어 있는지를 밝혀 보시오.

1. 그들이 존경하는 유일한 사람은 부모들이다.
2. 두드려라 그러면 열릴 것이다.
3. 늦게 배운 도둑 날 새는 줄 모른다.
4. 젊은 세대는 어느 보수당 후보도 지지하지 않았다.
5. UFO ? 그런 것은 없어.
6. 반짝거리는 모든 것은 금인 것은 아니다.
7. 눈치만 빠르면 절간에서도 새우젓을 얻어먹을 수 있다.
8. 술을 좋아하지 않은 사람만이 좋은 신체적 조건을 유지한다.
9. 대부분의 학자들은 솔직하고 겸손하다.
10. 5, 6공 시절의 어떤 군인 출신의 정치인도 참다운 의미에서 정치인이 아니다.

4. 표준형식의 정언 삼단논법

표준형식의 정언명제에 이어, 이들로 구성되어 있는 표준형식의 정언 삼단논법에 관하여 살펴보고자 한다. 삼단논법은 연역논증의 대표적인 모델로서, 일반적으로 두 개의 전제와 하나의 결론으로 구성되어 있다. 여기에서 두 개의 전제와 결론은 모두 표준형식의 정언명제의 형태를 갖추고 있다. 이를 우리는 **표준형식의 정언 삼단논법**·*categorial Syllogism*이라 한다.

여기에는 **세 개의 개념**이 등장한다. **대개념**·*major Term*, **소개념**·*minor Term* 그리고 **매개념**·*middle Term*이 그것이다. 대개념은 결론의 술어로서 언표되는 개념을 말하며, 소개념은 결론의 주어로서 언표되는 개념을 말한다. 또한 전제에만 있고 결론에는 없는 개념을 매개념이라 부른다. 그리고 대개념을 포함하는 전제를 **대전제**·*major Premise*라 하고, 소개념을 포함하는 전제를 **소전제**·*minor Premise*라 한다. 예를 들면

> 모든 사람은 생각하는 존재이다.
> 모든 대학생은 사람이다.
> 그러므로 모든 대학생은 생각하는 존재이다.

여기에는 '대학생', '존재' 그리고 '사람'이라는 세 개념이 등장한다. 결론의 주어인 '대학생'이란 개념은 소개념이고, 결론의 술어인 '존재'는 대개념이다. 그리고 '사람'이란 개념은 전제에는 있지만 결론에는 없다. 따라서 이것은 매개념이다. '대학생'이란 소개념이 들어 있는 두 번째 전제를 소전제라 하고, '존재'라는 대개념이 들어 있는 첫 번째

전제를 대전제라 한다.

표준형식의 정언 삼단논법은 그 모양새가 다양하다. 모양새는 소위 **식**·*Mood*과 **격**·*Figure*에 의해 다양화된다. 우선 **식(式)은 네 가지 표준형식의 정언명제 가운데 어떤 명제를 전제와 결론으로 사용하느냐에 따라** 달라진다. 예를 들면,

모든 논리학자는 현명한 사람이다.
어떤 가난한 자는 논리학자이다.
그러므로 어떤 가난한 자는 현명한 사람이다.

위의 정언 삼단논법에서 대전제는 전칭긍정명제, 즉 A명제이고, 소전제는 특칭긍정명제, 즉 I명제이다. 그리고 결론도 특칭긍정명제인 I명제이다. 따라서 위의 정언 삼단논법은 A I I 식이라 한다.

어떤 사치도 건전하지 못하다.
어떤 사치는 퇴폐적이다.
그러므로 어떤 퇴폐적인 것은 건전하지 못하다.

이 정언 삼단논법은 E I O 식이다. 대전제가 E명제이고, 소전제가 I명제이며 그리고 결론은 O명제이기 때문이다.

이들 격의 모양새는 소개념을 S로, 대개념을 P로 그리고 매개념을 M으로 약칭하여 그 논리적 구조를 만들어 보면, 그 차이점을 쉽게 발견할 수가 있다. 우선 위의 첫 번째 정언 삼단논법, 즉 A I I 식의 논리적 구조는 다음과 같다. 즉

모든 M은 P이다.
어떤 S는 M이다.
그러므로 어떤 S는 P이다.

위의 두 번째 정언 삼단논법 즉 E I O 식의 논리적 구조는 다음과 같다. 즉

어떤 M도 P가 아니다.
어떤 M은 S이다.
그러므로 어떤 S는 P가 아니다.

그런데 위의 첫 번째 정언 삼단논법의 논리적 구조에서 매개념이 대전제에서는 주어이고, 소전제에서는 술어로 되어 있다. 그리고 위의 두 번째 논리적 구조에서 매개념은 대·소 양 전제에서 다 같이 주어로 되어 있다. 여기에서 첫 번째의 논리적 구조를 1격이라 하고, 두 번째의 논리적 구조를 3격이라 한다. 이처럼 소위 표준형식의 정언 삼단논법의 **격(格)은 매개념의 위치에 따라** 달라지는 것이다.

대전제에서 매개념이 주어이고, 소전제에서 매개념이 술어인 경우를 일러 우리는 표준형식의 **정언 삼단논법의 1격**이라 한다. 1격의 논리적 구조와 예는 다음과 같다.

M － P	모든 학문은 끝이 없다.
S － M	모든 논리학은 학문이다.
∴ S － P	그러므로 모든 논리학은 끝이 없다.

대·소 양 전제에서 매개념이 동시에 술어인 표준형식의 **정언 삼단논법의** 경우를 일러 **2격**이라 한다. 2격의 논리적 구조와 그 예는 아래와 같다.

P — M　　모든 진정한 교육자는 양심적이다.
S — M　　어떤 사람은 양심적이 아니다.
∴ S — P　그러므로 어떤 사람은 진정한 교육자가 아니다.

대전제와 소전제, 즉 양 전제에서 매개념이 주어인 경우를 우리는 표준형식의 **정언 삼단논법의 3격**이라 한다. 3격의 논리적 구조와 그 예는 아래와 같다.

M — P　　모든 정치가는 권력을 좋아한다.
M — S　　모든 정치가는 사람이다.
∴ S — P　그러므로 어떤 사람은 권력을 좋아한다.

마지막으로 대전제에서 매개념이 술어이고, 소전제에서 매개념이 주어인 경우를 표준형식의 **정언 삼단논법의 4격**이라 하고, 이것의 논리적 구조와 예는 다음과 같다.

P — M　　어떤 예술가는 시인이다.
M — S　　모든 시인은 감정이 풍부하다.
∴ S — P　그러므로 어떤 감정이 풍부한 자는 예술가이다.

이와 같이 표준형식의 정언 삼단논법은 식에 따라 AAA, AAE, AAI,

AAO, AEA, … 등과 같이 64가지를 나열 할 수 있다. 식마다 격이 4 종류이므로 표준형식의 정언 삼단논법을 식과 격에 따라 열거하면 총 256가지로 나열 할 수 있다. 이 모두가 타당한 정언 삼단논법인가 하면 그렇지 않다. 계중에 타당한 표준형식의 정언 삼단논법은 부울· *G. Boole*에 의하면 15가지에 불과하다. **15가지의 타당한 정언 삼단논법의 식과 격**은 다음과 같다.

1 격	2 격	3 격	4 격
A A A E A E A I I E I O	E A E A E E E I O A O O	I A I A I I O A O E I O	A E E I A I E I O

연습문제

Ⅰ. 다음의 삼단논법을 정언 삼단논법으로 고쳐 쓰고, 각각의 식과 격을 말하시오.

1. 어떤 교수는 정열적으로 강의한다. 따라서 정열적으로 강의하는 사람들 중에는 지성적인 사람도 있다. 왜냐하면 지성적이 아닌 교수는 없기 때문이다.
2. 어떤 사회 개혁가는 광신자이다. 따라서 어떤 이상주의자는 광신자이다. 왜냐하면 모든 사회 개혁가는 이상주의자이기 때문이다.
3. 어떤 사람들은 이성을 사용하지 않는다. 그러므로 어떤 이성적 동물은 이성을 사용하지 않는다. 왜냐하면 모든 사람은 이성적 동물이기 때문이다.
4. 불이 나지 않은 곳에 연기가 날 리 없다. 한라산에는 연기가 나지 않는다. 그러므로 한라산에는 불이 나지 않았다.
5. 대학을 졸업한 사람들 중에는 지능지수가 70이하 되는 사람이 없다. 천치는 지능지수가 70이하인 사람이다. 그러므로 대학졸업자들 중에는 천치가 없다.
6. 우수한 배우이면서 우수한 운동선수인 사람은 없다. 그러나 우수한 배우들은 모두 운동구경을 좋아한다. 그러므로 우수한 운동선수는 아무도 운동구경을 좋아하지 않는다.
7. 춤추기를 좋아하는 여학생은 대체로 말하기를 좋아한다. 왜냐하면 인기있는 여학생은 모두 말하기를 좋아하는 학생이면서 또는 춤추기를 좋아하는 학생이기 때문이다.
8. 양심적인 정치가는 선거에서 이기는 것을 지상의 목표로 하는 사람이 아니다. 그러나 야심적인 정치가는 선거에서 이기는 것을 지상의 목표로 하

는 사람이다. 그러므로 양심적인 정치가는 야심적인 정치가가 아니다.

9. 사실을 무시하는 사람은 과오를 잘 범한다. 모든 일을 객관적으로 고찰하고자 하는 사람은 과오를 잘 범하지 않는다. 그러므로 사실을 무시하는 사람은 누구든 모든 일을 객관적으로 고찰하려는 사람이 아니다.
10. 청소년 범죄자는 모두 적응에 실패한 사람들이다. 그런데 어떤 청소년 범죄자는 가정파괴의 산물이다. 그러므로 적응에 실패한 어떤 사람들은 가정파괴의 산물이다.

제6장 ◆ 연역추리와 바른 사유

1. 직접추론과 진리 값

직접추론·*immediate Inference*은 표준형식의 정언 삼단논법과는 달리 하나의 전제로부터 곧바로 결론을 추리하는 방식이다. 여기에는 정언명제의 대당관계에 의한 추론과 정언명제의 변형에 의한 추론이 있다.

직접추론에서는 타당성 여부를 떠나 주로 명제의 참과 거짓에 관한 **진리 값**을 문제로 삼는다. 전제의 진리 값이 참일 때 결론의 진리 값 여부가 궁금한 것이다. 즉 일정한 명제의 진리 값이 참일 때 이 명제의 대당관계에 있는 명제, 즉 모순 대당관계에 있는 명제, 반대 대당관계에 있는 명제, 대소 대당관계에 있는 명제의 진리 값은 어떠한지 그리고 일정한 명제의 진리 값이 주어와 술어의 위치를 환위했을 때, 그 성질을 환질했을 때 그리고 환질과 환위를 동시에 했을 때의 진리 값과 동일한지의 여부를 확인하는 추론방식이다.

그러나 여기에서는 **진리성**, 즉 사태의 성질과 이를 언표한 명제의 내용이 서로 일치하는지의 여부를 문제로 삼는 것은 아니다. 이것은 어디까지나 제 과학의 몫이다. 그러나 여기에서는 언표된 일정한 명제와 이 명제에 대당관계에 있는 혹은 있을 수 있는 명제와의 진리 값 일치여부 그리고 언표된 일정한 명제, 이를 변형시킨 명제 혹은 변형시킬 수 있는 명제와의 진리 값 일치여부가 궁금한 것이다. 언표된 일정한 명제와 모순관계에 놓여 진 혹은 놓여 질 수 있는 구체적인 사태를 현실적으로 얼마든지 예상할 수가 있는 것이다. 그러나 이를 직접 목격한 후 두 명제의 진리 값의 일치여부를 확인하는 것이 아니라, 주어진 일정한 명제의 진리 값을 토대로 하여 이와 모순관계에 놓여 있는 명제의 진리 값을 곧바로 추론할 수 있는 것이다.

일정한 명제와 관련된 사태의 성질과의 일치여부, 즉 진리성을 문제로 삼는 것이 아니라 일정한 명제의 진리 값과 이와 관련된 또 다른 명제의 진리 값의 일치여부를 추론한다. 이를 논리학에서는 **직접추론**이라 하고 명제의 대당관계와 명제의 변형을 통하여 행해진다. 이것 역시 표준형식의 정언 삼단논법의 타당성 문제를 다루는 과정에서 반드시 숙지해 두어야 할 내용들이다.

타당성을 보다 효율적으로 확인하기 위해서는 무엇보다 논증을 올바르게 구성해야 하며, 논증의 올바른 구성은 전적으로 논증의 전제로 동원되는 명제들에 달려 있다. 일상적으로 무분별하게 언표되거나 기술되는 명제를 표준형식의 정언명제로 전환시키는 것 역시 논증의 올바른 구성의 지름길이다. 뿐만 아니라 올바른 논증과 이를 보다 효율적인 방식으로 타당성을 확인하기 위하여, 진리 값이 동일한 명제를 다소 동원하는 경우 역시 없지 않다. 이 또한 일상어를 표준형식의 정언명제로의 전환 못지 않게 중요하다. 여기에 직접추론의 중요성과 필요성이 제기된다 하겠다.

1) 대당관계에 의한 직접추론

대당관계에 의한 직접추론은 아리스토텔레스이래 줄곧 사용되어 온 추론의 형태이다. 이것은 정언명제에 의해 언표되는 사태의 내용 가운데 특히 분량적인 면 또는 성질적인 면에 주목하여 진리 값을 추론하는 방식이다. 대당관계에 의한 직접추론은 대당관계에 놓여 있는 두 명제 중 하나가 참 혹은 거짓일 때 다른 하나의 진리 값은 어떠한가, 즉 그것 역시 참인가 혹은 거짓인가를 추론하는 방식이다. 여기에는 모순 대당관계, 반대 대당관계, 소반대 대당관계 그리고 대소 대당관계가 있다. 이것은 아래의 대당관계 사각형을 이용하여 쉽게 확인할 수 있다.

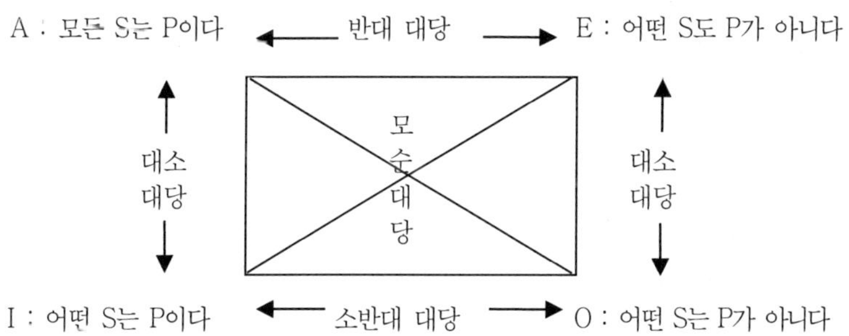

우선 **모순 대당관계**는 정언명제를 통하여 언표되는 사태의 내용 가운데 분량적인 면과 성질적인 면을 동시에 고려하여 진리 값을 추론하는 경우이다. 여기에서 우리는 전칭긍정을 나타내는 A명제와 특칭부정을 나타내는 O명제, 전칭부정을 나타내는 E명제와 특칭긍정을 나타

내는 I명제 사이의 진리 값의 일치여부를 확인할 수 있다.

이들 정언명제 – A명제와 O명제 또는 E명제와 I명제 – 사이의 진리 값은 다 같이 참이 될 수도 없고, 다 같이 거짓이 될 수도 없다. 즉 모순 대당관계에 있는 두 명제 중 하나의 명제의 진리 값이 참인 경우 다른 하나의 명제의 진리 값은 반드시 거짓이다. 즉,

모든 논리학자는 철학자이다. (A)
어떤 논리학자는 철학자가 아니다. (O)

이 두 명제는 서로 모순 대당관계에 있는 명제들이다. A명제가 참이면 O명제는 거짓이다. 마찬가지로 E명제가 참이면 I명제 역시 거짓이다. 즉,

어떤 논리학자도 철학자가 아니다. (E)
어떤 논리학자는 철학자가 이다. (I)

두 번째로 **반대 대당관계**는 모순 대당관계와는 달리 정언명제를 통하여 언표되는 사태의 내용 가운데 특히 성질적인 면을 가지고 진리 값을 추론하는 방식이다. 이것은 정언명제들 중 A명제와 E명제 사이에서 성립한다.

반대 대당관계에 있는 이들 두 명제는 다 같이 참일 수는 없으나, 다같이 거짓일 수는 있다. 즉 반대 대당관계에 있는 두 명제 중 하나의 명제의 진리 값이 참인 경우 다른 하나의 명제의 진리 값은 반드시 거짓이지만, 하나의 명제의 진리 값이 거짓인 경우 다른 하나의 명제의 진리 값은 참인지 거짓인지 알 수 없다. 즉,

모든 선생님은 이상주의자이다. (A)
어떤 선생님도 이상주의자가 아니다. (E)

여기에서 '모든 선생님은 이상주의자이다'(A)의 진리 값이 참이면 '어떤 선생님도 이상주의자가 아니다'(E)의 그것은 거짓이다. 그 역도 마찬가지이다. 그러나 '모든 선생님은 이상주의자이다'(A)의 진리 값이 거짓이면 어떨까. 이것은 곧 모든 선생님은 이상주의자가 아니다를 언표하고 있는 것이다. 그런데 모든 선생님이 이상주의자가 아니다가 다름 아닌 '어떤 선생님도 이상주의자가 아니다'(E)를 언표하는 것이라면, 위에서 말한 바와 같이 '모든 선생님은 이상주의자이다'(A)의 진리 값이 거짓일 때 '어떤 선생님도 이상주의자가 아니다'(E)는 그 진리 값이 참이다. 그러나 이미 앞에서 살펴 본 바와 같이 모든 선생님은 이상주의자가 아니다가 반드시 '어떤 선생님도 이상주의자가 아니다'(E)를 언표하고 있는 것일까. 그렇지 않을 것이다. 사정은 그렇게 간단하지 않다. 게중에 '어떤 선생님은 이상주의자이다'(I)와 '어떤 선생님은 이상주의자가 아니다'(O)의 사실을 언표할 수도 있기 때문이다.

만약 모든 선생님은 이상주의자가 아니다가 '어떤 선생님은 이상주의자이다'(I)를 언표한다면, '모든 선생님은 이상주의자이다'(A)의 반대 대당관계에 있는 '어떤 선생님도 이상주의자가 아니다'(E)의 진리 값은 참이 된다. 그러나 모든 선생님은 이상주의자가 아니다가 '어떤 선생님은 이상주의자가 아니다'(O)를 언표한다면, '모든 선생님은 이상주의자이다'(A)의 반대 대당관계에 있는 '어떤 선생님도 이상주의자가 아니다'(E)의 진리 값은 거짓이다.

이처럼 '모든 선생님은 이상주의자이다'(A)의 진리 값이 거짓인 경우 '어떤 선생님은 이상주의자이다'(I)를 말하고 있는지 혹은 '어떤 선생님은 이상주의자가 아니다'(O)를 말하고 있는지 나아가 '어떤 선생님도 이상주의자가 아니다'(E)를 말하고 있는지 알 수가 없다. 따라서 '모든 선생님은 이상주의자이다'(A)의 진리 값이 거짓인 경우 반대 대당관계에 있는 '어떤 선생님도 이상주의자가 아니다'(E)의 진리 값은 한마디로 말 할 수가 없는 것이다.

세 번째로 **소반대 대당관계**는 반대 대당관계와 마찬가지로 정언명제를 통하여 언표되는 사태의 내용 가운데 특히 성질적인 면을 가지고 진리 값을 추론하는 방식이다. 이것은 I명제와 O명제사이에 성립한다.

소반대 대당관계에 놓여 있는 두 정언명제는 다 같이 거짓일 수는 없으나, 다 같이 참일 수는 있다. 즉 소반대 대당관계에 있는 두 정언명제 중 하나의 명제가 참인 진리 값을 갖는다면, 다른 하나의 명제의 진리 값은 참인지 거짓인지 알 수 없지만, 하나의 명제가 거짓인 진리 값을 갖는다면, 다른 하나의 명제의 진리 값은 반드시 참이다. 즉,

어떤 선생님은 이상주의자이다. (I)
어떤 선생님은 이상주의자가 아니다. (O)

여기에서 '어떤 선생님은 이상주의자이다'(I)의 진리 값이 참일 경우 소반대 대당관계에 있는 '어떤 선생님은 이상주의자가 아니다'(O)의 진리 값을 곧 바로 알 수 있을까. 불가능할 것이다. O명제에서 언표되고 있는 '어떤 선생님'은 모든 선생님 중에서 I명제에서 언표되고 있는 '어떤 선생님'을 제외한 나머지 선생님, 즉 이상주의자인 선생님을 제외한 나머지 선생님들 – 현실주의자인 선생님을 비롯하여 현실주의자이면서 동시에 이상주의자인 선생님 그리고 이상주의자 또는 현실주의자와 전적으로 무관한 선생님 – 중 어떤 성향을 가진 선생님을 언

표하고 있는지 전혀 알 수 없기 때문이다.

만약 O명제의 '어떤 선생님'이 오직 현실주의자만을 언표한다거나 나아가 현실주의자 또는 이상주의자와 전혀 무관한 선생님을 언표한다면, '어떤 선생님은 이상주의자이다'(I)의 진리 값이 참일 때 '어떤 선생님은 이상주의자가 아니다'(O)의 그것 역시 참이다. 그러나 O명제의 그것이 현실주의자와 이상주의자적인 성향을 동시에 갖는 선생님을 언표하고 있다면, '어떤 선생님은 이상주의자이다'(I)의 진리 값이 참일 때 '어떤 선생님은 이상주의자가 아니다'(O)의 진리 값은 거짓이다. 따라서 '어떤 선생님은 이상주의자이다'(I)의 진리 값이 참일 때 소반대 대당관계에 있는 '어떤 선생님은 이상주의자가 아니다'(O)의 진리 값 여부는 알 수 없다.

그러나 '어떤 선생님은 이상주의자이다'(I)의 진리 값이 거짓이라면, 바로 이 '어떤 선생님'을 제외한 나머지 선생님들 가운데 선생님 전체이든 혹은 그 일부이든 상관없이 이상주의자가 아닌 선생님이 있다는 사실을 말하고 있으므로 소반대 대당관계에 있는 정언명제, 즉 '어떤 선생님은 이상주의자가 아니다'(O)를 사실상 언표하고 있다. 따라서 '어떤 선생님은 이상주의자이다'(I)의 소반대 대당관계에 있는 '어떤 선생님은 이상주의자가 아니다'(O)의 진리 값은 참이다.

이처럼 서로 소반대 대당관계에 있는 명제들이 위의 두 정언명제의 경우처럼 각각의 진리 값이 동시에 참일 경우도 있다. 그러나 하나의 명제의 진리 값이 참이지만 다른 하나의 명제의 진리 값이 거짓인 경우도 있다. 즉,

어떤 학생은 사람이다. (I)
어떤 학생은 사람이 아니다. (O)

마지막으로 **대소 대당관계**는 정언명제를 통하여 언표되는 사태의 내용 가운데 어디까지나 분량적인 면을 가지고 진리 값을 추론하는 방식이다. 여기에서 우리는 전칭긍정을 나타내는 A명제와 특칭긍정을 나타내는 I명제, 전칭부정을 나타내는 E명제와 특칭부정을 나타내는 O명제 사이의 진리 값의 일치여부를 확인할 수 있다.

이들 정언명제 – A명제와 I명제 또는 E명제와 O명제 – 사이의 진리 값은 전칭명제의 진리 값이 참인 경우 특칭명제의 진리 값은 반드시 참이지만, 전칭명제의 진리 값이 거짓인 경우 특칭명제의 진리 값은 참인지 거짓인지 알 수 없다. 또한 특칭명제의 진리 값이 참인 경우 전칭명제의 진리 값은 참인지 거짓인지를 알 수가 없지만, 특칭명제의 진리 값이 거짓인 경우 전칭명제의 진리 값은 거짓이다. 즉,

모든 선생님은 이상주의자이다. (A)
어떤 선생님은 이상주의자이다. (I)

앞에서 살펴보았듯이 '모든 선생님은 이상주의자이다'(A)의 진리 값이 거짓인 경우, 이것이 반드시 '어떤 선생님은 이상주의자이다'(I)를 언표하고 있다고 확신할 수 없다. 이것은 어디까지나 모든 선생님은 이상주의자가 아니라는 사실을 말하고 있기 때문이다. 따라서 이것은 '어떤 선생님은 이상주의자가 아니다'(O) 혹은 '어떤 선생님도 이상주의자가 아니다'(E)의 내용을 언표할 수도 있다. 이처럼 전칭명제의 진리 값이 거짓인 경우 대소 대당관계에 놓여 있는 특칭명제의 진리 값 여부는 알 수 없다.

이에 반하여 '어떤 선생님은 이상주의자이다'(I)의 진리 값이 거짓인 경우 '모든 선생님은 이상주의자이다'(A)의 진리 값은 거짓이다. 선생

님 가운데 일부가 이상주의자가 아님에도 불구하고 모든 선생님이 이상주의자라고 언표하는 것은 사실과 일치하지 않기 때문이다.

'어떤 선생님도 이상주의자가 아니다'(E)와 '어떤 선생님은 이상주의자가 아니다'(O)의 두 정언명제 사이 대소 대당관계에 있어서 진리 값의 경우 역시 사정은 마찬가지이다.

연습문제

I. 다음의 각 경우에서 '가' 명제가 참이라면 나, 다, 라 명제의 진위는 어떻게 되는가? 전통적인 대당관계에 의하여 밝혀 보시오.

1. 가. 모든 성공한 학자는 지성인이다.
   나. 어떤 성공한 학자도 지성인이 아니다.
   다. 어떤 성공한 학자는 지성인이다.
   라. 어떤 성공한 학자는 지성인이 아니다.

2. 가. 어떤 초식동물도 사나운 동물이 아니다.
   나. 모든 초식동물은 사나운 동물이다.
   다. 어떤 초식동물은 사나운 동물이다.
   라. 어떤 초식동물은 사나운 동물이 아니다.

3. 가. 어떤 상인은 거짓말쟁이가 아니다.
   나. 모든 상인은 거짓말쟁이다.
   다. 어떤 상인도 거짓말쟁이가 아니다.
   라. 어떤 상인은 거짓말쟁이다.

4. 가. 어떤 사치는 건전한 행위이다.
   나. 모든 사치는 건전한 행위이다.
   다. 어떤 사치도 건전한 행위가 아니다.
   라. 어떤 사치는 건전한 행위가 아니다.

Ⅱ. 다음의 각 경우에서 '가' 명제가 거짓이라면 나, 다, 라 명제의 진위는 어떻게 되는가? 전통적인 대당관계에 의하여 밝혀 보시오.

1. 가. 어떤 교육자는 양심적인 사람이다.
   나. 모든 교육자는 양심적인 사람이다.
   다. 어떤 교육자도 양심적인 사람이 아니다.
   라. 어떤 교육자는 양심적인 사람이 아니다.

2. 가. 어떤 꽃은 향기로운 식물이 아니다.
   나. 모든 꽃은 향기로운 식물이다.
   다. 어떤 꽃도 향기로운 식물이 아니다.
   라. 어떤 꽃은 향기로운 식물이다.

3. 가. 모든 군인은 책임감이 강한 사람이다.
   나. 어떤 군인도 책임감이 강한 사람이 아니다.
   다. 어떤 군인은 책임감이 강한 사람이다.
   라. 어떤 군인은 책임감이 강한 사람이 아니다.

4. 가. 어떤 친절도 도덕적 행위가 아니다.
   나. 모든 친절은 도덕적 행위이다.
   다. 어떤 친절은 도덕적 행위이다.
   라. 어떤 친절은 도덕적 행위가 아니다.

2) 존재가정의 문제

그러나 대당관계에 따른 직접추론은 현대에 이르러 새로운 국면에 접어든다. 특히 영국과 미국을 중심으로 경험주의가 발전하면서, 아리스토텔레스 이래 즐겨 사용되었던 대당관계에 의한 직접추론이 새로운 문제에 봉착하게 된다.

즉 '모든 도깨비는 머리에 뿔이 하나인 존재이다'라는 전칭긍정인 A명제와 '어떤 도깨비는 머리에 뿔이 하나인 존재가 아니다'라는 특칭부정인 O명제는 서로 모순 대당관계에 놓여 있다. 따라서 두 명제 중 어느 하나의 진리 값이 참이면 다른 하나의 그것은 반드시 거짓이어야 한다. 그런데 문제는 '도깨비'가 현실적으로 실존하는가 하는 것이다. 만약 '도깨비'가 실존하지 않는다면 모순 대당관계에 놓여 있는 이 두 명제는 모두 그 진리 값이 거짓이 된다. 도깨비의 실존은 적어도 우리에게 알려져 있지 않다. 따라서 이 두 명제 사이의 모순 대당관계가 사실상 성립되지 않는다. 바로 이 문제로 고민한 사람이 19C 영국의 논리학자 **부울**·*George Boole*(1815~1864)이다. 즉 '도깨비'의 존재를 어떻게 처리해야 할 것인가가 그의 고민이었다. '도깨비'라는 개념은 엄연히 있으나 이에 대응되는 존재가 경험가능하지 않다는 것이다. '도깨비'는 초경험적 존재이기 때문이다. 존재가정의 문제는 바로 여기에서 성립하는 것이다.

이를 위한 해결책으로 부울은 기존의 표준형식의 **정언명제에 특별한 해석**을 가한다. 그의 특별한 해석이란 다름 아닌 기존의 명제를 **집합 기호를 통하여 이를 명제화** 하는 것이다. 즉,

• **A 명제** : '모든 인간은 생각하는 존재이다'에서 '인간'을 'S'라 표기하고, '생각하는 존재'를 'P'로 표기하여 이를 기호화하여 나타내면 '모든 S는 P이다'가 된다. 이를 부울은 '인간이면서 동시에 생각하지 않는 존재는 없다'로 해석하여 이를 집합기호로 명제화했다. 즉 $S\cap\overline{P}=\varnothing$ 이 그것이다. 따라서 표준형식의 정언명제 인 바, 전칭긍정명제를 부울의 해석에 따라 집합기호화하면 $S\cap\overline{P}=\varnothing$ 혹은 $S\overline{P}=\varnothing$이다.

• **E 명제** : '어떤 짐승도 사람이 아니다' 이것 역시 '짐승'을 'S'로 표기하고, '사람'을 'P'라 표기하여 이를 기호화하면 '어떤 S도 P가 아니다'가 된다. 이를 부울의 해석에 따르면 '짐승이면서 동시에 사람인 것은 존재하지 않는다'이다. 이를 집합기호화 하면 $S\cap P=\varnothing$이다. 따라서 표준형식의 정언명제인 바, 전칭부정명제를 부울의 해석에 쫓아 이를 집합기호화 하면 $S\cap P=\varnothing$또는 $SP=\varnothing$이다.

• **I 명제** : '어떤 대학생은 여학생이다'에서 '대학생'을 'S'로, '여학생'을 'P'로 표기하여 이를 기호화하면 '어떤 S는 P이다'가 된다. 이를 부울은 '대학생이면서 동시에 여학생인 경우가 존재한다'로 해석한다. 이를 집합기호화하면 $S\cap P\neq\varnothing$이다. 따라서 표준형식의 정언명제인 바, 특칭긍정명제를 부울의 해석에 따라 집합기호화하면 $S\cap P\neq\varnothing$ 또는 $SP\neq\varnothing$이다.

• **O 명제** : '어떤 대학생은 여학생이 아니다'에서 역시 '대학생'을 'S'로, '여학생'을 'P'로 표기하고 이를 기호화하면 '어떤 S는 P가 아니다'가 된다. 부울은 이것을 '대학생이면서 동시에 여학생이 아닌 경우가 존재한다'로 해석한다. 이를 집합기호화 하면 $S\cap\overline{P}\neq\varnothing$이다.

따라서 표준형식의 정언명제인 바, 특칭부정명제를 부울의 해석에 따라 집합기호화하면 $S\cap\overline{P}\neq\varnothing$ 또는 $S\overline{P}\neq\varnothing$이다.

표준형식의 정언명제에 관한 부울의 해석과 이를 집합기호화 한 명제를 대당관계의 사각형으로 나타내면 아래와 같다.

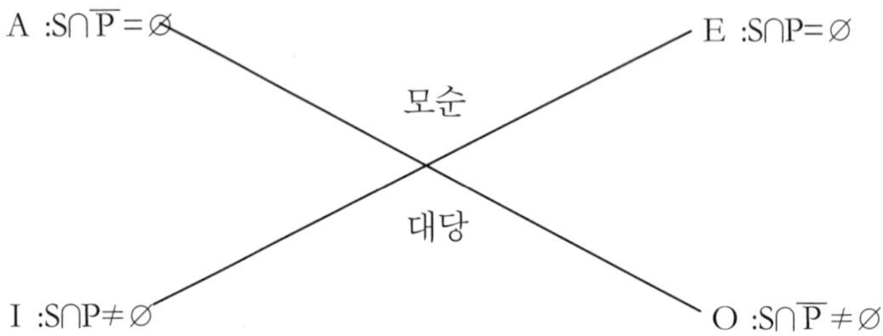

이를 다시 19C 영국의 수학자이자 논리학자였던 **벤** · *John Venn*에 따라 **다이어그램화**해 보자. 우선 아래의 원은 S의 집합 구성원을 표시하고 있다. 그러나 S의 집합에 대하여 아무런 정보를 제공하고 있지 않다.

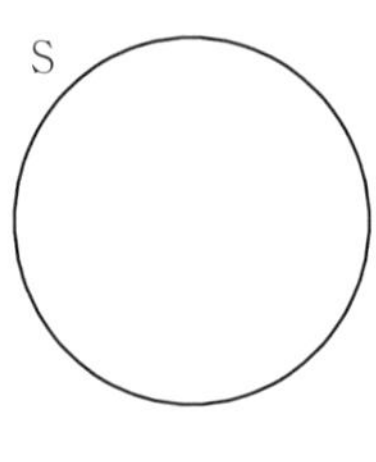

그러나 아래의 빗금을 쳐준 원은 'S의 집합요소가 하나도 존재하지 않는다'는 것을 나타낸다. 그리고 X가 기입된 원은 'S의 집합요소가 적

어도 하나는 존재한다'는 사실을 나타낸다. 표준형식의 정언명제를 그리기 위해서는 아래와 같이 정언명제의 주어인 S와 그 술어인 P를 나타내는 두 원을 겹쳐 그리면 된다.

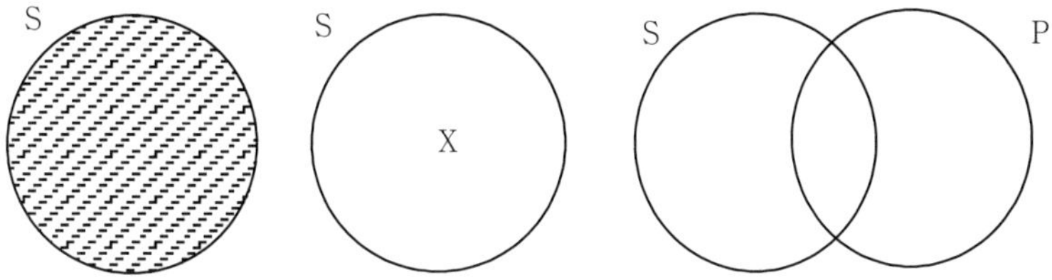

이와 같은 방식으로 네 가지의 표준형식의 정언명제의 대당관계 사각형을 벤 다이어그램으로 나타내면 아래와 같다.

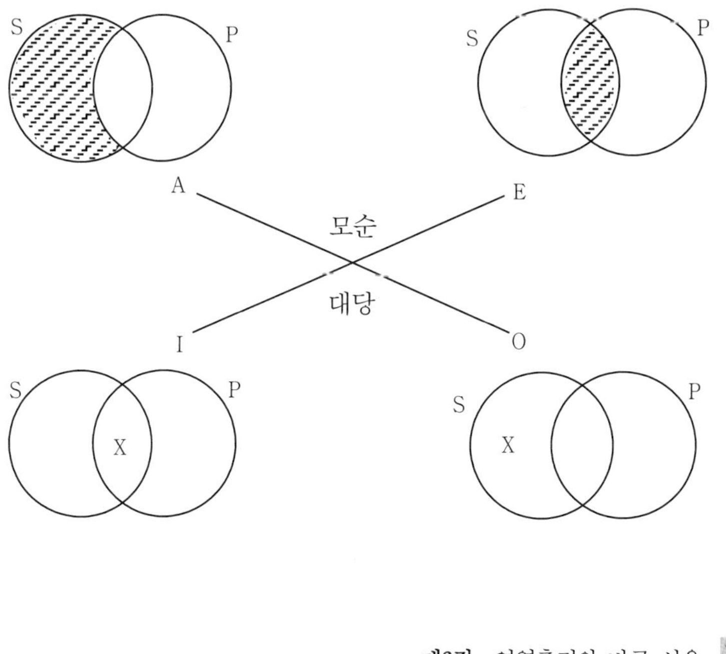

3) 명제변형에 의한 직접추론

정언명제는 대당관계와 명제의 집합화에 의해 동일한 진리 값을 가질 수 있음을 앞에서 확인했다. 또한 명제변형에 의해서도 정언명제의 동일한 진리 값을 구할 수가 있다. 동일한 진리 값을 갖는 두 개의 정언명제를 일러 **동치**·*equivalent*라 한다.

명제변형에 의한 직접추론에는 다음과 같은 세 가지가 있다. 즉 **환위법**, **환질법** 그리고 **환질 환위법**이 그것이다. 우선 **환위법**은 정언명제의 주어와 술어의 위치를 바꾸어 진리 값이 동일한지의 여부를 확인하는 추론방법이다. 여기에는 표준형식의 정언명제 중 E명제와 I명제가 동일한 진리 값을 갖는다.

즉 '어떤 인간도 짐승이 아니다'라는 E명제를 환위하면, '어떤 짐승도 인간이 아니다'가 된다. 여기에서 '인간'을 'S'라 하고 '짐승'을 'P'라 표기하면 환위 전의 명제는 '어떤 S도 P가 아니다'가 되고, 환위 후의 명제는 '어떤 P도 S가 아니다'가 된다. 이를 다시 부울의 집합명제화하면 전자는 $S \cap P = \varnothing$가 되고, 후자는 $P \cap S = \varnothing$가 된다. 이 두 명제의 진리 값이 동치인지의 여부를 벤 다이어그램을 그려 확인해 보면 아래와 같다. 즉,

- **E 명제** : 어떤 S도 P가 아니다. → $S \cap P = \varnothing$
  어떤 P도 S가 아니다. → $P \cap S = \varnothing$

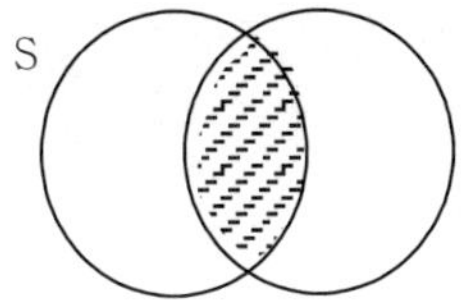

환위 전 : $S \cap P = \emptyset$

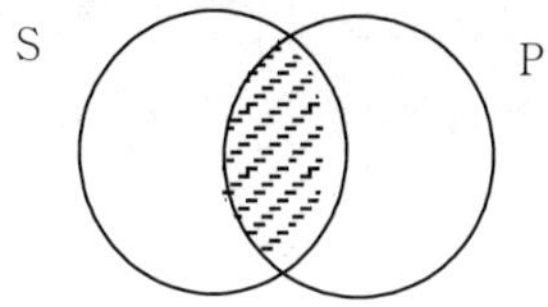

환위 후 : $P \cap S = \emptyset$

이처럼 환위 전·후의 영역표시가 동일하게 나타난다. 따라서 이들의 진리 값은 동치이다. I명제의 경우도 E명제의 경우와 마찬가지로 동치이다. 즉,

- **I 명제** : 어떤 S는 P이다. → $S \cap P \neq \emptyset$
  어떤 P는 S이다. → $P \cap S \neq \emptyset$

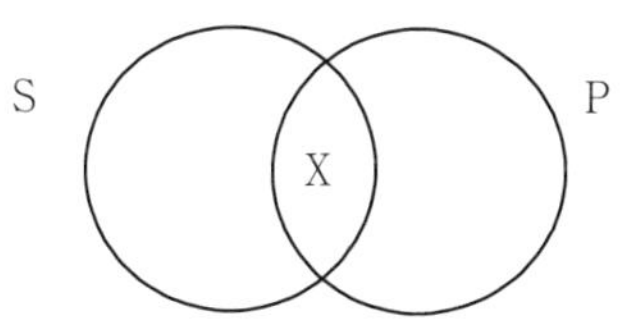

환위 전

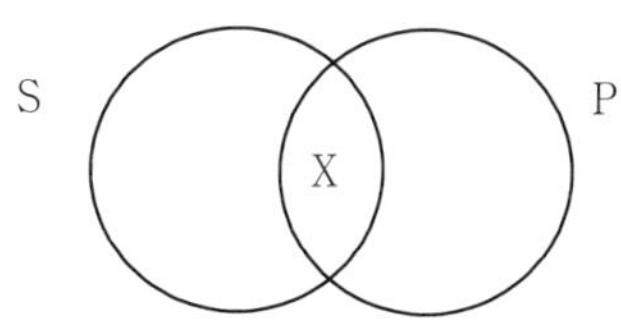

환위 후

그러나 A명제와 O명제는 벤 다이어그램의 영역 표시가 일치하지 않는다. 적어도 A명제와 O명제는 환위법, 즉 주어와 술어의 위치를 바꾼 상태에서는 동일한 진리 값을 기대할 수 없다. 즉,

- **A 명제** : 모든 S는 P이다. → $S \cap \overline{P} = \emptyset$
  모든 P는 S이다. → $P \cap \overline{S} = \emptyset$

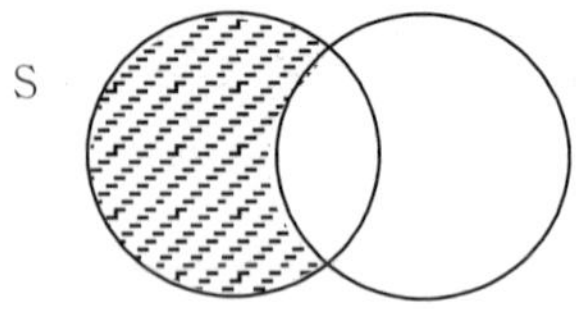

환위 전

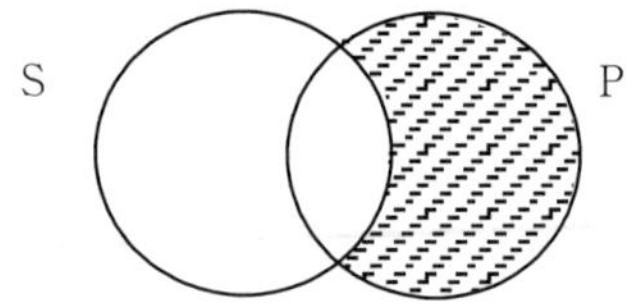

환위 후

- **O 명제** : 어떤 대학생은 여자가 아니다. → $S \cap \overline{P} \neq \emptyset$
  어떤 여자는 대학생이 아니다. → $P \cap \overline{S} \neq \emptyset$

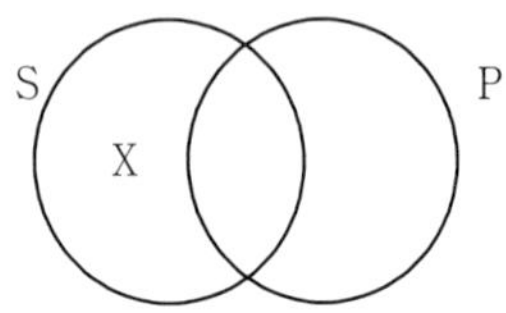

환위 전

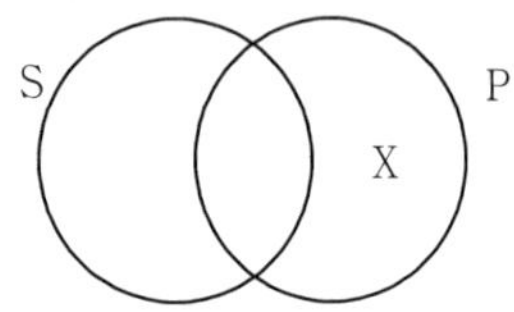

환위 후

명제변형의 두 번째 예는 **환질법**이다. 이것은 우선 정언명제의 성질을 변화시킴과 동시에 술어를 그 술어의 모순 개념으로 대체시킨다. 표준형식의 네 가지 정언명제 모두는 환질을 통하여 동일한 진리 값을 얻을 수 있다. 즉,

- **A 명제** : 모든 인간은 합리적 존재이다. → $S \cap \overline{P} = \emptyset$
  → 어떤 인간도 비합리적인 존재가 아니다. (E) → $S \cap {\sim}P = \emptyset$

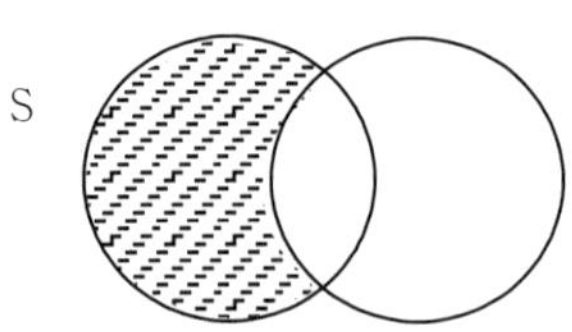

환질 전

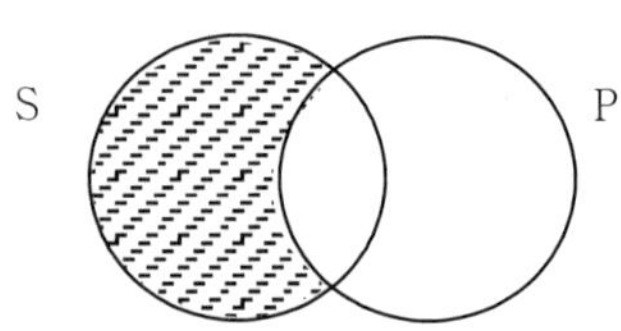

환질 후

- **E 명제** : 어떤 철학자도 현실주의자가 아니다. → $S \cap P = \varnothing$

  → 모든 철학자는 비현실주의자 이다. (A) → $S \cap -(\sim P) = \varnothing$

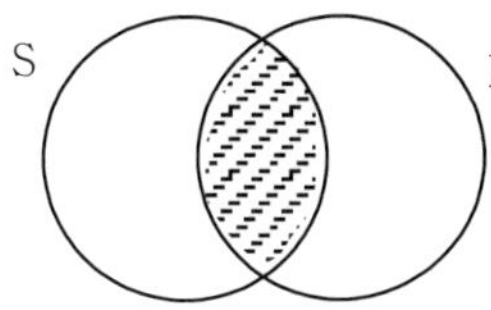

환질 전

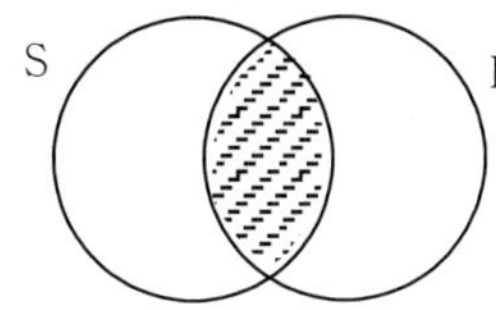

환질 후

- **I 명제** : 어떤 대학생은 남자이다. → $S \cap P \neq \varnothing$

  → 어떤 대학생은 비남자가 아니다. (O) → $S \cap -(\sim P) \neq \varnothing$

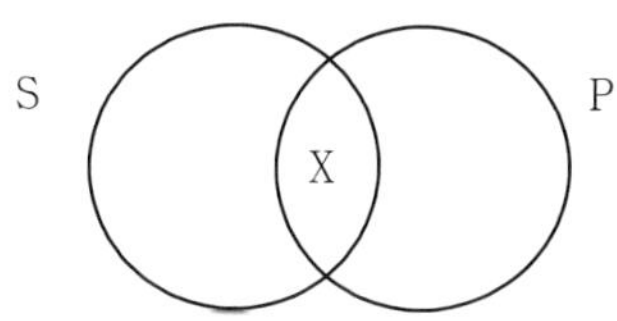

환질 전

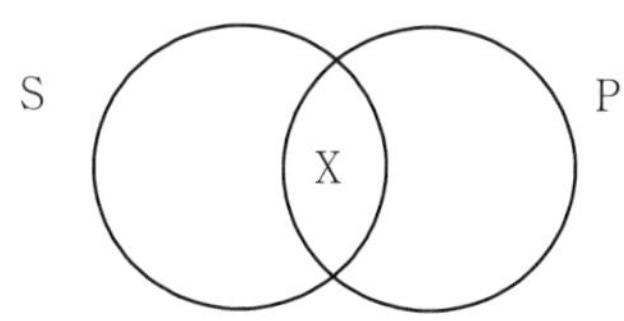

환질 후

- **O 명제** : 어떤 빵은 위생적인 음식이 아니다. → $S \cap \overline{P} \neq \varnothing$

  → 어떤 빵은 비위생적인 음식이다. (I) → $S \cap \sim P \neq \varnothing$

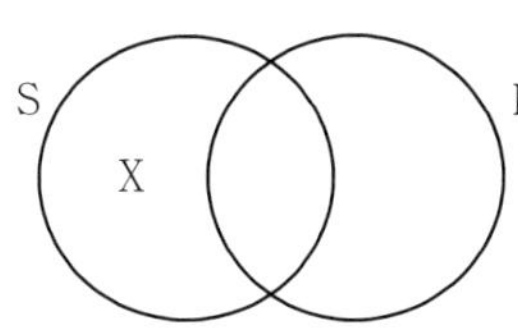

환질 전

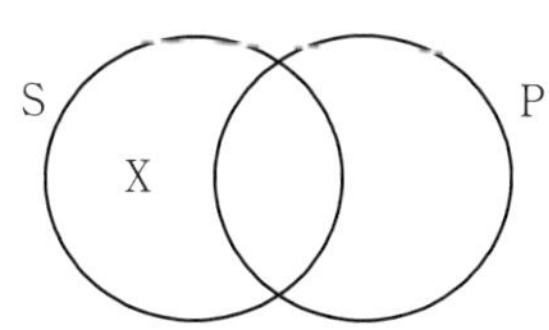

환질 후

마지막으로 **환질 환위법**이다. 이것은 환질한 정언명제를 다시 환위시키는 방법으로서, 표준형식의 정언명제 중 A명제와 O명제에서 동일한 진리 값을 얻을 수 있다. 즉,

- **A 명제** : 모든 사람은 동물이다. → $S \cap \overline{P} = \varnothing$
  → 어떤 사람도 비동물이 아니다. (E)
  → 어떤 비동물도 사람이 아니다. (E) → $\sim P \cap S = \varnothing$

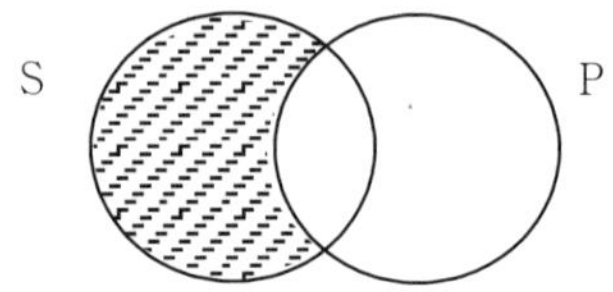

환질환위 전

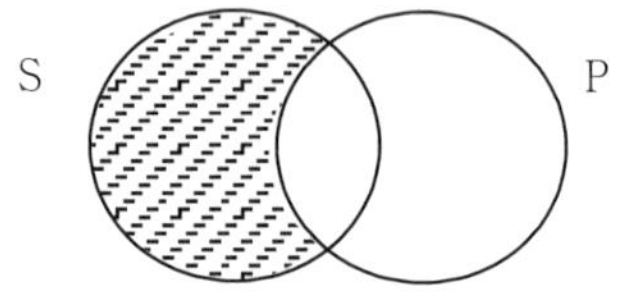

환질환위 후

- **O 명제** : 어떤 대학생은 여학생이 아니다. → $S \cap \overline{P} \neq \varnothing$
  → 어떤 대학생은 비여학생 이다. (I)
  → 어떤 비여학생은 대학생이다. (I) → $\sim P \cap S \neq \varnothing$

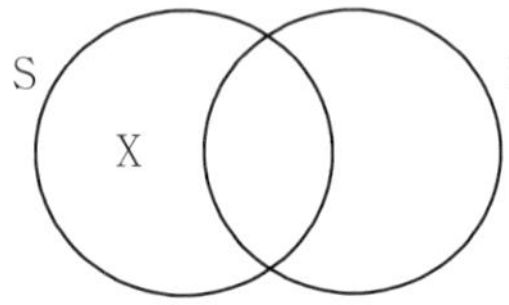

환질환위 전

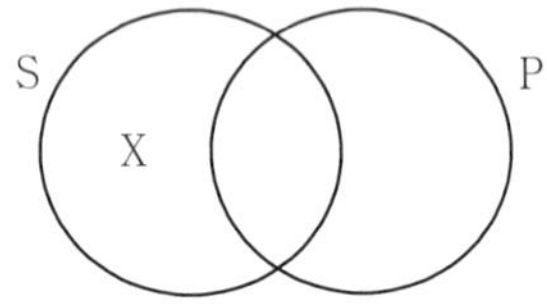

환질환위 후

그러나 E명제와 I명제는 여기에서 동일한 진리 값을 얻을 수 없다. 즉,

- **E 명제** : 어떤 S도 P가 아니다. → $S \cap P = \varnothing$

  → 모든 S는 ~P이다. (A)

  → 모든 ~P는 S이다. (A) → $\sim P \cap \overline{S} = \varnothing$

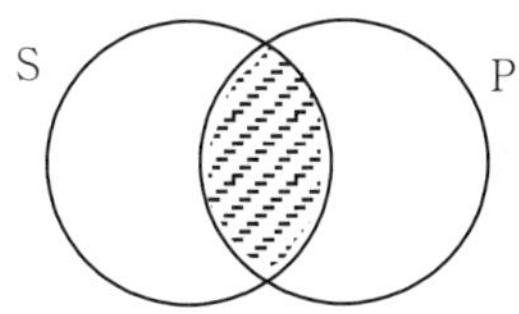

환질환위 전

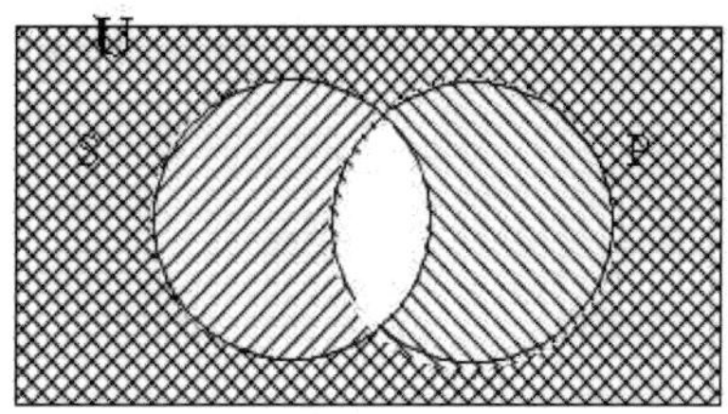

환질환위 후

- **I 명제** : 어떤 S는 P이다. → $S \cap P \neq \varnothing$

  → 어떤 S는 ~P가 아니다. (O)

  → 어떤 ~P는 S가 아니다. (O) → $\sim P \cap \overline{S} \neq \varnothing$

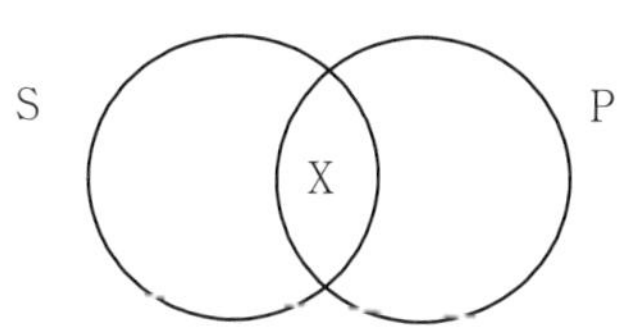

환질환위 전

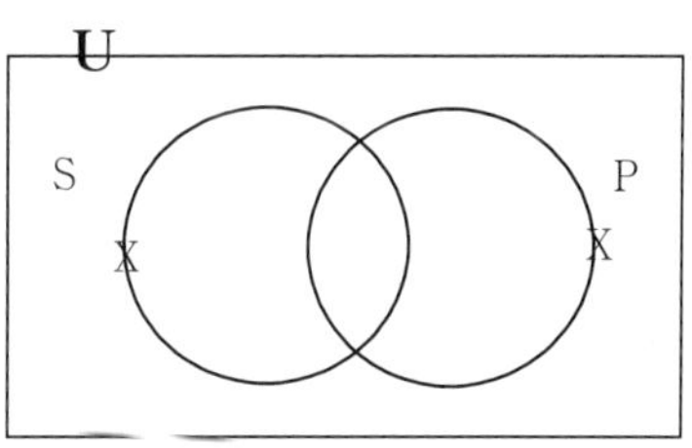

환질환위 후

연습문제

Ⅰ. 다음의 각 명제의 환위 명제를 도출해 보시오.

1. 논리학의 모든 규칙들은 올바로 생각하는 데 도움을 주는 규칙이다.
2. 어떤 사람은 낫 놓고 기역자도 모르는 사람이다.
3. 그 지역의 모든 사람은 고향 출신의 그 후보를 지원하고 있는 사람이다.
4. 가난한 어떤 사람도 행복한 사람이 아니다.
5. 자신의 아이들에 대해서 귀여워 해주는 어떤 행동들은 바람직스러운 행동이 아니다.
6. 남들에게 사려 깊은 어느 누구도 교통법규를 무시하는 무자비한 운전자가 아니다.
7. 교육대학교 졸업생들은 모두 교사로 임명된다.
8. 어떤 미국산 차들은 값만 비싸고 힘은 없는 것들이다.
9. 어떤 파충류도 정온동물이 아니다.

Ⅱ. 다음의 각 명제를 환질 명제로 도출하시오.

1. 모든 철학자는 논리학자이다.
2. 어떤 고양이도 주인에게 충성스러운 동물이 아니다.
3. 어떤 개는 사람보다 더 호강을 누리는 존재이다.
4. 어떤 철학자는 진실성이 있는 사람이 아니다.
5. 약간의 학교의 우등생은 사회의 열등생이다.
6. 대학의 어떤 운동선수들은 프로선수이다.
7. 어떤 목사는 금욕생활을 하지 않는다.

8. 어떤 천재도 타협주의자가 아니다.
9. 어떤 유기 화합물도 금속이 아니다.

Ⅲ. 다음의 각 명제의 환질 환위 명제를 도출하시오.

1. 철학을 공부하는 모든 학생은 철학적 사유방법을 배우는 학생이다.
2. 셰익스피어의 어떤 희곡도 질 낮은 작품이 아니다.
3. 어떤 교수들은 교수로서의 자질이 부족한 사람이다.
4. 어떤 학생들은 학생으로서의 본분을 지키지 못하는 사람이다.
5. 어떤 재판관들은 양심가가 아니다.
6. 모든 저널리스트는 염세주의자이다.
7. 어떤 군인은 장교가 아니다.
8. 신사는 모두 비타락자이다.
9. 어떤 비시민은 비거주자가 아니다.

Ⅳ. "어떤 자유주의자도 전체주의자가 아니다"를 참이라 할 때, 아래 각 명제의 진리 값을 명제 환원의 방법으로 구하시오.

1. 모든 전체주의자는 자유주의자이다.
2. 어떤 자유주의자는 전체주의자가 아니다.
3. 어떤 비자유주의자는 비전체주의자 아니다.
4. 어떤 비전체주의자도 자유주의자가 아니다.
5. 어떤 전체주의자도 자유주의자가 아니다.
6. 모든 전체주의자는 비자유주의자이다.
7. 어떤 전체주의자는 비자유주의자이다.
8. 어떤 자유주의자는 비전체주의자이다.

9. 모든 비전체주의자는 비자유주의자이다.
10. 어떤 자유주의자도 비전체주의자가 아니다.

V. "모든 사회주의자는 평화주의자이다"를 거짓이라 할 때, 아래의 각 명제의 진리 값을 명제환원의 방법으로 구하시오.

1. 어떤 평화주의자는 사회주의자이다.
2. 모든 비평화주의자는 비사회주의자이다.
3. 어떤 비평화주의자도 비사회주의자가 아니다.
4. 어떤 사회주의자도 비평화주의자가 아니다.
5. 어떤 비평화주의자도 사회주의자가 아니다.
6. 어떤 비사회주의자도 비평화주의자가 아니다.
7. 어떤 평화주의자는 비사회주의자가 아니다.
8. 어떤 비평화주의자는 비사회주의자이다.
9. 어떤 사회주의자는 비평화주의자가 아니다.
10. 어떤 비평화주의자는 사회주의자이다.

2. 삼단논법과 타당성

1) 규칙과 오류

표준형식의 정언 삼단논법은 두 개의 전제와 하나의 결론으로 구성되어 있다. 두 개의 전제 속에서 언표되고 있는 매개념을 통하여 전제와 결론의 함의관계를 간접적으로 추리한다. 즉 전제 속에 언급되고 있는 내용을 결론이 언표하고 있는지의 여부를 확인한다. 이것이 연역논증의 타당성 문제이다.

연역논증의 타당성 여부를 확인하는 방법에는 일반적으로 두 가지가 있다. 그 중의 하나는 규칙에 의한 방법이고, 다른 하나는 영국의 논리학자 부울·*G. Boole*에 의한 표준형식의 정언명제에 관한 해석을 기초로 하여, 벤·*J. Venn*이 그린 다이어그램, 즉 *Venn Diagram*을 통하여 확인하는 방법이다. 우선 여기에서 **규칙에 의한 타당성 문제**를 다루어 보기로 하자.

규칙 1. 타당한 표준형식의 정언 삼단논법에서 매개념은 전제 중에서 적어도 한 번은 주연이 되어야 한다.

표준형식의 정언 삼단논법의 결론은 대개념과 소개념으로 언표된다. 이들 양 개념은 이미 전제 속에 들어 있는 개념들이다. 서로 다른 전제를 언표하는 개념들이 하나의 결론을 언표하는 계기로서 자리해 있다. 이것은 이들을 만나게 하는 또 다른 계기가 있음으로써 가능한 것이다. 이 제3의 계기를 소위 매개념이라 한다. 매개념은 양 개념의 만남을 주선하는 중재자이다. 즉 일종의 만남의 지평인 셈이다. 이 중재자인 지평을 통하여 양 개념은 서로 조우가 가능한 것이다. 이를 위하여 매개념의 외연은 적어도 양 개념의 외연들과 일치하거나 혹은 이들 보다 넓어야 할 것이다. 그렇지 않으면 이들이 만날 수 있는 근거가 사라지는 것이다. 이것은 양 개념과의 관계에서 매개념이 적어도 한번은 주연이 됨으로써 가능하다. 따라서 매개념의 외연은 대개념의 외연과 소개념의 외연 중 어느 하나의 외연의 전체를 지칭해야 한다. 그렇지 않으면 **매개념 부주연의 오류** · *Fallacy of the undistributed middle Term*를 범하게 된다. 아래의 삼단논법은 다 같이 매개념 부주연의 오류를 범하고 있다. 즉,

어떤 동물은 생각하지 않는 존재이다.
모든 인간은 동물이다.
그러므로 모든 인간은 생각하지 않는 존재이다.

모든 식물은 살아 있는 생명체이다.
모든 동물은 살아 있는 생명체이다.
그러므로 모든 동물은 식물이다.

규칙 2. 타당한 표준형식의 정언 삼단논법에서 개념이 결론에서 주연되어 있다면 그 개념은 전제에서 부주연되어서는 안 된다.

타당한 연역논증은 전제에서 제시되고 있는 내용을 결론에서 언표해야 한다. 그렇지 않으면 이것은 부당한 연역논증이 된다. 즉 전제 속

에 있는 일정한 개념이 주연된 개념이라면 반드시 결론에서도 그 개념은 주연되어 있어야 한다. 뿐만 아니라 일정한 개념이 전제에서 부주연되어 있다면 이 또한 결론에서 부주연된 개념이어야 한다. 결론은 항상 전제에 포함되어 있는 그 이상을 언표해서는 안 된다. 이것이 타당한 연역논증이 갖추어야 할 가장 기본적인 조건이다.

만약 표준형식의 정언 삼단논법에서 대전제에서 대개념이 부주연되어 있음에도 불구하고 결론에서 그것이 주연되어 있다면 **대개념 부당 주연의 오류**·*Fallacy of illicit process of the major Term*를 범하고 있는 것이다. 왜냐하면 대전제에서 대개념에 의해 제시되고 있는 범위를 넘어선 그 이상의 영역에 관하여 언표하고 있기 때문이다. 그러나 대전제에서 주연된 대개념을 부주연화시켜 이를 결론의 술어로 추론한 경우는 사정이 다르다. 전제에서 대개념이 지칭하는 외연 가운데 그 일부에 해당되는 영역에 관한 내용을 결론으로 추론했기 때문이다. 이것은 대소대당관계에 의해 진리 값이 일치함을 확인할 수 있다. 아래의 예는 대개념 부당 주연의 오류를 범하고 있는 대표적인 삼단논법이다. 즉,

모든 장미는 식물이다.
어떤 무궁화도 장미가 아니다.
그러므로 어떤 무궁화도 식물이 아니다.

모든 한국인은 부지런하다.
어떤 중국인도 한국인이 아니다.
그러므로 어떤 중국인도 부지런하지 않다.

사정은 소개념에 있어서도 마찬가지이다. 소전제의 소개념이 부주

연되어 있으나 결론에서 그것이 주연되어 있다면 이것은 부당한 연역 논증이 된다. 이를 **소개념 부당 주연의 오류** · *Fallacy of illicit process of the minor Term*라 한다. 그 예는 아래와 같다. 즉,

모든 새는 나는 동물이다.
모든 새는 알을 낳는 동물이다.
그러므로 모든 알을 낳은 동물은 나는 동물이다.

모든 군인은 책임감이 강하다.
모든 군인은 사람이다.
그러므로 모든 사람은 책임감이 강하다.

규칙 3. 대·소 양 전제가 부정인 어떠한 표준형식의 정언 삼단논법도 타당하지 않다.

부정명제가 주장하는 바가 무엇인지를 생각해 보면 이 규칙이 준수되어야 함을 알 수 있다. 모든 부정명제는 어떤 부류의 전체 또는 부분이 다른 부류의 전체로부터 배제되어 있음을 주장함으로써 포함관계를 부인하고 있다. 두 부정전제는 단지 S가 M의 모두 또는 부분으로부터 전체적으로 또는 부분적으로 배제되어 있음을, 그리고 P가 M의 전체 또는 부분으로부터 전체적으로 또는 부분적으로 배제되어 있음을 주장하고 있을 뿐이다. 그러나 이러한 제약 때문에 S와 P가 어떠한 방식으로 관계를 맺는지 알 수 없다. 그러므로 두 부정전제로부터 S와 P사이의 어떠한 관계도 타당하게 추론될 수 없다. 규칙 3을 위반한 삼단논법을 **양 부정의 오류** 혹은 **양 배제 전제의 오류** · *Fallacy of exclusive* *premisses* 라 칭한다. 그 예는 다음과 같다.

어떤 여자도 남자가 아니다.
어떤 여대생도 남자가 아니다.
그러므로 어떤 여대생도 여자가 아니다.

규칙 4. 타당한 표준형식의 정언 삼단논법의 전제 중 하나가 부정이면 그 결론도 부정이어야 한다.

긍정의 결론은 하나의 부류가 다른 부류 속에 전체적으로 혹은 부분적으로 포함되어 있다는 사실을 주장한다. 이것이 전제에서 세 번째 부류가 첫째 부류를 포함하고 있고, 또 둘째 부류에 포함되어 있다고 주장할 때만 정당화될 수 있다. 다시 말하면 긍정의 결론이 나오기 위해서 양 전제는 포함관계를 주장해야 한다. 따라서 긍정의 결론은 논리적으로 단지 양 전제가 긍정적이라는 사실로부터 도출될 수 있다. 따라서 하나의 전제가 부정이면 결론은 긍정적일 수 없고 부정적이어야 한다. 이를 위반했을 경우 부정 전제로부터 **긍정 결론을 이끌어 내는 오류** · *Fallacy of drawing an affirmative conclusion from a negative premiss* 혹은 **부당 긍정의 오류**라 부른다. 예는 다음과 같다.

어떤 한국인도 미국인이 아니다.
어떤 미국인은 흑인이다.
그러므로 어떤 흑인은 한국인이다.

규칙 5. 결론이 특칭으로 되어 있는 타당한 표준형식의 정언 삼단논법은 결코 두 개의 전칭 전제를 가질 수 없다.

이 규칙을 위반했을 경우 **존재적 오류**·*existential Fallacy*라 한다. 그런데 이 규칙은 부울식 명제 해석에 근거해서 첨가된 것이다. 따라서 전통적인 명제 해석에 따를 경우 이 규칙은 배제된다. 이미 앞에서 언급한 바와 같이, 표준형식의 정언 삼단논법이 15개의 타당한 형식을 가지는가, 또는 24개의 타당한 형식을 가지는가의 여부는 이 규칙의 첨가여부에 따라 달라진다. 존재적 오류의 예는 아래와 같다.

> 논리학을 처음 배우는 어떤 학생도 이성적인 능력이 있는 사람이 아니다.
> 논리학을 처음 배우는 모든 학생은 피상적으로 논리규칙을 알고 있는 사람이다.
> 그러므로 피상적으로 논리규칙을 알고 있는 어떤 학생은 이성능력이 있는 사람이 아니다.

> 모든 투명금속은 좋은 열 전도체이다.
> 모든 투명금속은 좋은 전기 전도체이다.
> 그러므로 어떤 좋은 전기 전도체는 좋은 열 전도체이다.

연습문제

Ⅰ. 다음의 삼단논법의 타당성 여부를 규칙에 따라 확인하고, 부당한 경우 이를 구체적으로 지적해 보시오.

1. 모든 대학생은 학생이다.
   모든 여대생은 학생이다.
   그러므로 모든 여대생은 대학생이다.
2. 어떤 유신론자도 자연주의자가 아니다.
   모든 진화론자는 자연주의자이다.
   그러므로 어떤 진화론자는 유신론자가 아니다.
3. 모든 진보주의자는 이상주의자이다.
   모든 자연주의자는 이상주의자이다.
   그러므로 모든 진보주의자는 자연주의자이다.
4. 모든 생물학자는 과학자이다.
   어떤 원예사도 과학자가 아니다.
   그러므로 어떤 원예사는 생물학자가 아니다.
5. 모든 교육자는 권위를 좋아한다.
   권위를 좋아하는 사람들 중에는 교도주의자가 있다.
   그러므로 어떤 교육자는 교도주의자이다.
6. 어떤 독수리도 해양동물이 아니다.
   어떤 해양동물은 물고기가 아니다.
   그러므로 어떤 물고기는 독수리가 아니다.
7. 모든 철학자는 비판하기를 좋아한다.
   비판하기를 좋아하는 사람은 모두 남의 미움을 산다.

그러므로 남의 미움을 사는 사람들 중에는 철학자가 있다.

8. 모든 민족주의자는 애국자이다.
어떤 애국자는 독립운동가가 아니다.
그러므로 어떤 민족주의자는 독립운동가이다.

9. 모든 불교인은 극락을 믿는다.
모든 불교인은 윤회설을 믿는다.
그러므로 극락을 믿는 모든 사람은 윤회설을 믿는다.

10. 어떤 미술가도 기업인이 아니다.
모든 미술가는 예술가이다.
그러므로 어떤 예술가는 기업인이 아니다.

11. 모든 공산주의자는 진보주의자이다.
어떤 보수주의자도 공산주의자가 아니다.
그러므로 어떤 보수주의자도 진보주의자가 아니다.

12. 어떤 불교인도 기독교인이 아니다.
어떤 한국인은 불교인이 아니다.
그러므로 어떤 한국인은 기독교인이다.

13. 어떤 음악가도 발명가가 아니다.
어떤 발명가는 과학자이다.
그러므로 어떤 과학자는 음악가가 아니다.

14. 어떤 군인은 명예를 가장 중요시한다.
명예를 가장 중요시하는 사람은 모두 정직하다.
그러므로 군인들 중에는 정직한 사람도 있다.

15. 어떤 야당의원도 여당의원이 아니다.
어떤 국회의원은 야당의원이 아니다.
그러므로 어떤 국회의원은 여당의원이다.

Ⅱ. 다음의 삼단논법의 타당성 여부를 규칙에 따라 확인하고, 부당한 경우 이를 구체적으로 지적해 보시오.

1. 어떤 M도 P가 아니다.
   어떤 S도 M이 아니다.
   그러므로 어떤 S도 P가 아니다.
2. 모든 P는 M이다.
   어떤 S는 M이 아니다.
   그러므로 어떤 S는 P이다.
3. 어떤 P도 M이 아니다.
   모든 S는 M이다.
   그러므로 어떤 S도 P가 아니다.
4. 어떤 P는 M이다.
   어떤 S는 M이 아니다.
   그러므로 어떤 S는 P이다.
5. 모든 M은 P이다.
   모든 M은 S이다.
   그러므로 어떤 S는 P이다.
6. 모든 M은 P이다.
   어떤 M도 S가 아니다.
   그러므로 어떤 S도 P가 아니다.
7. 어떤 M도 P가 아니다.
   모든 M은 S이다.
   그러므로 어떤 S도 P가 아니다.
8. 어떤 M도 P가 아니다.
   어떤 M은 S이다.
   그러므로 어떤 S는 P가 아니다.

9. 어떤 P는 M이 아니다.
모든 M은 S이다.
그러므로 어떤 S는 P가 아니다.

10. 어떤 P는 M이다.
모든 M은 S이다.
그러므로 어떤 S는 P이다.

III. 다음의 삼단논법을 재구성하여, 규칙을 사용하여 타당성 여부를 확인하시오.

1. AAA－3	2. IAI－2	3. EIO－1
4. AAA－2	5. IEO－1	6. EOO－4
7. EAA－1	8. AII－3	9. AAI－4
10. IAO－3	11. AII－2	12. AIO－3
13. AEE－4	14. EAE－4	15. EAO－3
16. EEE－1	17. EAO－4	18. OAI－3
19. EAO－1	20. AOO－2	21. OAO－2
22. AAA－1	23. OAI－3	24. IAA－3
25. OEO－4		

2) ***G. Boole*의 해석과 *J. Venn*의 *Diagram***

지금까지 우리는 표준형식의 정언 삼단논법의 타당성 여부를 몇 가지 규칙에 따라 다루어 보았다. 규칙에 따른 표준형식의 정언 삼단논법의 타당성 문제는 전제와 결론의 함의관계를 어디까지나 개념들의 주연관계와 연관하여 다루어졌다.

여기에서는 표준형식의 정언명제에 관한 부울의 집합명제로의 해석을 기초로 하여, 이를 벤이 그린 **다이어그램을 통하여 표준형식의 정언 삼단논법의 타당성 여부**를 확인하고자 한다.

표준형식의 정언 삼단논법은 두 개의 전제와 하나의 결론으로 구성되며, 여기에는 세 개의 개념 즉 대개념, 소개념 그리고 매개념이 언표되고 있다. 소개념을 S, 대개념을 P 그리고 매개념을 M이라 하여 각 개념에 대응하는 원을 서로 겹치게 그려서, 전제들이 나타내 주는 영역 내에 결론의 영역이 표시된다면, 이것은 타당한 논증이 된다.

우선 표준형식의 정언 삼단논법의 세 개념과 관련하여 벤 다이어그램을 그려보면 다음과 같다.

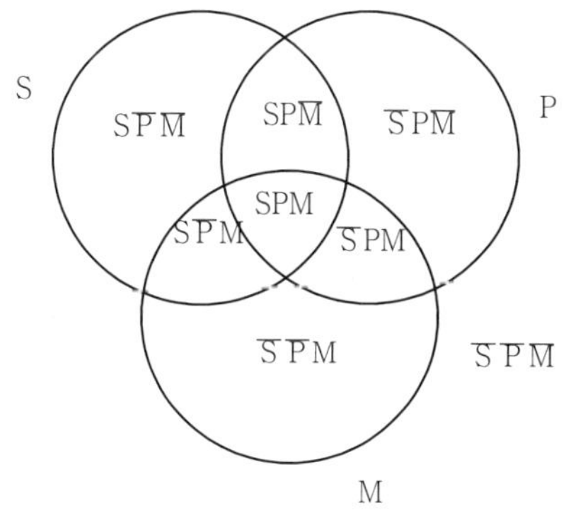

이를 기초로 하여 다음의 정언 삼단논법의 타당성을 확인해 보자.

모든 대학생은 꿈을 가진 사람이다.
나는 대학생이다.
그러므로 나는 꿈을 가진 사람이다.

우선 위의 삼단논법의 전제와 결론들을 S, P, M이라는 기호를 사용하여 나타내고, 이를 부울의 해석에 따라 집합명제화하면 아래와 같다.

모든 M은 P이다.	$M \cap \overline{P} = \varnothing$
모든 S는 M이다.	$S \cap \overline{M} = \varnothing$
∴ 모든 S는 P이다.	$\therefore\ S \cap \overline{P} = \varnothing$

이를 다시 벤의 다이어그램으로 나타내기 위하여 우선 대전제가 나타내는 영역, 즉 $M \cap \overline{P} = \varnothing$을 표시하면 $S \cap \overline{P} \cap M$과 $\overline{S} \cap \overline{P} \cap M$이 된다.

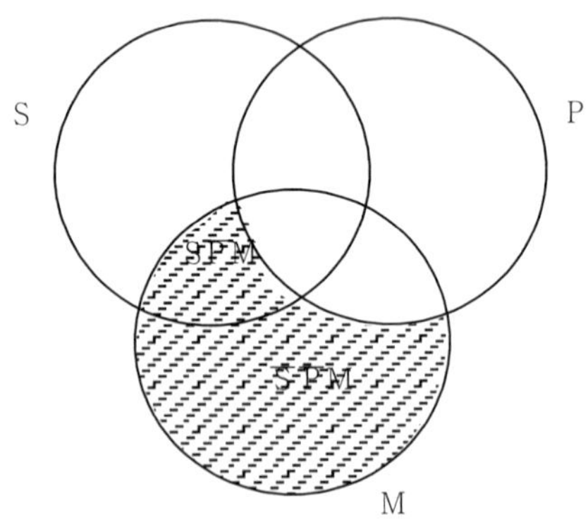

여기에 다시 소전제가 제시하는 영역, 즉 $S\cap\overline{M}=\varnothing$을 나타내면 $S\cap\overline{P}\cap\overline{M}$와 $S\cap P\cap\overline{M}$이 된다.

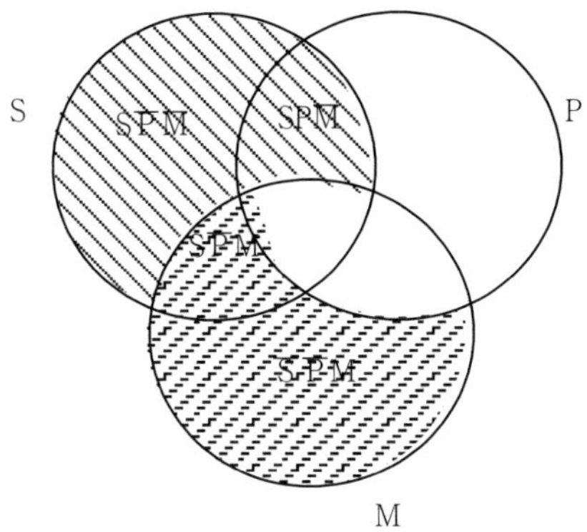

마지막으로 양 전제들이 나타내는 영역의 테두리 내에서 결론이 제시하는 영역, 즉 $S\cap\overline{P}=\varnothing$이 나타내어진다면 이 논증은 타당하다. 결론이 나타내는 벤 다이이그램의 영역은 $S\cap\overline{P}\cap\overline{M}$와 $S\cap\overline{P}\cap M$이다. 여기에서 $S\cap\overline{P}\cap\overline{M}$의 영역은 소전제에서 그리고 $S\cap\overline{P}\cap M$의 영역은 대전제에서 각각 제시되었고, 결론 역시 이 테두리 내에서 자신의 영역을 나타내고 있으므로 이 삼단논법은 타당한 논증이다.

다음의 삼단논법을 한번 더 확인해 보자. 즉,

모든 말은 빨리 달린다.
모든 토끼는 빨리 달린다.
그러므로 모든 토끼는 말이다.

앞의 삼단논법에서와 동일한 방법으로 이 정언 삼단논법을 부울의 해석에 따라 집합기호화 하면 아래와 같다.

$P \cap \overline{M} = \varnothing$

$S \cap \overline{M} = \varnothing$

$\therefore\ S \cap \overline{P} = \varnothing$

이 논증에서 우선 대전제가 나타내는 영역을 벤 다이어그램에 표시하면 $S \cap P \cap \overline{M}$와 $\overline{S} \cap P \cap \overline{M}$이다.

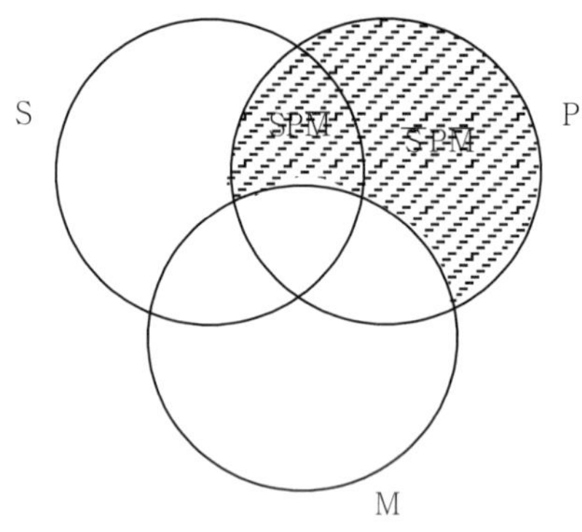

이를 다시 소전제가 나타내는 영역을 표시하면 $S \cap \overline{P} \cap \overline{M}$와 $S \cap P \cap \overline{M}$이다.

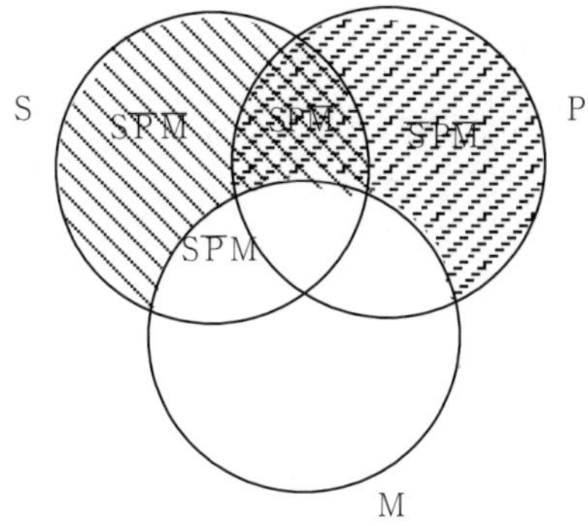

양 전제의 영역 내에 결론의 영역을 표시하면 $S \cap \overline{P} \cap \overline{M}$와 $S \cap \overline{P} \cap M$이다. 그런데 결론의 영역을 나타내는 영역 중 $S \cap \overline{P} \cap \overline{M}$는 소전제에서 제시되었는데 반하여, 또 다른 영역인 $S \cap \overline{P} \cap M$은 양 전제 가운데 어느 전제에서도 제시되지 않는 영역이다. 이를 결론에서 제시하고 있으므로 이 논증은 타당하지 않다. 이것은 전제가 제시하는 영역을 넘어 그 이상의 영역의 내용을 추가로 제시하고 있으므로 부당하다.

이상의 예들은 논증의 전제가 전칭명제들로서 구성된 경우들이다. 특칭명제를 동원하여 구성한 논증의 경우들을 살펴보자. 즉,

모든 과학적 지식은 검증된 지식이다.
어떤 과학적 지식은 객관적 지식이다.
그러므로 모든 객관적 지식은 검증된 지식이다.

이를 부울의 해석에 따라 집합명제로 환원하면 다음과 같다.

모든 M은 P이다.	$M \cap \overline{P} = \varnothing$
어떤 M은 S이다.	$M \cap S \neq \varnothing$
∴ 모든 S는 P이다.	$\therefore S \cap \overline{P} = \varnothing$

위 논증의 대전제 영역은 아래의 다이어그램에서 나타낸 바와 같이, $S\cap\overline{P}\cap M$과 $\overline{S}\cap P\cap M$이다.

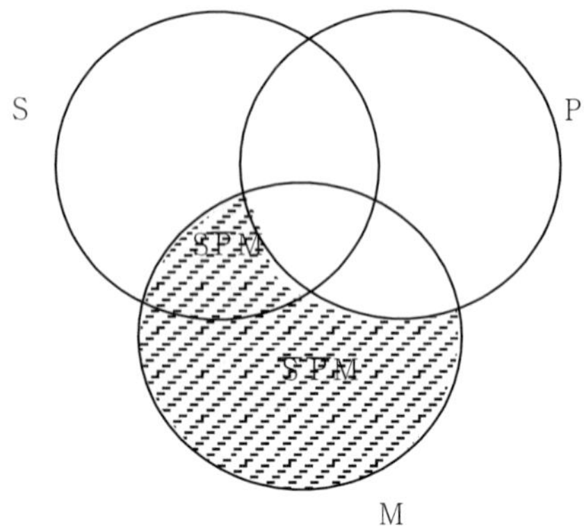

여기에 다시 소전제가 나타내는 영역, 즉 $S\cap\overline{P}\cap M$과 $S\cap P\cap M$을 표시하면 아래와 같다. 그런데 $M\cap S\neq\varnothing$에 속하는 구성원소는 $S\cap P\cap M$의 영역 내에 있어야 한다. 이미 대전제에서 $S\cap\overline{P}\cap M$의 영역에는 아무것도 존재하지 않음을 나타내고 있기 때문이다.

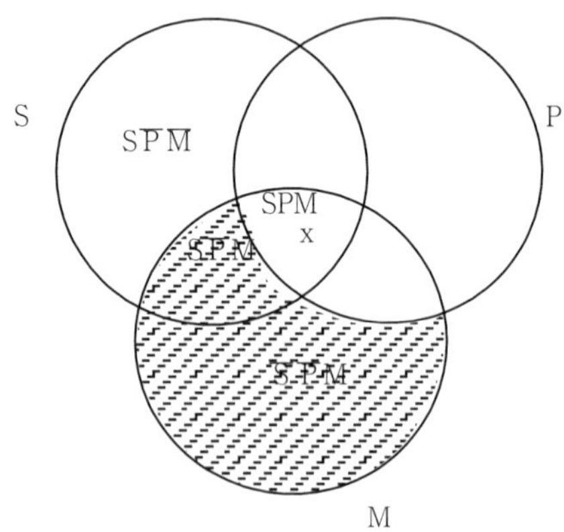

양 전제가 언급하고 있는 테두리 내에서 논증의 결론 영역이 그려진다면 이 논증은 타당하다. 그러나 결론, 즉 $S \cap \overline{P} = \varnothing$은 $S \cap \overline{P} \cap \overline{M}$와 $S \cap \overline{P} \cap M$의 영역이며, 이것은 전제들과 무관한 영역, 즉 $S \cap \overline{P} \cap \overline{M}$의 영역까지 함께 언급하고 있다. 따라서 부당한 논증이다.

그리고

감정에서 행동하는 사람은 신뢰할 수 없다.
교양이 없는 약간의 사람은 감정에서 행동한다.
그러므로 교양이 없는 약간의 사람은 신뢰할 수 없다.

이와 같이 일상적 문장으로 구성된 논증은 우선 정언명제를 사용하여 정언 삼단논법으로 재구성해야 한다. 위 논증의 정언 삼단논법은 아래와 같다.

감정에서 행동하는 어떤 사람도 신뢰할 수 있는 사람이 아니다.
교양이 없는 어떤 사람은 감정에서 행동하는 사람이다.
그러므로 교양이 없는 어떤 사람은 신뢰할 수 있는 사람이 아니다.

이를 부울의 해석에 따라 집합기호화 하면 다음과 같다.

어떤 M도 P가 아니다.	$M \cap P = \varnothing$
어떤 S는 M이다.	$S \cap M \neq \varnothing$
∴ 어떤 S는 P가 아니다.	∴ $S \cap \overline{P} \neq \varnothing$

위 논증의 대전제가 나타내는 영역, 즉 $S \cap P \cap M$과 $\overline{S} \cap P \cap M$의 영역을 벤의 다이어그램화 하면 아래와 같다.

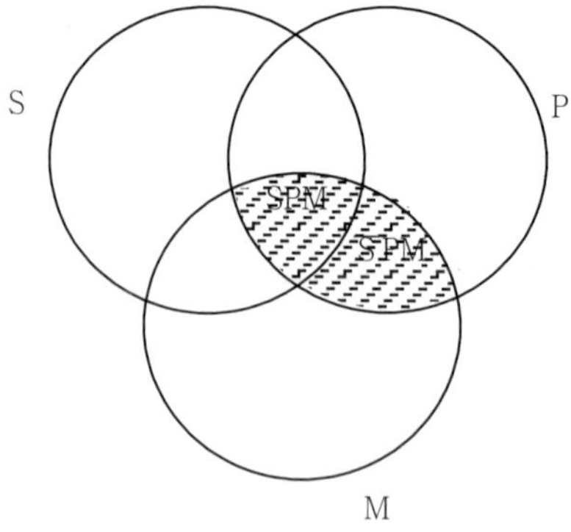

여기에 소전제가 언급하고 있는 내용, 즉 $S \cap \overline{P} \cap M$과 $S \cap P \cap M$을 위의 다이어그램에 추가하면 아래와 같다.

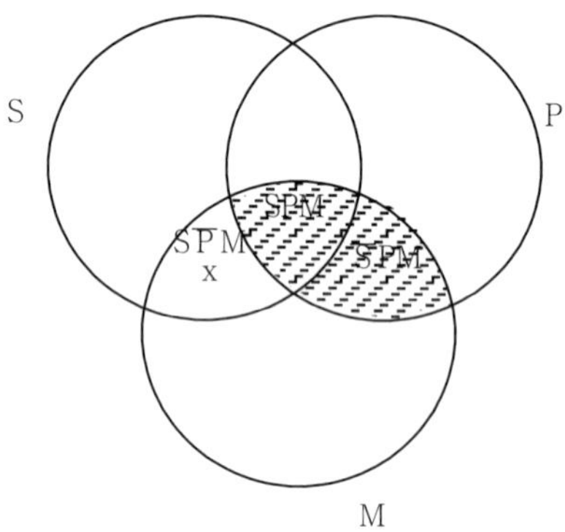

여기에 양 전제가 언급하고 있는 영역 내에 결론, $S \cap \overline{P} \neq \varnothing$이 언급되고 있다면 타당한 논증이 된다. 따라서 위의 논증은 타당한 논증이다. 소전제에서 $S \cap \overline{P} \cap M$의 영역에 적어도 하나의 구성원소가 있다는 것을 언급하고 있고, 결론 역시 이를 언표하고 있기 때문이다.

어떤 사람은 불성실하다.
모든 사람은 양심이 있다.
그러므로 양심이 있는 사람 중에는 불성실한 자가 있다.

이 논증의 논리적 구조와 부울의 집합명제는 다음과 같다.

어떤 M은 P이다.	$M \cap P \neq \varnothing$
모든 M은 S이다.	$M \cap \overline{S} = \varnothing$
∴ 어떤 S는 P이다.	∴ $S \cap P \neq \varnothing$

여기에서 대전제 $M \cap P \neq \varnothing$이 언급하고 있는 영역을 표시하면 아래와 같다.

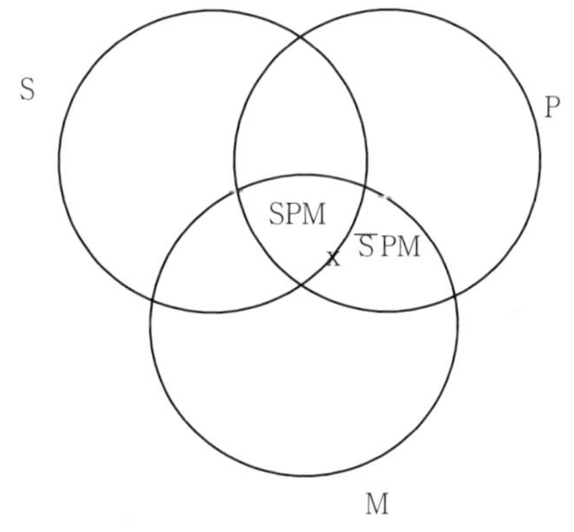

대전제 $M \cap P \neq \varnothing$은 M의 영역과 P의 영역이 공유하는 영역, 즉 $S \cap P \cap M$과 $\overline{S} \cap P \cap M$의 영역에 속하는 구성원소가 적어도 하나가 있다는 사실을 언급하고 있다. 그런데 이 원소가 $S \cap P \cap M$과 $\overline{S} \cap P \cap M$의 영역

중 구체적으로 어느 곳에 있는지 분명하지 않다. 따라서 $S \cap P \cap M$과 $\overline{S} \cap P \cap M$의 경계선상에 이 원소를 표기한다. 여기에 소전제, 즉 $M \cap \overline{S} = \varnothing$의 영역을 추가로 표기하면 아래와 같다.

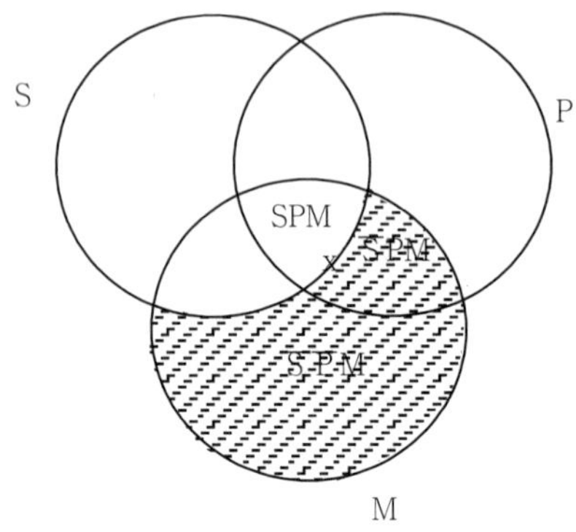

대전제에서 M의 영역과 P의 영역을 공유하는 구성원소가 $S \cap P \cap M$과 $\overline{S} \cap P \cap M$의 영역 중 어느 영역에 있었는지 분명하지 않았다. 그러나 소전제, 즉 $M \cap \overline{S} = \varnothing$이 나타내는 영역까지 확인한 결과 공유하는 구성원소는 적어도 $\overline{S} \cap P \cap M$에는 존재하지 않음을 알 수 있다. 따라서 공유하는 구성원소는 아래 그림과 같이 $S \cap P \cap M$에 존재한다는 사실을 알 수 있다.

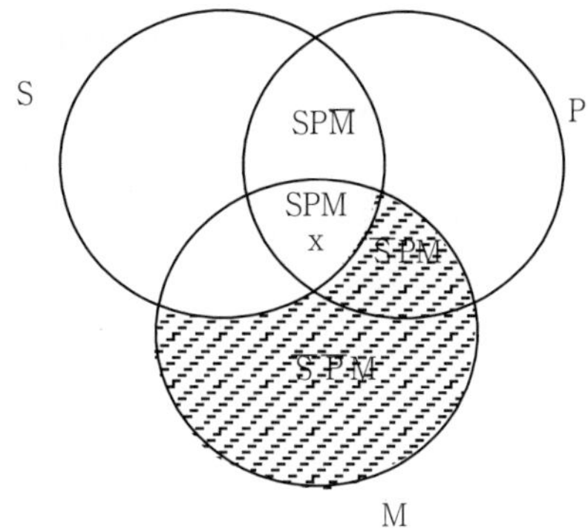

나아가 결론, 즉 S∩P≠∅ 역시 전제들이 언급하고 있는 테두리 내에서 내용을 언표하고 있다면 타당한 논증이 된다. S∩P≠∅은 $S \cap P \cap \overline{M}$와 S∩P∩M의 영역을 나타내며, 이들 양 영역에 적어도 하나의 구성원소가 있다는 사실을 언표하고 있다. 결론이 언표하는 양 영역 가운데 S∩P∩M의 영역에 대전제에서 주어진 구성원소가 자리하고 있다. 따라서 이 논증은 타당하다. 마지막으로

> 과학적 지식은 검증된 지식이다.
> 종교적 신앙의 내용에도 검증된 것이 있다.
> 그러므로 종교적 신앙의 내용에도 과학적 지식이 있다.

주어진 일상적 논증을 정언명제로 구성된 논증으로 재구성하면 다음과 같다.

> 모든 과학적 지식은 검증된 지식이다.
> 어떤 종교적 신앙의 내용은 검증된 지식이다.
> 그러므로 어떤 종교적 신앙의 내용은 과학적 지식이다.

이 논증의 논리적 구조와 부울의 해석은 아래와 같다.

모든 P는 M이다.	$P \cap \overline{M} = \varnothing$
어떤 S는 M이다.	$S \cap M \neq \varnothing$
∴ 어떤 S는 P이다.	∴ $S \cap P \neq \varnothing$

위 논증의 대전제, 즉 $P \cap \overline{M} = \varnothing$의 영역인 $S \cap P \cap \overline{M}$와 $\overline{S} \cap P \cap \overline{M}$을 다이어그램화 하면 아래와 같다.

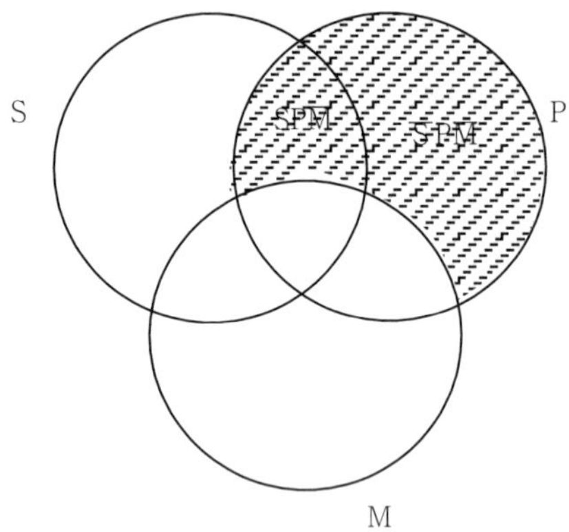

여기에 다시 소전제를 나타내는 $S \cap M \neq \varnothing$의 영역, 즉 $S \cap \overline{P} \cap M$과 $S \cap P \cap M$의 영역을 추가하면 다음과 같다.

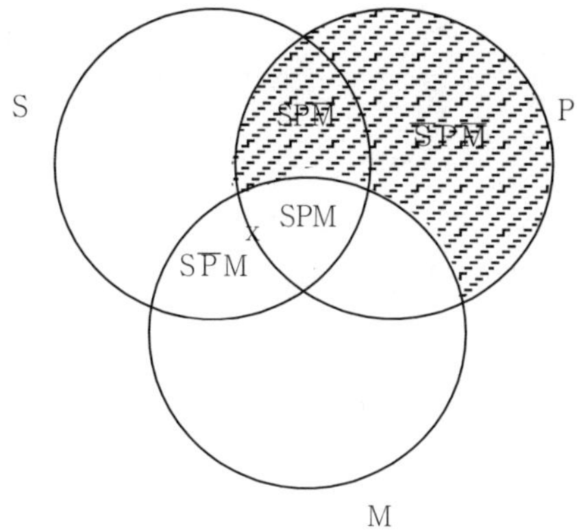

여기에서 소전제의 언급, 즉 $S \cap \overline{P} \cap M$과 $S \cap P \cap M$의 영역에 공유하는 구성원소가 적어도 하나가 있다는 언급은 $S \cap \overline{P} \cap M$과 $S \cap P \cap M$의 영역 중 구체적으로 어느 영역에 존재하고 있는지 알 수 없다. 따라서 양 영역의 경계선상에 공유하는 구성원소를 표기할 수밖에 없다.

그런데 결론, 즉 $S \cap P \neq \varnothing$은 $S \cap P \cap \overline{M}$의 영역과 $S \cap P \cap M$의 영역에 적어도 하나의 구성원소가 있다는 사실을 언급하고 있다. 그러나 $S \cap P \cap \overline{M}$의 영역은 이미 대전제에서 어떤 구성원소도 존재하지 않는다는 사실을 확인시켜 주었다. 이 논증이 타당하기 위해 이 원소는 반드시 $S \cap P \cap M$의 영역에 있지 않으면 안 된다.

그러나 불행하게도 전제, 특히 소전제는 문제로 되고 있는 구성원소가 $S \cap P \cap M$의 영역에 반드시 존재하고 있다는 사실을 말하고 있지 않다. 어디까지나 $S \cap \overline{P} \cap M$의 영역에 구성원소가 있거나 혹은 $S \cap P \cap M$의 영역에 구성원소가 있거나 이다 를 언급하고 있을 뿐이다. 따라서 결론이 언급하고 있는 바와 같이 $S \cap P \cap M$의 영역에 구성원소가 반드시 존재한다고 확신할 수 없다. 구성원소가 결론의 주장과는 달리 $S \cap \overline{P} \cap M$에 있다면 결론은 거짓이 된다. 따라서 이 경우를 배제할 수 없는 한 이 논증은 부당하다.

연습문제

I. 다음의 삼단논법의 타당 여부를 벤 다이어그램을 통하여 확인하시오.

1. 모든 여성 국회의원은 정치가이다.
   모든 여성 국회의원은 직업여성이다.
   그러므로 어떤 직업여성은 정치가이다.
2. 모든 과학적 진리는 검증된 것이다.
   어떤 종교적 진리는 과학적 진리가 아니다.
   그러므로 어떤 종교적 진리는 검증된 것이 아니다.
3. 어떤 시인도 재벌이 아니다.
   모든 재벌은 돈의 가치를 잘 아는 사람이다.
   그러므로 어떤 시인도 돈의 가치를 잘 아는 사람이 아니다.
4. 모든 고래는 포유동물이다.
   어떤 해양동물은 포유동물이다.
   그러므로 어떤 해양동물은 고래이다.
5. 어떤 종교인은 인격적인 신을 믿지 않는다.
   모든 종교인은 종교적 체험을 한다.
   그러므로 종교적 체험을 하는 사람들 중에는 인격적인 신을 믿지 않는 사람이 있다.
6. 돈에 미친 사람은 남을 믿지 않는다. 남을 믿는 사람은 자기 자신도 믿는다. 그러므로 돈에 미친 사람은 자기 자신도 믿지 않는다.
7. 금발을 좋아하지 않는 신사는 없다. 어떤 정치가는 금발을 좋아한다. 그러므로 어떤 정치가는 신사가 아니다.

8. 인간은 누구나 합리적으로 생각할 수 있는 존재이다. 어떤 인간은 정신병환자이다. 따라서 정신병환자는 누구나 합리적으로 생각할 수 있는 존재이다.
9. 매력 있는 사람은 누구나 독특한 개성미를 가지고 있다. 그는 매력 있는 사람이 아니다. 그러므로 그는 독특한 개성미를 가지지 못했다.
10. 경험적 내용이 없는 지식은 공허하다. 형이상학적 지식은 공허하다. 그러므로 형이상학적 지식은 경험적인 내용이 없다.

Ⅱ. 다음의 삼단논법의 타당성 여부를 벤 다이어그램을 통하여 확인하시오.

1. 어떤 P도 M이 아니다.
   모든 S는 M이다.
   그러므로 모든 S는 P이다.
2. 어떤 P도 M이 아니다.
   어떤 S는 M이다.
   그러므로 어떤 S는 P가 아니다.
3. 모든 P는 M이다.
   모든 S는 M이다.
   그러므로 모든 S는 P이다.
4. 어떤 P도 M이 아니다.
   모든 M은 S이다.
   그러므로 어떤 S는 P가 아니다.
5. 모든 P는 M이다.
   모든 M은 S이다.
   그러므로 모든 S는 P이다.
6. 모든 P는 M이다.

모든 M은 S이다.

그러므로 어떤 S는 P이다.

7. 모든 M은 P이다.

어떤 S도 M이 아니다.

그러므로 어떤 S도 P가 아니다.

8. 모든 P는 M이다.

어떤 S는 M이다.

그러므로 어떤 S는 P이다.

9. 모든 M은 P이다.

어떤 S도 M이 아니다.

그러므로 어떤 S도 P가 아니다.

10. 모든 M은 P이다.

어떤 S는 M이 아니다.

그러므로 어떤 S는 P가 아니다.

Ⅲ. 다음의 삼단논법을 재구성하여, 타당성 여부를 벤 다이어그램을 통하여 확인하시오.

1. EEE−1	2. AIO−2	3. EAE−2
4. IOI−2	5. AAI−3	6. AEE−3
7. EAE−3	8. EIO−3	9. OAO−4
10. IAI−4	11. AII−3	12. AIO−3
13. AEE−4	14. EAE−2	15. EAO−2
16. EEA−1	17. EAI−4	18. OAI−1
19. EAO−3	20. AOO−2	21. OAA−3
22. IAA−1	23. OAI−4	24. IAA−3
25. OEO−4		

제7장 ◆ 일상에서의 논증

앞에서 삼단논법의 타당성을 확인하기 위하여, 때로는 주어진 전제와 동일한 진리 값을 갖는 명제를 사용해야 할 경우가 없지 않음을 지적한 바 있다. 일상적으로 제시되는 논증이 늘 우리가 기대하는 바대로 표준형식의 정언 삼단논법만은 아니기 때문이다. 일상적으로 접하는 언표 혹은 논증에는 양화사가 없는 경우, 전제 혹은 결론이 제시되지 않는 경우, 논증과 직접적으로 관련이 없는 개념이나 문장들이 들어 있는 경우, 하나의 논증인 것처럼 보이지만 실은 여러 개의 논증으로 구성되어 있는 경우 등이 허다하다. 특히 논증의 경우 이러한 일상적인 언표를 그대로 내버려 둔 채, 타당성 여부의 확인은 보통 힘든 일이 아닐 것이다. 따라서 이를 어떤 방식으로든지 모양새를 변화시켜 표준형식의 정언 삼단논법의 형식을 갖추어야 할 것이다. 여기에 직접추론의 필요성과 중요성이 강조된다 하겠다. 직접추론을 통하여 진리 값이 동치인 명제를 다소 손쉽게 구할 수 있기 때문이다.

1. 일상어 논증을 표준형식의 정언 삼단논법으로 바꾸는 방법

1) 삼단논법에서 개념의 수 줄이기

앞에서 언급한 바와 같이 표준형식의 정언 삼단논법은 두 개의 전제와 하나의 결론으로 구성된다. 또한 여기에는 세 개의 개념이 등장한다. 특히 개념의 수가 적거나 또는 필요 이상으로 많을 경우 이를 삼단논법에 적합한 수로 만들어야 할 것이다. 즉,

어떤 부자도 방랑자가 아니다.
모든 변호사는 부유하게 산다.
그러므로 어떤 변호사도 부랑인이 아니다.

이 논증에는 부자, 방랑자, 변호사, 부랑인 등의 개념이 등장한다. 이 개념들은 다소 성질이 유사한 개념도 없지 않다. 따라서 이들 개념들의 동의어들을 찾아 하나의 개념으로 수렴시켜, 개념의 숫자를 가능한 줄여 나가야 할 것이다. 표준형식의 정언 삼단논법에는 세 개의 개념 그 이상은 필요로 하지 않기 때문이다. 또한 전제는 표준형식의 정언 명제의 구조를 갖추어야 한다. 전제가 이 구조를 미쳐 갖추지 않았다면, 이를 찾아 첨가하여 온전한 명제의 형식을 갖추도록 해야 할 것이다. 이러한 과정을 거쳐 위의 논증은 아래와 같은 표준형식의 정언 삼단논법의 형식을 갖추게 된다. 즉,

어떤 부자도 방랑자가 아니다.

모든 변호사는 부자이다.

그러므로 어떤 변호사도 방랑자가 아니다.

이 논증에서 소개념을 S, 대개념을 P 그리고 매개념을 M으로 각각 기호화하여 논증의 논리적 구조를 간략하게 함으로써, 이 논증의 식과 격을 쉽게 알 수 있다. 즉,

어떤 M도 P가 아니다.

모든 S는 M이다.

∴ 어떤 S도 P가 아니다.

이 논증은 E A E − 1의 형식을 가지고 있다. 이를 부울의 해석에 따라 벤 다이어그램을 그려봄으로써 타당성 여부를 확인할 수 있다.

$M \cap P = \varnothing$

$S \cap \overline{M} = \varnothing$

$\therefore\ S \cap P = \varnothing$

부울의 해석

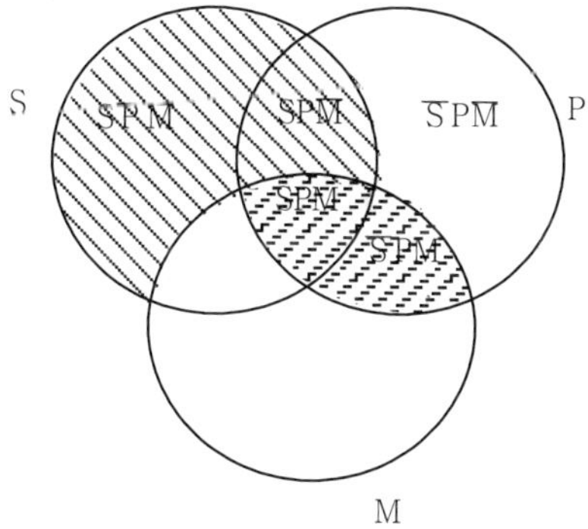

벤 다이어그램

벤 다이어그램에서 나타나 있는 결론의 영역인 바, $S \cap P \cap M$과 $S \cap P \cap \overline{M}$는 각각 대전제와 소전제에서 주어져 있다. 결론의 영역은 바로 이들 범위 내에서 표시되고 있으므로 이 논증은 타당하다.

그러나 위의 예는 비교적 간단한 경우이다. 아래의 예에서 보듯이 직접추론을 이용하여 전제와 동일한 진리 값을 가진 명제를 찾지 않으면 안 되는 경우도 있다. 즉,

어떤 비거주자도 시민이 아니다.
모든 비시민은 비유권자이다.
그러므로 모든 유권자는 거주자이다.

이 삼단논법은 비거주자, 시민, 비시민, 비유권자, 유권자, 거주자 등 여섯 개의 개념으로 언표되고 있다. 표준형식의 정언 삼단논법은 이와 같이 많은 수의 개념을 필요로 하지 않는다. 성질이 유사한 개념들끼리 묶어 세 개의 개념으로 줄여 나가야겠다. 개념을 줄이더라도 전제의 진리 값이 변하지 않은 범위 내에서 행해져야 할 것이다. 그렇지 않으면 삼단논법자체가 전혀 다른 논증이 되기 때문이다.

우선 대전제는 E명제이다. 이것을 환위하더라도 그 진리 값이 변하지 않는다. 따라서 이를 환위하면 '어떤 시민도 비거주자가 아니다'란 명제가 된다. 이를 다시 환질하면 '어떤 시민도 거주자이다' 즉 '모든 시민은 거주자이다'가 된다. 명제의 환질은 정언명제 모두 동일한 진리 값을 갖기 때문이다. 이리하여 '어떤 비거주자도 시민이 아니다'라는 주어진 대전제는 환위, 환질의 명제변형에 의한 직접추론의 과정을 거치면서 '모든 시민은 거주자이다'라는 표준형식의 정언명제가 된다.

위의 삼단논법의 소전제 역시 명제변형에 의한 직접추론의 과정을

거치면서 표준형식의 정언명제로 변화시킬 수 있다. 즉 '모든 비시민은 비유권자이다'는 A명제이다. 이 명제를 우선 '모든 비시민은 유권자가 아니다'라는 E명제로 환질시킨다. 이를 다시 환위하면 '모든 유권자는 비시민이 아니다'가 된다. 여기에서 한번 더 환질하면 '모든 유권자는 시민이다'라는 정언명제가 된다. 이리하여 '모든 비시민은 비유권자이다'라는 주어진 소전제를 환질, 환위, 환질의 직접추론의 과정을 거치면서 '모든 유권자는 시민이다'라는 표준형식의 정언명제를 얻을 수가 있다.

이와 같이 명제변형에 의한 직접추론의 과정을 거쳐, 진리 값이 동일한 명제로 변화시킨 명제를 가지고 위의 삼단논법을 재구성하면 다음과 같다. 즉,

모든 시민은 거주자이다.
모든 유권자는 시민이다.
그러므로 모든 유권자는 거주자이다.

이 삼단논법은 A A A - 1로서, 두 개의 선제와 하나의 결론으로 이루어져 있으면서 정언 삼단논법이 갖추어야 할 세 개의 개념으로 언표되고 있다. 이 삼단논법의 타당성 여부를 우리는 규칙에 의해서 혹은 부울의 해석에 좇아 벤 다이어그램을 통하여 확인할 수가 있다.

2) 일상어로 이루어진 논증

일정한 논증의 타당성을 검사하려면 그 논증은 정확히 세 개의 개

념으로 이루어져야 하는데, 일상논증을 세 개의 개념으로 줄이는 일은 앞 절에서 했던 것보다 훨씬 복잡하고 어려운 경우가 많다. 논증을 이루는 명제들은 표준형식의 정언명제로 바꾸어야 하는 것은 물론이고, 또한 이것을 적절히 배치하지 않으면 안 된다. 이를 위해 일정한 논증을 표준화하는 데에 필요한 보조기호인 **지표**·*Parameter*를 사용함으로써, 일상어로 이루어진 논증을 표준형식의 정언 삼단논법으로 재구성하는 데에 용이할 수 있다. 다음의 일상어로 이루어진 논증을 살펴보기로 하자.

> 연기가 나는 곳에는 불이 있다. 그러므로 지하실에는 불이 없다. 왜냐하면 지하실에서는 연기가 나지 않으니까.

이 일상어로 이루어진 논증을 '장소'라는 개념을 지표로 하여 재구성해 보자. '곳'이라든지 '지하실'은 장소와 결부된 개념들이기 때문이다. 즉,

> 연기가 나는 모든 장소는 불이 있는 장소이다. 지하실과 동일한 어떤 장소도 연기가 나는 장소가 아니다. 그러므로 지하실과 동일한 어떤 장소도 불이 있는 장소가 아니다.

재구성한 이 논증에서 '지하실과 동일한 모든 장소'를 S로, '불이 있는 장소'를 P로 그리고 '연기가 나는 장소'를 M으로 기호화하여 이를 논리적 구조로 나타내면 아래와 같다.

> 모든 M은 P이다.
> 어떤 S도 M이 아니다.

∴ 어떤 S도 P가 아니다.

이 논증은 A E E − 1의 형식을 가지고 있으며, 이 논증은 부당하다.

$M \cap \overline{P} = \varnothing$

$S \cap M = \varnothing$

$\therefore\ S \cap P = \varnothing$

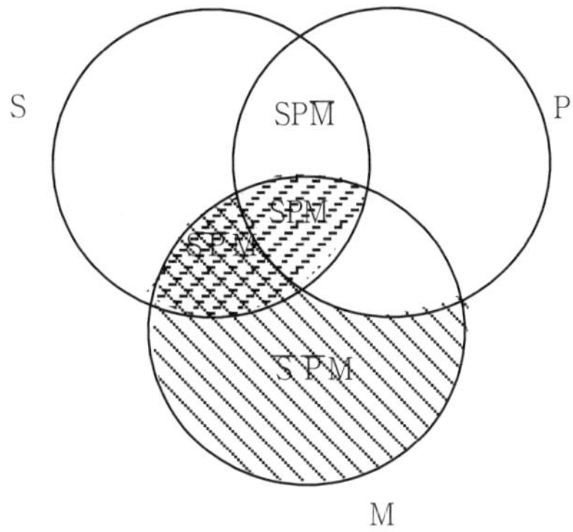

즉 결론이 주장하는 바 $S \cap P \cap \overline{M}$와 $S \cap P \cap M$의 영역에서, 특히 $S \cap P \cap \overline{M}$의 영역은 전제에서 주어지지 않은 영역이며, 따라서 결론은 이에 관한 어떤 내용도 주장할 수 없음에도 불구하고 이를 무시하고 있기 때문이다.

다음의 예를 하나 더 확인해 보자.

> 그는 오늘 아침에 일하러 가지 않았다. 왜냐하면 그는 스웨터를 입었는데 스웨터를 입고는 절대로 일하러 가지 않으니까.

이 논증의 경우에는 '시간'이라는 개념을 지표로 하여 재구성하는 것이 바람직하겠다. 논증 가운데 '오늘', '아침에'라는 시간과 결부된 개

념들이 등장하기 때문이다. 따라서 위의 논증을 시간을 지표로 하여 재구성하면 다음과 같다. 즉,

그가 스웨터를 입는 모든 시간은 일하려 가지 않는 시간이다.
오늘과 동일한 모든 시간은 그가 스웨터를 입는 시간이다.
그러므로 오늘과 동일한 모든 시간은 그가 일하려 가지 않는 시간이다.

여기에서 '오늘과 동일한 모든 시간'을 S라 하고, '그가 일하려 가지 않는 시간'을 P 그리고 '그가 스웨터를 입는 시간'을 M이라 하여 이를 기호화하면 아래와 같다. 즉,

모든 M은 P이다.
모든 S는 M이다.
∴ 모든 S는 P이다.

이 논증은 A A A − 1의 형식을 가지고 있으며, 따라서 타당하다.

$M \cap \overline{P} = \varnothing$
$S \cap \overline{M} = \varnothing$
$\therefore\ S \cap \overline{P} = \varnothing$

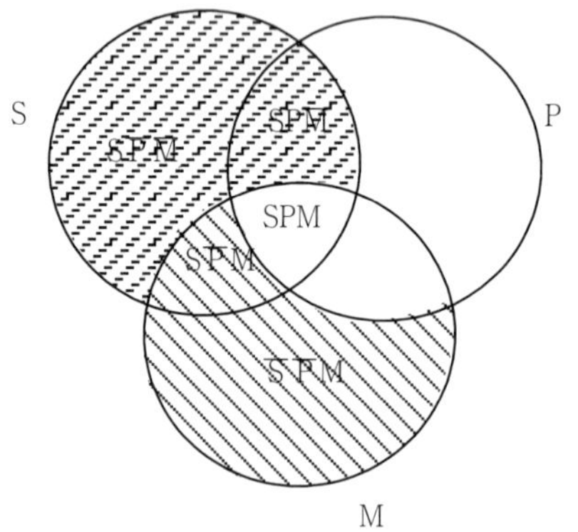

연습문제

Ⅰ. 다음의 논증들을 우선 삼단논법의 형식으로 구성하고, 개념의 수를 줄여서 표준형식의 정언 삼단논법으로 만들어 보시오. 그리고 난 후 벤 다이어그램이나 규칙을 이용하여 타당성 여부를 확인해 보시오.

1. 어떤 미생물도 비유기체들이 아니다. 어떤 세균들은 미생물들이다. 그러므로 어떤 세균들은 유기체이다.
2. 완전한 것이란 무엇이든 비인간적인 것이다. 왜냐하면 소멸될 수 있는 것은 모두 불완전한 것이며 인간적인 것이면서 소멸되지 않은 것은 없기 때문이다.
3. 유한한 생명을 지닌 모든 것은 불완전한 것이다. 그리고 어떤 인간도 불멸의 것이 아니다. 그러므로 모든 완전한 것은 비인간이다.
4. 어떤 설교자는 불굴의 열정을 가진 사람이다. 어떤 설교자는 비지식인이다. 그러므로 어떤 지식인은 불굴의 열정을 가진 사람이다.
5. 어떤 이해될 수 있는 진술은 참된 진술이다. 왜냐하면 모든 이해될 수 없는 진술은 의미 없는 진술이고, 어떤 거짓된 진술은 의미 있는 진술이기 때문이다.
6. 모든 비인화성 물질은 안전하지 않은 물질이다. 그러므로 모든 안전하지 않은 물질은 비폭발물이다. 왜냐하면 모든 폭발물은 인화성의 물질이기 때문에.

2. 생략 삼단논법과 연쇄식

1) 생략 삼단논법

일상적 담화에서나 혹은 학술적 토론에 있어 종종 논증의 내용이 생략되어 언표되는 경우가 있다. 그것은 논증을 구성하는 상당한 부분의 내용들이 일반적으로 널리 알려져 있음으로써, 굳이 언급할 필요성을 느끼지 못하기 때문이기도 하다. 또한 논증의 내용을 과감히 생략함으로써 논증자체가 수사학적으로 강한 힘을 발휘할 수도 있고, 이로 인하여 청자들에게 다소 설득력 있는 논증으로 인식됨으로써, 소위 기대하는 바 그 이상의 효과를 얻을 수 있기 때문이기도 하다.

논증의 내용 가운데 대전제가 생략되는 경우가 있고, 또한 소전제가 생략되는 경우도 없지 않다. 심지어 결론을 생략하는 경우도 있다. 즉,

나는 한국인이다.
그러므로 내가 하는 일은 아무리 작은 것이라도 중요하다.

여기에는 '한국인이 하는 일은 아무리 작은 것이라도 중요하다'는 대전제가 생략되어 있다. 그리고

모든 의사는 대졸자이다.
그러므로 한국의학협회의 모든 회원은 대졸자임에 틀림없다.

라는 논증에서는 '한국의학협회의 모든 회원은 의사이다'라는 소전제

가 생략된 삼단논법이다.

영혼을 갖지 않는 국민은 살아남을 수 없는 국민이다.
양심을 갖지 않는 국민은 영혼을 갖지 않는 국민이다.

에서는 '양심을 갖지 않는 국민은 살아남을 수 없는 국민이다'라는 결론이 생략된 논증이다.

그러나 주어진 제시문을 분석하여 그 내용을 논증적으로 요약하거나 평가하고자 할 때, 생략된 전제 혹은 결론을 원 상태로 복원시켜야 하는 경우가 없지 않다. 이 때 A A A식으로 구성된 1격의 정언 삼단논법 즉,

모든 M은 P이다.
모든 S는 M이다.
그러므로 모든 S는 P이다.

을 이용하면 편리하다. 이것은 우리에게 널리 알려진 가장 기본적인 연역논증의 구조이며, 여기에 어떤 내용을 신던 상관없이 타당하기 때문이다.

2) 연쇄식

연쇄식은 중간단계의 결론이 빠져있는 상태로 정언 삼단논법이 연이어지는 논증을 말한다. 예를 들면,

① 모든 외교관은 재치 있다.

② 어떤 정부관리는 외교관이다.

③ 모든 정부관리는 공적인 활동가이다.

④ 그러므로 어떤 공적인 활동가는 재치 있는 사람이다.

이 논증에서 앞의 두 전제 ①과 ②는 중간단계의 결론인 바, '어떤 정부관리는 재치 있는 사람이다'를 함축하고 있다. 이 중간단계의 결론은 이 논증에 있어서 일종의 전제로서 역할을 하고 있으며, 이 논증의 세 번째 전제, 즉 '모든 정부관리는 공적인 활동가이다'와의 관계 속에서 '어떤 공적인 활동가는 재치 있는 사람이다'는 결론을 추론해 낸다. 따라서 이 논증은 사실상 두 개의 논증으로 구성되어 있는 셈이다. 즉, A I I식을 가진 1격의 정언 삼단논법과 I A I식을 가진 3격의 정언 삼단논법이 그것이다.

그러나 위의 연쇄식 논증이 A I I – 1의 정언 삼단논법과 I A I – 3의 정언 삼단논법으로 반드시 구성되어야 하는 것은 아니다. 이것은 전제들을 어떻게 재배열 하느냐에 따라 생략된 중간단계의 결론을 달리 추론할 수 있으며, 나아가 연쇄식을 구성하는 서로 다른 식과 격을 가진 논증들을 이끌어 낼 수 있다.

즉, 위의 방식과는 달리 우선 두 번째 전제와 세 번째 전제를 통하여 '어떤 공적인 활동가는 외교관이다'를 결론으로 추론할 수 있다. 이를 소전제로 하여 첫 번째 전제와의 관계 속에서 마지막 결론, 즉 ④의 타당성 여부를 확인할 수 있다. 여기에서는 I A I – 3의 정언 삼단논법을 통하여 A I I – 1의 정언 삼단논법의 타당성 여부를 확인하게 된다.

이런 형태의 논증은 특히 타당성 여부를 확인하고자 할 때 주의하지 않으면 안 된다. 우선 중간단계의 생략된 결론을 타당하게 추론해야 한다. 그리고 이를 전제로 하여 남은 또 하나의 전제와의 관계 속에서 마지막 결론이 타당하게 추론되는지의 여부를 확인해야 한다. 이에 따라 위의 연쇄식 논증의 타당성 여부가 결정된다.

연쇄식으로 이루어진 논증의 타당성 여부를 확인하고자 할 때, 아래의 절차를 알아 둘 필요가 있다. 즉,

(1) 연쇄식을 표준형식으로 만들고
(2) 중간단계의 결론을 추론하여
(3) 각각의 삼단논법의 타당성 여부를 확인한다.

이에 관한 예를 하나 더 들어 보자. 즉,

① 어떤 B도 C가 아니다.
② 어떤 D는 C이다.
③ 모든 A는 B이다.
④ ∴ 어떤 D는 A가 아니다.

의 연쇄식 논증에서 우선 전제 ①과 전제 ②를 각각 대전제와 소전제로 하여 생략된 결론, '어떤 D는 B가 아니다'를 타당하게 추론할 수 있다. 다시 이를 소전제로 하여 남은 전제 ③과의 관계 속에서 마지막 결론, 즉 ④가 타당하게 추론되는지 여부를 확인하는 방법이다. 여기에는 E I O – 2와 A O O – 2의 정언 삼단논법이 동원된다. 따라서 첫 번째 정언 삼단논법은 E I O – 2의 형식을 가지고 있으므로 타당하고, 두 번째 정언 삼단논법은 A O O – 2의 형식을 가지고 있으므로 역시 타당하다. 따라서 위의 연쇄식 또한 타당한 논증이다.

그러나 전제 ②를 대전제로 하고 전제 ①소전제로 하여 생략된 결론을 타당하게 추론할 수 없다. 왜냐하면 생략된 결론은 특칭부정, 즉 '어떤 B는 D가 아니다'이거나 혹은 전칭부정, 즉 '어떤 B도 D가 아니다'이어야 한다. 그런데 이들은 다 같이 '대개념 부당 주연의 오류'를 범하기 때문이다. 따라서 이 방법은 생략된 중간 결론을 타당하게 추론할 수 없으므로 적절하지 않다.

그리고 이번에는 전제 ①과 전제 ③을 각각 대전제와 소전제로 하여 생략된 결론, 즉 '어떤 A도 C가 아니다'를 타당하게 추론할 수 있다. 이를 대전제로 하여 남은 전제 ②와 의 관계 속에서 마지막 결론 ④의 타당성 여부를 확인하는 방법이다. 여기에는 E A E – 1의 정언 삼단논법과 E I O – 2의 정언 삼단논법이 사용되었다. 그런데 첫 번째 정언 삼단논법 즉, E A E – 1은 타당한 형식이고, 두 번째 정언 삼단논법은 A O O – 2 역시 타당한 형식이다. 따라서 위의 연쇄식 또한 타당하다.

마지막으로 전제 ③과 전제 ①을 각각 대전제와 소전제로 하여 생략된 결론, 즉 '어떤 C도 가 A가 아니다'를 타당하게 추론할 수 있다. 이를 대전제로 하여 남은 전제 ②와 의 관계 속에서 마지막 결론 ④의 타당성 여부를 확인하는 방법이다. 여기에는 A E E – 4의 정언 삼단논법과 E I O – 1의 정언 삼단논법이 사용되었다. 따라서 A E E – 4과 E I O – 1은 다 같이 타당한 정언 삼단논법이므로, 연쇄식 또한 타당한 논증이다.

연습문제

Ⅰ. 다음의 연쇄식을 표준형식으로 바꾸고, 타당성을 검사하시오.

1. 어떤 B도 C가 아니다.
   어떤 E는 A이다.
   모든 A는 B이다.
   모든 D는 C이다.
   ∴ 어떤 E는 D가 아니다.
2. 어떤 T는 K이다.
   어떤 K도 N이 아니다.
   어떤 C는 Q이다.
   모든 T는 C이다.
   ∴ 어떤 Q는 N이 아니다.
3. 어떤 오리도 왈츠를 추지 않는다.
   어떤 공무원도 왈츠 춤추기를 거절하지 않는다.
   나의 보는 가축은 오리이다.
   그러므로 나의 가축은 공무원이 아니다.
4. 경험 있는 사람은 누구나 무능하지 않다.
   철수는 언제나 잘못을 저지른다.
   유능한 사람은 언제나 잘못을 저지르지 않는다.
   그러므로 철수는 경험이 없다.
5. 아기들은 비논리적이다.
   악어를 다룰 줄 아는 사람은 누구도 멸시 당하지 않는다.
   비논리적인 사람은 멸시 당한다.
   그러므로 아기들은 악어를 다룰 줄 모른다.

3. 선언 삼단논법과 가언 삼단논법

1) 선언 삼단논법

삼단논법은 두 개의 전제와 하나의 결론으로 이루어진 연역논증을 말한다. 그런데 이를 구성하는 두 전제의 성격에 따라 삼단논법의 명칭이 달라진다. 즉 두 개의 전제가 정언명제로 구성되어 있다면, 이것은 정언 삼단논법이다. **선언 삼단논법**은 두 개의 전제 중 어느 하나가 선언명제로 구성되어 있는 삼단논법을 말한다. 즉,

그 사람은 여성이든가 남성이든가 이다.
그 사람은 여성이 아니다.
그러므로 그 사람은 남성이다.

이것은 선언 삼단논법의 예이다. 여기에서 '그 사람은 여성이든가 남성이든가 이다'가 **선언명제**·*disjunctive Proposition*이고, 이 선언명제의 요소, 즉 '그 사람은 여성이다'와 '그 사람은 남성이다'를 **선언지**·*Disjunct*라 한다.

그런데 선언명제인 한 전제가 주어져 있고, 그 명제의 한 요소명제인 바 선언지의 부정명제 내지 모순명제가 또 하나의 전제로 주어져 있으면, 주어진 선언명제의 다른 편 선언지를 타당하게 추론할 수 있다. 즉,

그는 학생이거나 운동가이다.

그는 학생이 아니다.
그러므로 그는 운동가이다.

는 타당한 선언 삼단논법이다. 그러나

그는 학생이거나 운동가이다.
그는 학생이다.
그러므로 그는 운동가가 아니다.

는 부당한 선언 삼단논법이다. 그가 학생이면서 동시에 운동가일 수가 있기 때문이다. 선언명제에서 한 편의 선언지가 참이라는 사실은 그 명제의 다른 선언지가 거짓이라는 것을 함축하지 않는다. 두 선언지가 함께 참일 수도 있기 때문이다. 그러므로 주어진 선언 삼단논법이 타당하기 위해서는, 정언 전제가 선언의 전제에 들어 있는 선언지 중 하나와 모순이고, 결론은 다른 선언지를 긍정해야만 한다.

2) 가언 삼단논법

가언 삼단논법은 **가언명제**·*hypothetical Proposition*를 전제로 구성한 삼단논법을 말하다. 이것은 '만약 … 라면, … 이다'라는 형식의 전제를 가진다. 여기에서 '만약 … 라면'에 관련된 요소명제를 일러 전건·*Antecedent*이라 하고, '… 이다'에 관련된 요소명제를 후건·*Consequent*이라 부른다. 이 삼단논법은 **혼합 가언적 삼단논법**·*mixed hypothetical Syllogism*과 **순 가언적 삼단논법**·*pure hypothetical Syllogism*으로 세분화된다. 전자는 두 전제 중에서 하나의 전제가 가언명제이고 다른 하나의 전제는 정언명제로서 구성된 논증을 말하고, 후자는 두 개의 전제 모두가 가언명제로서 구성된 논증을 말한다.

우선 **혼합 가언 삼단논법**의 경우를 살펴보기로 하자. 네 가지의 경우의 유형을 생각할 수 있다.

(1) 전건 긍정의 경우

대전제의 전건을 소전제가 긍정하고, 결론이 대전제의 후건을 긍정하는 경우이다. 이 경우는 **타당한 가언 삼단논법**이다.

만약 비가 오면 강물이 많아진다.
비가 왔다.
그러므로 강물이 많아졌다.

(2) 전건 부정인 경우

대전제의 전건을 소전제에서 부정하고, 결론이 대전제의 후건을 부정하는 경우이다.

만약 스쿨버스가 고장나면 지각한다.
스쿨버스가 고장나지 않았다.
그러므로 지각하지 않았다.

이 경우는 부당한 가언 삼단논법이 된다. 지각의 원인이 반드시 스쿨버스의 고장에만 있는 것이 아니기 때문이다. 따라서 이를 **전건 부정의 오류**라 칭한다.

(3) 후건 긍정의 경우

대전제의 후건을 소전제에서 긍정하고, 결론이 대전제의 전건을 긍정하는 경우이다.

만약 교통사고가 나면 인명이 상한다.
인명이 상했다.
그러므로 교통사고가 났다.

이 경우 역시 부당하다. 인명이 상한 원인이 반드시 교통사고로 인한 것만은 아니기 때문이다. 따라서 이를 **후건 긍정의 오류**라 한다.

(4) 후건 부정의 경우

대전제의 후건을 소전제에서 부정하고, 결론이 대전제의 전건을 부정하는 경우이다. 이 경우는 **타당**하다.

만약 비가 오면 땅이 젖는다.
땅이 젖지 않았다.
그러므로 비가 오지 않았다.

순 가언적 삼단논법은 두 개의 전제와 결론이 가언명제로 구성되어 있는 삼단논법이다. 이것 역시 네 가지의 경우를 생각해 볼 수 있다. 그런데 순 가언 삼단논법은 정언 삼단논법과 원리와 규칙이 그대로 적용된다. 가언명제들의 전건과 후건이 구조적으로 각각 정언명제의 주어와 술어에 해당되기 때문이다.

(1) 제 1 격

이 논증은 정언 삼단논법의 제 1격에 해당되는 것으로서, 대전제의 전건과 소전제의 후건은 매개념의 역할을 한다. 즉,

만약 B이면 A이다.
만약 C이면 B이다.
∴ 만약 C이면 A이다.

만약 그가 성공하면 그는 행복하다.
만약 그가 노력하면 그는 성공한다.
그러므로 만약 그가 노력하면 그는 행복하다.

(2) 제 2 격

이 논증은 정언 삼단논법의 제 2격에 해당되는 것으로서, 대·소 양 전제의 후건이 매개념의 역할을 한다. 즉,

만약 A이면 B이다.
만약 C이면 B가 아니다.
∴ 만약 C이면 A가 아니다.

만약 교양 있는 사람이면 공중도덕을 지킬 것이다.
만약 무식한 사람이면 공중도덕을 지키지 않을 것이다.
그러므로 만약 무식한 사람이면 교양 있는 사람이 아니다.

(3) 제 3 격

이 논증은 정언 삼단논법의 제 3격에 해당되는 것으로서, 대·소 양 전제의 전건이 매개념의 역할을 한다. 즉,

만약 B가 아니면 A이다.
만약 B이면 C이다.
∴ 만약 C가 아니면 A이다.

만약 주체의식이 없으면 외세의 침공을 받는다.
만약 주체의식이 있으면 질서가 유지된다.
그러므로 만약 질서가 유지되지 않으면 외세의 침공을 받는다.

(4) 제 4 격

이 논증은 정언 삼단논법의 제 4격에 해당되는 것으로서, 대전제의 후건과 소전제의 전건이 매개념의 역할을 한다. 즉,

만약 A이면 B이다.
만약 B이면 C이다.
∴ 만약 C가 아니면 A가 아니다.

만약 위생관리가 철저하면 전염병이 억제된다.
만약 전염병이 억제되면 사망률이 줄어든다.
그러므로 만약 사망률이 줄어들지 않으면 위생관리가 철저하지 않다.

연습문제

Ⅰ. 다음의 논증을 분석하고 그 타당성을 확인하시오.

1. 김 씨는 회사원이거나 공무원이다. 그는 회사원이 아니다. 그러므로 그는 공무원이다.
2. 박쥐는 포유동물이다. 그러므로 박쥐가 조류가 아니라는 것은 사실이 아니다.
3. 그녀는 그의 비서이거나 딸이다. 그녀는 그의 비서이다. 그러므로 그녀는 그의 딸이 아니다.
4. 그가 몇 분만 일찍 집을 나섰더라면, 그는 틀림없이 기차를 놓치지 않았을 것이다. 그러나 그는 우물쭈물했기 때문에 기차를 놓쳤음에 틀림없다.
5. 만약 일행 중에 전문 도박꾼이 있다면 우리는 노름을 해서는 안 된다. 그러나 현재 전문 도박꾼은 없다. 따라서 도박하는 것은 합법적이다.
6. 오류가 피해질 수 있다면, 오류는 용납될 것이다. 그러나 오류는 피해질 수 있다. 그러므로 그것은 용납될 수 있다.
7. 박 씨는 대구에 살거나 부산에 산다. 그는 대구에 산다. 그러므로 그는 부산에 살지 않는다.
8. 그 낯선 사람은 깡패이거나 바보이다. 그는 깡패이다. 그러므로 그는 바보가 아니다.
9. 만일 처음에 만난 원주민이 정치인이라면 처음에 만난 원주민은 자기가 정치인이라는 사실을 부인했을 것이다. 처음에 만난 원주민은 자기가 정치인임을 부인했다. 그러므로 그는 정치인이다.

4. 딜레마

대전제가 두 개의 가언명제이고 소전제가 하나의 선언명제로 구성되어 있는 삼단논법을 **딜레마**·*Dilemma* 혹은 **양도논법**이라 한다. 딜레마는 대전제의 가언명제의 전건이 긍정인 경우와 후건이 부정인 경우가 있다. 전자를 구성식이라 하고 후자를 파괴식이라 한다. 그리고 결론이 정언명제인 경우와 선언명제인 경우가 있는데, 전자의 경우를 단순식이라 하고 후자를 복합식이라 한다. 이에 따라 딜레마는 **단순 구성적 딜레마**·*simple constructive Dilemma*, **단순 파괴적 딜레마**·*simple destructive Dilemma*, **복합 구성적 딜레마**·*complex constructive Dilemma* 그리고 **복합 파괴적 딜레마**·*complex destructive Dilemma*로 세분화된다.

1) 딜레마의 유형

(1) 단순 구성적 딜레마

만약 A이면 B이다. 만약 C이면 B이다.
A이거나, C이다.
∴ B이다.

만약 택시를 타고 가면 5분이 걸린다. 만약 지름길로 걸어가면 5분이 걸린다.
택시를 타고 가거나, 지름길로 걸어가거나 이다.
그러므로 어떻게 하든 5분이 걸린다.

(2) 단순 파괴적 딜레마

만약 A이면 B이다. 만약 A이면 C이다.
B가 아니거나, C가 아니다.
∴ A가 아니다.

만약 그가 졸업을 한다면 필요한 학점을 이수했을 것이다.
만약 그가 졸업을 한다면 논문이 통과되었을 것이다.
그는 필요한 학점을 이수하지 못했거나, 논문이 통과되지 않았을 것이다.
그러므로 그는 졸업하지 못할 것이다.

(3) 복합 구성적 딜레마

만약 A이면 C이다. 만약 B이면 D이다.
A이거나, B이다.
∴ C이거나 D이다.

만약 시험을 치게 되면 MT를 가지 못할 것이다.
만약 시험을 치지 않게 되면 학점이수를 포기해야 할 것이다.
시험을 치거나, 시험을 치지 않거나 이다.
그러므로 MT를 가지 않거나 학점이수를 포기하거나 이다.

(4) 복합 파괴적 딜레마

만약 A이면 C이다. 만약 B이면 D이다.

C가 아니거나, D가아니다.
∴ A가 아니거나 B가 아니다.

만약 그가 영리하다면 잘못을 깨달을 것이다.
만약 그가 정직하다면 잘못을 인정할 것이다.
그는 잘못을 깨닫지 않거나, 잘못을 인정하지 않을 것이다.
그러므로 그는 영리하지 않거나 정직하지 않다.

이처럼 딜레마는 가언명제와 선언명제로 구성되어 있기 때문에 상당히 복잡하다. 따라서 내용상으로 잘못을 범하기 쉬울 뿐 아니라, 또한 이를 찾아내는 것 역시 여간 어려운 것이 아니다. 내용상 잘못을 피하기 위해서는 우선 소전제의 선언명제에 있어 선언지가 완전해야 한다. 즉 소전제의 선언지가 딜레마의 내용상 주개념의 모든 경우를 총망라해야 한다. 그리고 대전제의 가언명제에 있어 후건은 항상 전건에 대하여 필연적인 연관성이 있어야 한다. 이들을 무시하게 되면 딜레마는 내용상 거짓이 된다.

딜레마의 오류를 피하기 위한 조건은 다음과 같다.

1. 대전제인 가언명제의 전건과 후건은 내용상 필연적이어야 한다.
2. 소전제인 선언명제의 선언지는 모든 경우를 총망라해야 한다.
3. 소전제의 선언명제는 대전제의 가언명제의 전건을 긍정하거나, 후건을 부정해야 한다. 이를 무시하면 아예 부당한 딜레마가 된다.

2) 딜레마의 오류 피하기

(1) 뿔 사이로 피하는 방법

여기에서 **뿔**·*Horn*이라 함은 소전제의 선언지를 말한다. 위에서 말한 바와 같이 딜레마의 선언지, 즉 **뿔은 가능한 모든 경우를 제시**해야 한다. 그렇지 못하면 딜레마는 내용상 거짓이 된다. 따라서 간과된 선언지를 발견하여 이를 제시함으로써 오류를 범하고 있음을 지적할 수 있다. 즉,

> 만약 학생들이 공부하기를 좋아한다면, 그들에게 장학제도가 필요 없을 것이다.
> 만약 학생들이 공부하기를 싫어한다면, 그들에게 장학제도가 소용이 없을 것이다.
> 그런데 학생들은 공부를 좋아 하든가 공부를 싫어하든가 이다.
> 그러므로 장학제도는 필요가 없거나 소용이 없을 것이다.

위의 예에 있어 소전제의 선언지는 학생의 모든 경우를 제시하고 있지 않다. 공부를 원래 좋아하거나 싫어하는 학생은 학생의 소수에 불과하고, 대다수의 학생은 원래부터 좋아하지도 싫어하지도 않는다. 그런데 이런 부류의 학생들에게 장학제도는 학습동기를 유발시키는 데에 필요하고 또 유용하다. 따라서 소전제에서 놓치고 있는 이 선언지를 제시함으로써 위의 딜레마가 거짓임이 드러난다. 이를 **뿔 사이로 피하는 방법**이라 한다.

(2) 뿔로 잡는 방법

이것은 소전제를 인정하면서 그 뿔이 각각 대전제의 가언명제의 전건(혹은 후건)이면 그 후건(혹은 전건)은 반드시 전건(혹은 후건)의 **필연적 논거가 될 수 없음을 지적**함으로써 딜레마가 거짓임을 밝혀내는 방법이다. 즉,

> 만약 여자들의 화장이 진실을 감추기 위한 화장이라면, 여자들의 화장은 부도덕하다.
> 만약 여자들의 화장이 남자의 환심을 사기 위한 화장이라면, 여자들의 화장은 역시 부도덕하다.
> 그런데 여자들의 화장은 진실을 감추기 위한 것이던가, 여자들의 화장은 남자의 환심을 사기 위한 것이다.
> 그러므로 여자들의 화장은 어떤 경우이든 부도덕하다.

이 딜레마의 대전제에서 말하고 있는 바와 같이, 여자들의 화장이 진실을 감추기 위한 것이라 하더라도, 타인에게 해를 끼치지 않고 더구나 불쾌감을 주지 않는다면 반드시 부도덕한 행위만은 아닐 것이다. 또한 남자의 환심을 사기 위한 것이라 하더라도, 그 남자가 나름 아닌 사랑하는 남편인 경우에는 사정은 달라진다. 이와 같은 방법으로 딜레마의 오류를 지적하는 행위를 **뿔로 잡는 방법**이라 칭한다.

(3) 반대 딜레마로 되치기

이것은 주어진 딜레마의 결론과 모순되는 결론을 가진 새로운 딜레

마를 제시함으로써 주어진 딜레마를 반박하는 방법이다. 이것은 주어진 딜레마의 결론이 선언적인 경우인 복합 딜레마에 한하여 이용할 수 있는 방법이다. 즉, 주어진 딜레마가 구성적이면 그 후건을, 파괴적이면 그 전건을 대전제에 있어서 자리 바꿈시켜 이를 부정함으로써 새로운 딜레마를 만들어 내어 반박한다. 즉,

> 만약 네가 진실을 말하면 사람들이 너를 미워할 것이다.
> 만약 네가 거짓을 말하면 신이 너를 미워할 것이다.
> 그런데 너는 언제나 진실을 말하거나 거짓을 말한다.
> 그러므로 너는 사람들에게 미움을 받거나 신에게 미움을 받게 될 것이다.

위의 딜레마는 아테네의 정치인이 되고자 하는 아들에게 그의 어머니가 충고한 말이다. 이에 대하여 아들은 걱정하시는 어머니에게 다음과 같이 대답했다.

> 만약 제가 진실을 말하면 신이 저를 사랑할 것입니다.
> 만약 제가 거짓을 말하면 사람들이 저를 사랑할 것입니다.
> 그런데 저는 언제나 진실을 말하거나 거짓을 말합니다.
> 그러므로 저는 신의 사랑을 받거나 사람들에게 사랑을 받게 될 것입니다.

연습문제

Ⅰ. 다음의 논증들을 분석해 보고, 논리적 오류에 관해 논해 보시오.

1. 논리학이 무엇인지 모른다면 당신은 논리학을 배울 수 없다. 또 논리학을 알고 있다면 당신은 논리학을 배울 필요가 없다. 그런데 당신은 논리학이 무엇인지 모르거나 알고 있을 것이다. 그러므로 당신은 논리학을 배울 수 없거나 배울 필요가 없다.
2. 세금이 늘어난다면 경제가 고통을 당할 것이고, 세금이 줄어든다면 필요한 정부 사업이 감소할 것이다. 세금이 늘어나거나 줄어들거나 이기 때문에, 경제는 고통을 당할 것이거나, 필요한 정부의 사업이 감소할 것이라는 귀결이 뒤따른다.
3. 사람들이 선하다면 법은 나쁜 행위를 막는데 필요가 없을 것이요, 반면에 사람들이 악하다면 법은 나쁜 행위를 막는 데 성공하지 못할 것이다. 사람들은 선하거나 악하거나 이다. 그러므로 법은 나쁜 행위를 막는 데 필요가 없거나 성공하지 못할 것이다.
4. 우리가 경쟁을 한다면 평화가 없을 것이요, 경쟁을 하지 않는 다면 발전이 없을 것이다. 우리는 경쟁을 해야 하거나 경쟁을 하지 않거나 둘 중 하나이기 때문에, 평화가 없거나 발전이 없거나 둘 중의 하나가 될 것이다.
5. 내가 밤새워 공부한다면, 나는 페스티발에 가지 못할 것이다. 내가 밤새워 공부하지 않는다면 나는 내일 있을 시험에 낙제할 것이다. 나는 밤새워 공부하거나 그렇게 하지 않을 것이다. 그러므로 나는 페스티벌에 가지 못할 것이거나 내일 있을 시험에 낙제할 것이다.
6. 남자가 독신이라면 그를 돌보아 줄 사람이 없기 때문에 그는 불행하다. 만약 그가 결혼했다면 처자를 돌보아야 하기 때문에 그는 불행하다. 그는

어차피 결혼을 해야 하거나 독신으로 지내야 하기 때문에, 그는 고통으로부터 탈출할 도리가 없다.

해　답

제1장 사유와 논증

Ⅰ. 다음의 예는 하나의 논증만을 포함하고 있다. 각 논증의 전제와 결론을 확인하라.

1. 전제 : 논리학은 지적 훈련과 지적인 정직성을 확보해 주는 주요한 도구이다.
   결론 : 논리학은 바람직한 사회의 목표를 성취하는데 도움이 된다.
2. 전제 : 그가 보고 있다고 생각하는 오아시스는 존재하지 않는다.
   결론 : 어떤 사람이 사막에서 신기루를 볼 때 어떤 물질적인 것을 지각하고 있는 것이 아니다.
3. 전제 : 하나의 책을 죽인 자는 이성자체를 죽인 것이다.
   결론 : 좋은 책을 죽이는 것은 한 사람을 죽이는 것과 거의 다를 바가 없다.
4. 전제 : 복합물이란 단순한 실체의 결합에 지나지 않는다.
   결론 : 복합물이 존재하는 것으로 보아서 단순한 실체도 있음에 틀림없다.
5. 전제 : 수성과 금성은 태양의 저편에서 관찰되고 또 이편에서 관찰된다.
   결론 : 수성과 금성은 태양의 주위를 돌고 있다.
6. 전제 : 시는 보편적인 것을 표현하지만 역사는 특수한 것만을 표현한다.
   결론 : 시는 역사보다 성묘하며 더 철학적이다.
7. 전제 : 모든 예술과 모든 학문, 그리고 모든 행동과 모든 탐구도 마찬가지로 어떤 선을 목표로 하고 있다.
   결론 : 선이란 모든 것이 목표로 하고 있는 것이라고 말해도 좋을 것이다.
8. 전제 : 티타늄은 산소, 질소, 수소와 쉽게 결합된다. 산소, 질소, 수소 등은 모두 티다늄의 역학상의 속성에 정반대의 영향을 미친다.

결론 : 티타늄은 이들이 없을 때 가공 처리되어야 한다.

9. 전제 : 플라톤에 따르면, 선은 개인의 실제적 이익을 촉진한다.
 결론 : 선이 인식되는 어떤 경우라도 사람들은 그것을 찾는다.

10. 전제 : 그들은 인간이란 사회 속에서 살기를 원한다.
 결론 : 자신의 개인적인 이익의 일부를 공공의 이익을 위해서 포기해야만 한다.

11. 전제 : 독일과 이탈리아는 독재적인 왕좌 자치령 투성이었고, 스페인은 실제로 독재적이었으며, 영국에서는 왕좌가 그렇게 강력하지는 못했었다. 17세기가 다가올 무렵 프랑스 군주제는 점차적으로 유럽에서 가장 위엄 있고 가장 공고한 힘으로 성장했다.
 결론 : 16세기 말엽 온 세계는, 군주제가 지배적이었고 절대주의로 향하는 경향이 있었다.

12. 전제 : 어릴 때부터 보통 소녀들은 거의 결혼이 그녀의 궁극목적이다.
 결론 : 그녀의 훈련과 교육은 틀림없이 그 목적을 향하게끔 되어 있다.

Ⅱ. 다음의 예는 두 개 이상의 논증을 포함하고 있다. 각 논증을 구별하고, 각각의 논증의 전제와 결론을 확인하시오.

1. ① 첫째 논증 - 전제 : 물질은 운동이다.
 결론 : 물체는 그것이 운동하는 것에 있다.
 ② 둘째 논증 - 전제 : 모든 물질입자는 전 우주에 걸쳐 있다.
 결론 : 모든 물체는 모든 곳에 있다.

2. ① 첫째 논증 - 전제 : 자유의 목적은 인류의 진보와 개선에 있지만 보호의 목적은 그것을 유지하고 영구히 하는데 있다.
 결론 : 사실 자유는 가장 큰 축복중에 하나이긴 하지만 보호의 축복만큼 위대한 것은 아니다.

② 둘째 논증 - 전제 : 인류의 생존이 인류의 재산보다 훨씬 중요하다.

결론 : 이 두 가지가 갈등을 일으킬 때 자유는 보호에게 자리를 양보해야 한다.

3. ① 첫째 논증 - 전제 : 모든 사고는 물질적 원인에 의해 생겨난다는 얘기는 허위이다.

결론 : 우리가 도달한 결론을 믿을 이유가 없다.

② 둘째 논증 - 전제 : 모든 사고는 물질적 원인에 의해 생겨난다는 얘기는 허위이다. 따라서 우리가 도달한 결론을 믿을 이유가 없다.

결론 : 유물론은 자가당착의 가설이다.

4. ① 첫째 논증 - 전제 : 결혼은 여성들에게 있어서 노예생활이다.

결론 : 여성 운동이 이 제도에 대한 공격에 집중되어야 한다.

② 둘째 논증 - 전제 : 고용차별과 같은 그런 문제에 대한 공격은 피상적 이다.

결론 : 여성에게서의 자유는 결혼의 폐지 없이는 쟁취될 수 없다.

5. ① 첫째 논증 - 전제 : 악마가 있어 나를 끊임없이 속인다 해도 내가 존재하지 않으면 나를 속일 수 없다.

결론 : 내가 존재한다는 것은 조금도 의심할 수 없다.

② 둘째 논증 - 주어진 예문은 데카르트가 '나는 사유한다. 그러므로 존재한다' 사실을 증명해 보이고자 하는 논증의 일부이다. 그러나 주어진 예문 가운데 '그가 아무리 제 마음대로 속인다 해도 내가 무엇인가 생각하고 있는 한 그가 나를 존재하지 않도록 만들 수는 없다' 는 주장에 대한 전제가 제시되고 있지 않다. 그러므로 예문의 마지막 문장, 즉 "'나는 존재한다', '내가 있다'는 것은 내가 그것을 말하거나 마음속으로 생각하는 한 필연적인

진리이다"로서는 논증을 구성할 수 없다.

Ⅲ. 다음의 글들이 귀납논증인지 연역논증인지를 확인하시오.

1. 연역논증, 2. 연역논증, 3. 연역논증, 4. 연역논증, 5. 귀납논증 6. 귀납논증, 7. 연역논증, 8. 연역논증, 9. 연역논증, 10. 연역논증 (귀납이 불확실하고, 불분명하다는 사실을 다양한 관점에서 제시함으로써 '귀납이 부당하다'는 사실을 주장하고 있기 때문이다.)

Ⅳ. 다음의 예가 논증을 포함하고 있는지의 여부를 확인하시오.

1. 보고, 2. 논증 (주어진 예문의 첫문장, 즉 '불편하다는 것은 좋은 것이다'는 예문의 결론으로서의 의미를 갖는다. 그리고 '불편하겠지만 마음이 편하다'는 예문의 마지막 문장은 이에 대한 전제의 기능을 한다. 즉, <불편하다는 것은 좋은 것이다. 왜냐하면 마음이 편하기 때문이다>로 논증을 구성할 수 있겠다.) 3. 보고, 4. 설명, 5. 논증, 6. 예시, 7. 보고, 8. 예시, 9. 보고, 10. 예시

제2장 언어와 정의

1) 개념의 내포와 외연

Ⅰ. 다음 개념들의 외연을 열거해 보시오.

1. 신성일, 엄행란, 김지미, 최진실, 안성기, 한석규, 최민식 …
2. 김기수, 유제두, 홍수환 …
3. 무궁화, 장미, 코스모스, 국화, 채송화, 민들레, 개나리 …
4. 매일신문, 조선일보, 동아일보, 한국일보, 중앙일보, 한겨레신문 …
5. 압록강, 두만강, 대동강. 한강, 금강, 낙동강 …
6. 현대기아자동차, 르노삼성자동차, 지엠대우자동차 …
7. 경북대학교, 부산대학교, 서울대학교, 충북대학교, 충남대학교 …
8. 이승만, 윤보선, 박정희, 전두환, 노태우 …
9. 부산, 인천, 포항, 울진, 속초, 목포, 원산 …

10. 김소월, 박두진, 박목월, 조병화, 서정주 …

Ⅱ. 다음의 개념들을 내포가 증가하는 방향으로 배열해 보시오.

1. 생물, 동물, 척추동물, 포유동물, 인간
2. 인간, 직업인, 의사, 정형외과 의사
3. 학문, 인문과학, 철학, 고대철학, 탈레스의 철학
4. 운동, 구기, 축구, 골키퍼
5. 도형, 평면도형, 삼각형, 등변삼각형

2) 개념의 애매성과 모호성

Ⅰ. 다음의 개념 중에서 다의적인 개념을 가려내어 보시오. 그리고 그 개념의 상이한 의미를 지적해 보시오.

1. 과일의 일종으로서의 배, 물위에 떠다니는 교통수단이나 생계수단으로서의 배, 인간의 신체의 일부로서의 배 등을 들 수 있다.
2. 사람의 신체의 일부인 눈, 추운 겨울날 내리는 하얀 색의 눈 등을 들 수 있다.
3. 사람의 신체의 일부로서의 발, 현관문이나 창문에 걸치는 발 등을 들 수 있다.
4. 과일의 일종으로서의 감, 어떤 사태에 관한 파악한 내용이나 느낌 등을 들 수 있다.
5. 동물로서의 말, 언어소통의 도구로서의 말, 물건의 량을 측정하는 단위로서의 말 등을 들 수 있다.
6. 과일의 종류로서의 사과, 상대방에게 누를 끼치거나 실수를 하여 피해를 주었을 때 잘못을 인정하고 용서를 구하는 행위 등을 말한다.
7. 신체의 일부로서의 다리, 장애물을 없애기 위해 세워둔 교각 등을 말한다.
8. 책의 페이지, 음식의 맛을 낮추기 위해 사용하는 재료, 신체의 내부의 소화기관을 총칭할 때 사용하다.

9. 사람의 얼굴을 칭하는 개념으로 다의적이지 않다.

10. 숫자로서의 영(0), 인간의 정신적인 내용의 일종으로서의 영(靈), 사물의 그림자로서의 영(影) 등을 들 수 있다.

Ⅱ. 다음의 문장에서 의미가 애매하거나 모호한 바를 지적해 보시오.

1. 모호한 문장이다. 하면 되는 내용의 범위가 분명히 제시되고 있지 않다. 하면 되지 아니하는 것 또한 있기 때문이다.
2. 애매모호한 문장이다. 애매한 경우는 '중년부인'을 강조하게 되면 갓 결혼한 여자나 할머니는 제외되기 때문이다. 모호한 경우는 '중년부인', '대부분' 등의 외연이 불분명하기 때문이다.
3. 애매모호한 문장이다. 애매한 경우는 대머리가 아닌 총각과 키다리 처녀, 또는 대머리 총각과 키가 작은 처녀는 결혼하기 쉽다 라고 받아들일 수 있기 때문이다. 모호한 경우는 '대머리', '키다리' 개념의 외연이 분명하지 않기 때문이다.
4. 모호한 문장이다. '쉽다', '어렵다' 개념의 외연이 분명하게 제시되고 있지 않다.
5. 애매한 문장이다. 왜냐하면 이 문장은 '예수는 모든 사람을 좋아한다'와 '모든 사람은 예수를 좋아한다'는 뜻으로 해석될 여지가 있기 때문이다.
6. 애매한 문장이다. 왜냐하면 (현실의 생활에 만족하지 못한 나머지) 천당에 가고 싶다는 자신의 심정을 우회적으로 표현하여 천당에라도 가야겠다는 얘기인지, 그렇지 않으면 천당을 향한 지나친 집착이 마침내 삶을 포기하고 죽음을 선택하는 지경에 이른다는 얘기인지 이 문장으로 보아서는 그 내용이 분명히 전달되지 않기 때문이다.
7. 애매모호한 문장이다. 애매한 경우는 '큰 회사'를 강조하게 되면 작은 회사는 제외되기 때문이다. 모호한 경우는 '큰 회사', '대체로'의 외연이 분명하지 않기 때문이다.
8. 애매모호한 문장이다. 애매한 경우는 '현대인'을 강조하게 되면 고대인, 중세인, 근대인은 제외되기 때문이다. 모호한 경우는 '일반적

으로', '장래' 라는 개념이 모호하기 때문이다

9. 애매모호한 문장이다. 이것이 애매한 문장일 수 있는 이유는 즉, '남성들과 여성들 중에서 여성들이 더 경제적인 자립에 관심이 많다'와 '남자와 경제 둘 중에서 여성들은 경제에 더 관심을 가지고 있다'로 들릴 수 있기 때문이다. 그리고 이것이 모호한 문장일 수 있는 것은 '요즈음', '젊은 여성', '더 큰 관심' 등의 개념 등이 다분히 모호하기 때문이다.

10. 애매모호한 문장이다. 애매한 경우는 '전통적인 도덕'을 지나치게 강조하게 되면 발생한다. 그들은 전통적인 도덕이 아닌 현대의 도덕에 충실하지 않는 사람으로 이해될 수 있기 때문이다. 모호한 경우는 이 문장 속의 개념, 즉 '효도', '충성', '전통적인 도덕'의 외연이 분명하지 않기 때문이다.

11. 모호한 문장이다. 누구와 싸우면서 무엇을 건설하자는 얘기인지 이 문장으로서는 종잡을 수가 없다. 싸움과 건설의 외연이 분명하지 않기 때문이다.

12. 모호한 문장이다. '미인', '가꾸는 여자', '아름답다' 개념의 외연이 분명히 제시되고 있지 않다.

13. 애매모호한 문장이다. 애매한 경우는 주어진 문장에서 어느 개념을 강조하느냐에 따라 다양하게 이해될 여지가 있다. '고관'을 강조하게 되면, 주어진 문장은 고관이 아닌 일반 공무원들은 자동차 운전을 잘 배운다라고 이해되고, '자동차 운전'을 강조하게 되면, 고관들이 자동차 운전 이외의 것들 예를 들면 골프나 스키 등등은 잘 배운다로 이해되기 때문이다. 모호한 경우는 '고관'이란 개념의 외연이 분명하게 제시되고 있지 않기 때문이다.

14. 모호한 문장이다. '사정', '무기' 등 개념의 외연이 분명하지 않기 때문이다.

15. 모호한 문장이다. 이 문장에 등장하는 개념, 즉 '지성인', '사회부조리'의 외연이 불분명하기 때문이다.

16. 애매한 문장이다. 친구가 자신만만하다는 얘기인지, 아버지가 자

신만만하다는 얘기인지 분명하지 않다.

17. 애매모호한 문장이다. 애매한 경우는 '처음으로'를 강조하는 경우 발생한다. 처음이 아닌 두 번째 혹은 세 번째의 경우는 엄벌을 면할 수 있다 로 있기 때문이다. 모호한 경우는 '특별법', '엄벌'의 개념이 지칭하는 범위가 분명하지 않기 때문이다.

18. 모호한 문장이다. '높은', '낮은', '화목' 개념의 영역이 분명하지 않기 때문이다.

19. 애매모호한 문장이다. 애매한 경우는 인구문제 이외의 문제들에 대해서는 종교들간의 큰 차이가 없다 로 이해 될 수 있기 때문이다. 모호한 경우는 어떤 '종교들'을 말하는지, '역사적 배경'이라면 구체적으로 어떤 배경을 칭하는지, 여기에서 '큰 차이'라면 어느 정도의 차이를 말하는지 분명히 제시되고 있지 않기 때문이다.

20. 애매한 문장이다. 왜냐하면 '교육자는 한 사람도 이상주의자가 아니다'를 뜻하는 것인지, 또는 '교육자 중에는 이상주의자가 아닌 사람도 있다'를 뜻하는 것인지 분명하지 않기 때문이다.

3) 정의 목적과 유형 및 방법

Ⅰ. 다음의 개념들을 사전적으로 정의하고 두 가지 의미를 지적해 보시오.

1. ① 다리는 사람의 신체의 일부를 칭한다.
   ② 다리는 도로 위의 장애를 없애기 위해 만든 교각을 말한다.
2. ① 일정한 노동의 댓가로서 받은 수당을 말한다.
   ② 가옥이나 도로 등이 훼손되거나 파손되었을 때, 이를 원상태로 복구시키는 행위를 말한다.
3. ① 계획이나 약속을 차후로 미루는 행위를 말한다.
   ② 배우나 탈렌트가 작가가 쓴 스토리의 내용을 다양한 제스처로 표현하는 것을 말한다.
   ③ 어떤 것이 소각될 때 불과 함께 동반되는 기체를 말한다.
4. ① 신체의 일부로서 폐로 공기가 지나가는 통로를 말한다.

② 자신의 소원이나 바램을 이루고자 절대자에게 간절히 호소하는 일종의 행위를 말한다.

③ 어떤 일이나 작업을 시도하거나 기획하는 행위를 말한다.

5. ① 신부는 가톨릭 종교의 성직자를 말한다.

② 신부는 갓 결혼한 색시를 말한다.

6. ① 언어나 개념의 뜻을 정확히 알기 위하여 참고로 하는 책을 말한다.

② 어떤 일을 행하기 이전의 상태를 말한다.

7. ① 일정한 나라의 행정 중심도시를 말한다.

② 몸을 단련하거나 마음을 다스리기 위해 행하는 일종의 수련과정을 말한다.

③ 물을 식수나 일상생활 용수로 이용하기 위하여 만든 정화수를 말한다.

8. ① 절대자나 초월자를 종교적 관점에서 칭하는 말이다.

② 걷는데 불편함이 없도록 만든 생활도구를 말한다. 여기에는 고무신, 운동화, 구두, 장화 등이 있다.

9. ① 주변을 깨끗하게 하기 위해 사용하는 청소노구를 말한다.

② 자연현상의 변화에 의하여 기체인 구름이 액체의 상태인 물로 지상에 떨어지는 것을 말한다.

10. ① 도서는 책을 말한다.

②도서는 육지 가까이 있는 섬을 말한다.

Ⅱ. 다음의 개념들을 정확하게 하는 정의를 해 보시오. 그리고 모호함을 지적해 보시오.

1. 중년부인은 나이가 40세에서 50세에 이르는 결혼한 여자를 말한다. 그러나 35세에서 55세에 이르는 결혼한 여성은 어떤가. 이것은 약정의 문제이다.

2. 무엇을 어떻게 소유해야 행복하다고 말할 수 있을까. 건강, 돈, 미모, 명예, 권력 등이 행복의 진정한 조건이 될 수 있을까. 그러나

이와 달리 무소유야말로 진정한 행복이라 말하는 이도 있다. 이처럼 행복이란 개념의 외연은 넓다.

3. 자유 역시 마찬가지이다. 구속력이 어느 정도 배제되었을 때 우리는 자유롭다고 말할 수 있는가. 자유의 정도는 구속력에 반비례하는 것인가. 이 또한 한마디로 말하기가 힘들 것이다.
4. 짧은 치마란 어느 정도의 길이의 옷을 말하는가. 치마의 끝이 무릎 위에 있는 상태를 말하는가. 아래에 있는 것은 어떤가. 치마의 끝이 어느 정도 무릎 위에 걸쳐 있을 때 소위 짧다고 말하는가. 종잡을 수가 없는 것이다. 이 개념의 외연이 분명하지 않기 때문이다.
5. 머리카락의 길이가 몇 cm이어야 긴 머리카락인지 판단하기 어렵다. 이것 역시 약정의 문제이다.
6. 단식은 그야말로 먹는 행위를 중단하는 경우를 말한다. 그러나 우리는 자신의 바램이나 희망사항을 관철시킬 목적으로 소위 단식행위를 한다. 어떤 음식도 먹지 않고 이를 행할 수 있을까. 단식 그 자체가 목적이 아닌 이상 이것은 불가능할 것이다. 투쟁도 하다 못해 물이라도 먹어가면서 하는 것이다. 병원에 드러누워 포도당 주사를 맞아 가면서 하는 것이다. 이렇게 놓고 보면 단식이란 개념의 이해 어려워지는 것이다.
7. 죽음은 생명현상이 정지된 상태를 말하는가. 생명현상은 일어나는데 반하여 심리기능이나 사유기능이 정지된 상태를 말하는가. 온전한 육체를 가지고 있음에도 불구하고 죽은 사람 못지 않는 이들도 있기 때문이다. 즉 정상인으로서의 갖추어야 할 판단력이나 추리력 그리고 상상력 등이 전혀 없는 사람도 있기 때문이다. 또한 생명현상과 관련하여 죽음은 맥박이 정지되었을 때인가. 호흡이 정지되었을 때인가. 눈동자가 풀렸을 때인가. 한마디로 말하여 그 어떤 것도 죽음을 설명하기에는 역부족이다. 신체의 일부가 제기능을 상실했다고 하여 곧바로 죽음에 이르는 것은 아니기 때문이다.
8. 사랑 역시 마찬가지이다. 사랑은 참는 것일까. 상대방을 용서하는 것일까. 상대방의 마음을 사로잡는 것일까. 그렇지 않으면 보고 싶

은 사람의 손을 꼭 잡는 행위일까. 상대방의 입술에 자신의 입술을 갖다 되는 것을 말할까. 도대체 사랑이란 어떤 것인가. 이 또한 한 마디로 말하기가 힘들다. 개념의 외연이 지나치게 넓기 때문이다.

9. 알코올 중독자는 어떤 사람을 말하는가. 하루도 술을 먹지 않고서는 생활할 수 없는 사람을 말하는가. 그렇다면 주조회사에서 술맛을 감식하는 직업을 가진 사람도 알코올 중독자인가. 아니면 24시간 금주했을 경우 손이 떨리는 사람을 말하는가. 술에 취하여 같은 말을 반복해서 5번 이상 하는 사람을 말하는가. 이 또한 분명하게 정의를 내린다는 것이 사실상 불가능하다. 이 개념의 외연이 넓기 때문이다.

10. 외설 역시 사랑과 마찬가지로 그 기준을 찾기가 여간 어려운 것이 아니다. 어느 정도의 행위나 표현으로 소위 성을 자극시킬 때 우리는 일정한 작품을 외설이라 부르는가. 어려움은 이 또한 마찬가지이다.

Ⅲ. 다음의 개념들을 매거에 의하여 외연적으로 정의해 보시오.

1. 한국의 섬은 제주도, 울릉도, 거제도, 강화도, 독도, 완도 ,위도 등이다
2. 10이하의 홀수는 1, 3, 5, 7, 9 이다.
3. 한국의 신문사는 영남일보, 경향신문, 동아일보, 대구매일신문, 조선일보 등이다.
4. 배우는 허장강, 박노식, 장동휘, 김지미, 문희, 윤정희, 김희라 등이다.
5. 한국의 산은 백두산, 한라산, 금강산, 태백산, 설악산, 팔공산 등이다.
6. (자신이 알고 있는 의사의 이름을 열거하면 됩니다.)
7. 가수는 배호, 나훈아, 남진, 현철, 설운도 등이다.
8. 소설은 『태백산맥』, 『아리랑』, 『장길산』, 『만다라』 등이다.
9. 국가는 대한민국, 일본, 중국, 미국, 태국, 영국, 독일 등이다.

10. 대륙은 아시아대륙, 오세아니아 대륙, 아프리카 대륙, 북아메리카 대륙, 남아메리카 대륙 등이다.

V. 다음의 문장들을 유와 종차에 의한 규칙에 따라 평가해 보시오.

1. 넓다, 2. 넓다, 3. 비유적이다, 4. 좁다, 5. 비유적이다, 6. 비유적이다, 7. 좁다. 8. 부정어를 사용했다, 9. 좁다, 10. 좁다, 11. 좁다, 12. 비유적이다, 13. 순환적이다, 14. 넓다, 15. 비유적이다, 16. 순환적이다, 17. 비유적이다, 18. 순환적이다, 19. 부정어를 사용했다, 20. 좁다, 21. 비유적이다, 22. 좁다, 23. 순환적이다, 24. 좁다, 25. 비유적이다, 26. 좁다, 27. 비유적이다, 28. 좁다, 29. 비유적이다, 30. 좁다

제3장 비형식적 오류

1) 감정에 호소하는 심리적 오류

Ⅰ. 다음의 논증들은 하나의 오류를 범하고 있다. 어떤 오류를 범하고 있는 구체적으로 지적해 보시오.

1. 피장파장의 오류
2. 힘에 호소하는 논증
3. 대중에 호소하는 논증
4. 동정에 호소하는 논증
5. 힘에 호소하는 논증
6. 대중에 호소하는 논증
7. 힘에 호소하는 논증
8. 성적쾌락에 호소하는 논증
9. 권위에 호소하는 논증
10. 동정에 호소하는 논증
11 권위에 호소하는 논증
12. 피장파장의 오류

13. 권위에 호소하는 논증
14. 인신공격
15. 피장파장의 오류
16. 힘에 호소하는 논증
17. 대중에 호소하는 논증
18. 인신공격
19. 상황적 사람에 의한 논증
20. 상황적 사람에 의한 논증

2) 자료의 그릇된 판단에 의한 지적 오류

Ⅰ. 다음의 논증들은 하나의 오류를 범하고 있다. 어떤 오류를 범하고 있는 구체적으로 지적해 보시오

1. 약한 유비추리
2. 무지의 오류
3. 허수아비 논증
4. 우연의 오류
5. 분해의 오류
6. 분해의 오류
7. 선결문제요구의 오류
8. 우연의 오류
9. 거짓이분법
10. 무관한 결론의 오류
11. 무지의 오류
12. 결합의 오류
13. 약한 유비추리
14. 거짓원인의 오류
15. 연쇄반응의 오류
16. 거짓원인의 오류
17. 복합질문의 오류

18. 분해의 오류
19. 거짓이분법
20. 거짓이분법

3) 언어의 그릇된 인식에 따른 언어적 오류

Ⅰ. 다음의 논증들은 하나의 오류를 범하고 있다. 어떤 오류를 범하고 있는 구체적으로 지적해 보시오

1. 애매구의 오류
2. 애매어의 오류
3. 애매구의 오류
4. 애매구의 오류
5. 애매어의 오류, 애매구의 오류
6. 애매구의 오류
7. 애매어의 오류
8. 범주오류
9. 애매구의 오류
10. 사용과 언급 혼동의 오류

Ⅱ. 다음의 논증들은 하나의 오류를 범하고 있다. 어떤 오류를 범하고 있는 구체적으로 지적해 보시오.

1. 무지의 오류
2. 우연의 오류
3. 우연의 오류
4. 우연의 오류
5. 약한 유비추리
6. 선결문제요구의 오류
7. 우연의 오류
8. 분해의 오류
9. 무지의 오류

10. 약한 유비추리
11. 거짓이분법
12. 상황적 사람에의 논증
13. 결합의 오류
14. 무지의 오류
15. 우연의 오류
16. 거짓원인의 오류
17. 우연의 오류
18. 결합의 오류
19. 무지의 오류
20. 결합의 오류
21. 권위에 호소하는 논증
22. 우연의 오류
23. 선결문제요구의 오류
24. 무관한 결론의 오류
25. 분해의 오류
26. 우연의 오류
27. 선결문제요구의 오류
28. 분해의 오류
29. 분해의 오류
30. 힘에 호소하는 논증
31. 권위에 호소하는 논승
32. 복합질문의 오류
33. 우연의 오류
34. 허수아비 논증
35. 성급한 일반화의 오류
36. 우연의 오류
37. 선결문제요구의 오류
38. 약한 유비추리

39. 성급한 일반화의 오류
40. 우연의 오류
41. 동정에 호소하는 논증
42. 거짓이분법
43. 허수아비
44. 선결문제요구의 오류
45. 인신공격
46. 무지의 오류
47. 상황적 사람에의 논증
48. 대중에 호소하는 논증
49. 무지의 오류
50. 선결문제요구의 오류
51. 선결문제요구의 오류
52. 복합질문의 오류
53. 결합의 오류
54. 분해의 오류
55. 무지의 오류
56. 거짓원인의 오류
57. 힘에 호소하는 논증
58. 인신공격
59. 결합의 오류
60. 인신공격
61. 결합의 오류
62. 선결문제요구의 오류
63. 우연의 오류
64. 분해의 오류
65. 복합질문의 오류
66. 거짓이분법
67. 무관한 결론의 오류

68. 사적관계에 호소하는 오류
69. 애매어의 오류
70. 애매어의 오류
71. 애매어의 오류
72. 인신공격
73. 결합의 오류
74. 대중에 호소하는 오류
75. 애매어의 오류
76. 거짓이분법

제4장 귀납추리와 과학적 탐구

Ⅰ. 다음 논증은 인과적 추리의 예이다. 밀의 다섯 가지 방법 중 어떤 방법이 사용되었는지 확인하시오.

1. 일치법, 2. 차이법, 3. 일치차이법, 4. 잉여법, 5. 공변법

제5장 정언명제와 정언 삼단논법

2. 일상적인 언표를 표준형식으로 바꾸는 규칙

Ⅰ. 일상언어로 표현된 명제를 표준형식의 정언명제로 바꾸시오.

1. 어떤 난초도 향기로운 꽃이 아니다.
2. 모든 백조는 흰 새이다.
3. 모든 장미는 가시가 있는 꽃이다.
4. 끝이 좋은 모든 때는 다 좋은 때이다.
5. 그가 시도한 모든 때는 성공한 때이다.
6. 큰 소리 치는 어떤 놈도 겁나는 놈이 아니다.
7. 하고자 하는 모든 일은 성공하는 일이다.
8. 칼로 일어선 모든 사람은 칼로 망하는 사람이다.
9. 아시아의 어떤 국가들은 호전적이 아닌 국가이다.

10. 모험성이 없는 모든 일은 재미가 없는 일이다.
11. 태양을 쳐다보는 어떤 사람도 자기의 그림자를 볼 수 있는 사람이 아니다.
12. 아름다운 모든 것들은 우리에게 즐거움을 주는 것들이다.
13. 어떤 학생들은 화려한 축제를 반대하는 사람들이다. 그리고 어떤 학생들은 화려한 축제를 반대하는 사람이 아니다.
14. 어떤 기업인도 노동조합의 지도자가 아니다.
15. 남의 미움을 사는 어떤 사람들은 철학자이다.
16. 그가 노래하는 것을 듣는 모든 때는 영감이 떠오르는 때이다.
17. 어떤 사람들은 낭비해 버린 젊을 안타까워하는 사람이다. 그리고 어떤 사람들은 낭비해 버린 젊을 안타까워하는 사람이 아니다.
18. 명예훈장을 받은 모든 사람은 용감한 사람이다.
19. 사랑을 잘하는 모든 사람은 기도를 잘 하는 사람이다.
20. 위대함의 불행을 아는 모든 사람은 위대한 사람이다.
21. 남의 약점을 노리는 모든 사람은 아픔을 모르는 사람이다.
22. 몸이 아픈 모든 사람은 세상을 비관적으로 보는 사람이다.
23. 가는 말이 고운 모든 때는 오는 말이 고운 때이다.
24. 모든 사람은 죽는 존재이다.
25. 어떤 군인은 사격을 잘 하는 사람이 아니다.

3. 정언명제의 주연관계

Ⅰ. 다음 명제의 주어와 술어가 무엇이며, 또한 주연되어 있는지 부주연되어 있는지를 밝혀 보시오.

1. 그들이 존경하는 모든 사람은 부모들이다.
   주어 : 주연된 개념, 술어 : 부주연된 개념.
2. 두드려지는 모든 문은 열리는 문이다.
   주어 : 주연된 개념, 술어 : 부주연된 개념.
3. 늦게 배운 모든 도둑은 날이 새는 줄 모르는 도둑이다.
   주어 : 주연된 개념, 술어 : 부주연된 개념.

4. 어떤 젊은 세대도 보수당 후보를 지지하는 사람이 아니다.
주어 : 주연된 개념, 술어 : 주연된 개념.
5. 어떤 장소도 UFO가 존재하는 장소가 아니다.
주어 : 주연된 개념, 술어 : 주연된 개념.
6. 반짝거리는 어떤 것은 금인 물질이 아니다.
주어 : 부주연된 개념, 술어 : 주연된 개념.
7. 눈치 빠른 모든 사람은 절간에서 새우젓을 얻어먹을 수 있는 사람이다.
주어 : 주연된 개념, 술어 : 부주연된 개념.
8. 좋은 신체적 조건을 유지하는 어떤 사람도 술을 좋아하는 사람이 아니다.
주어 : 주연된 개념, 술어 : 주연된 개념.
9. 어떤 학자들은 솔직하고 겸손한 사람이다. 그리고 어떤 학자들은 솔직하고 겸손한 사람이 아니다.
주어 : 부주연된 개념, 술어 : 부주연된 개념. 주어 : 부주연된 개념 , 술어 : 주연된 개념.
10. 5, 6공 시절의 군인 출신의 어떤 정치인도 참다운 의미에서 정치인이 아니다.
주어 : 주연된 개념, 술어 : 주연된 개념.

4. 표준형식의 정언 삼단논법

Ⅰ. 다음의 삼단논법을 정언 삼단논법으로 고쳐 쓰고, 각각의 식과 격을 말하시오.

1. 모든 교수는 지성적인 사람이다.
어떤 교수는 정열적으로 강의하는 사람이다.
그러므로 정열적으로 강의하는 어떤 사람은 지성적인 사람이다.
• 식과 격 : A I I - 3

2. 어떤 사회개혁가는 광신자이다.

모든 사회개혁가는 이상주의자이다.
어떤 이상주의자는 광신자이다.
• 식과 격 : I A I - 3

3. 어떤 사람들은 이성을 사용하는 존재가 아니다.
모든 사람들은 이성적 동물이다.
어떤 이성적 동물은 이성을 사용하는 존재가 아니다.
• 식과 격 : O A O - 3

4. 불이 나는 모든 곳은 연기가 나는 곳이다.
한라산과 동일한 어떤 산도 연기가 나는 곳이 아니다.
한라산과 동일한 어떤 산도 불이 나는 곳이 아니다.
• 식과 격 : A E E - 2

5. 모든 천치는 지능지수가 70이하이다.
어떤 대학졸업자도 지능지수가 70이하인 사람이 아니다.
그러므로 어떤 대학 졸업자도 천치가 아니다.
• 식과 격 : A E E - 2

6. 모든 우수한 배우는 운동구경을 좋아하는 사람이다.
어떤 우수한 배우도 우수한 운동선수가 아니다.
어떤 우수한 운동선수도 운동구경을 좋아하는 사람이 아니다.
• 식과 격 : A E E - 3

7. 인기 있는 모든 여학생은 말하기를 좋아하는 학생이다.
인기 있는 모든 여학생은 춤추기를 좋아하는 학생이다.
춤추기를 좋아하는 어떤 여학생은 말하기를 좋아하는 학생이다.
• 식과 격 : A A I - 3

8. 모든 야심적인 정치가는 선거에서 이기는 것을 지상의 목표로 하는 사람이다.
어떤 양심적인 정치가도 이기는 것을 지상의 목표로 하는 사람이 아니다.
어떤 양심적인 정치가도 야심적인 정치가가 아니다.
• 식과 격 : A E E - 2

9. 모든 일을 객관적으로 처리하고자 하는 어떤 사람도 과오를 범하는 사람이 아니다.
사실을 무시하는 모든 사람은 과오를 잘 범하는 사람이다.
사실을 무시하는 어떤 사람도 모든 일을 객관적으로 고찰하려는 사람이 아니다.
• 식과 격 : E A E - 2

10. 어떤 청소년 범죄자는 가정파괴의 산물이다.
모든 청소년 범죄자는 적응에 실패한 사람들이다.
그러므로 적응에 실패한 어떤 사람들은 가정파괴의 산물이다.
• 식과 격 : I A I - 3

제6장 직접추론과 삼단논법

1) 대당관계에 의한 직접추론

Ⅰ. 다음의 각 경우에서 '가' 명제가 참이라면 나, 다, 라 명제의 진위는 어떻게 되는가? 전통적인 대당관계에 의하여 밝혀 보시오.

1. 나. 거짓, 다. 참, 라. 거짓
2. 나. 거짓, 다. 거짓, 라. 참
3. 나. 거짓, 다. 불명, 라. 불명
4. 나. 불명, 다. 거짓, 라. 불명

Ⅱ. 다음의 각 경우에서 '가' 명제가 거짓이라면 나, 다, 라 명제의 진위는 어떻게 되는가? 전통적인 대당관계에 의하여 밝혀 보시오.

1. 나. 거짓, 다. 참, 라. 참
2. 나. 참, 다. 거짓, 라. 참
3. 나. 불명, 다. 불명, 라. 참
4. 나. 불명, 다. 참, 라. 불명

3) 명제변형에 의한 직접추론

Ⅰ. 다음의 각 명제의 환위 명제를 도출해 보시오.

1. 올바른 생각을 하는데 도움을 주는 모든 규칙은 논리학의 규칙이다.
2. 낫 놓고 기역자도 모르는 어떤 사람은 사람이다.
3. 고향출신의 그 후보를 지원하고 있는 모든 사람은 그 지역의 사람이다.
4. 행복한 어떤 사람도 가난한 사람이 아니다.
5. 바람직스러운 어떤 행동은 자신의 아이들에 대해서 귀여워 해 주는 행동들이 아니다.
6. 교통법규를 무시하는 무자비한 어떤 운전자도 남들에게 사려깊은 사람이 아니다.
7. 교사로 임명된 모든 사람은 교육대학교 졸업생이다.
8. 값만 비싸고 힘이 없는 어떤 것들은 미국산 차들이다.
9. 어떤 정온동물도 파충류가 아니다.

Ⅱ. 다음의 각 명제를 환질 명제로 도출하시오.

1. 모든 철학자는 비논리학자가 아니다.
2. 어떤 고양이도 주인에게 비충성스러운 동물이다.
3. 어떤 개는 사람보다 더 호강을 누리지 않는 존재가 아니다.
4. 어떤 철학자는 진실성이 없는 사람이다.
5. 약간의 학교의 우등생은 사회의 우등생이 아니다.
6. 대학의 어떤 운동선수들은 비프로선수가 아니다.

7. 어떤 목사는 비금욕생활을 한다.
8. 어떤 천재도 비타협주의자 이다.
9. 어떤 유기화합물도 비금속이다.

Ⅲ. 다음의 각 명제의 환질 환위 명제를 도출하시오.
1. 철학적 사유방법을 배우지 않는 모든 학생은 철학을 공부하는 학생이 아니다.
2. 질 높은 어떤 작품도 셰익스피어의 희곡이다.
3. 교수로서 자질이 부족하지 않는 어떤 사람은 고수들이 아니다.
4. 학생으로서의 본분을 지키는 어떤 사람은 학생이 아니다.
5. 어떤 비양심가는 재판관들이다.
6. 모든 비염세주의자는 저널리스트가 아니다.
7. 어떤 비장교는 군인이다.
8. 어떤 타락자도 신사가 아니다.
9. 어떤 거주자는 비시민이다.

Ⅳ. "어떤 자유주의자도 전체주의자가 아니다"를 참이라 할 때, 아래 각 명제의 진리 값을 명제환원의 방법으로 구하시오.
1. 거짓, 2. 참, 3. 참, 4. 거짓, 5. 참,
6. 참, 7. 거짓, 8. 참, 9. 거짓, 10. 거짓

Ⅴ. "모든 사회주의자는 평화주의자이다"를 거짓이라 할 때, 아래의 각 명제의 진리 값을 명제환원의 방법으로 구하시오.
1. 불명, 2. 거짓, 3. 불명, 4. 거짓, 5. 거짓
6. 불명, 7. 불명, 8. 불명, 9. 불명, 10. 참

2. 삼단논법과 타당성

1) 규칙과 오류

Ⅰ. 다음의 삼단논법의 타당성 여부를 규칙에 따라 확인하고, 부당한 경우 이를 구체적으로 지적해 보시오

1. 매개념 부주연의 오류
2. 존재적 오류
3. 매개념 부주연의 오류
4. 존재적 오류
5. 매개념 부주연의 오류
6. 양 부정의 오류
7. 존재적 오류
8. 부당긍정의 오류
9. 소개념 부당주연의 오류
10. 존재적 오류
11. 대개념 부당주연의 오류
12. 양 부정의 오류
13. 타당한 논증
14. 타당한 논증
15. 양 부정의 오류

Ⅱ. 다음의 삼단논법의 타당성 여부를 규칙에 따라 확인하고, 부당한 경우 이를 구체적으로 지적해 보시오.

1. 양 부정의 오류
2. 부당긍정의 오류
3. 타당
4. 부당긍정의 오류
5. 존재적 오류
6. 대개념 부당주연의 오류

7. 소개념 부당주연의 오류
8. 타당
9. 대개념 부당주연의 오류
10. 타당

III. 다음의 삼단논법을 재구성하여, 규칙을 사용하여 타당성 여부를 확인하시오.

1. 모든 M은 P이다.
   모든 M은 S이다.
   그러므로 모든 S는 P이다.
   ⇒ 소개념 부당주연의 오류

2. 어떤 P는 M이다.
   모든 S는 M이다.
   그러므로 어떤 S는 P이다.
   ⇒ 매개념 부주연의 오류

3. 어떤 M도 P가 아니다.
   어떤 S는 M이다.
   그러므로 어떤 S는 P가 아니다.
   ⇒ 타당한 논증

4. 모든 P는 M이다.
   모든 S는 M이다.
   그러므로 모든 S는 P이다.
   ⇒ 매개념 부주연의 오류

5. 어떤 M은 P이다.
   어떤 S도 M이 아니다.

그러므로 어떤 S는 P가 아니다.
⇒ 대개념 부당주연의 오류

6. 어떤 P도 M이 아니다.
어떤 M은 S가 아니다.
그러므로 어떤 S는 P가 아니다.
⇒ 양 부정의 오류

7. 어떤 M도 P가 아니다.
모든 S는 M이다.
그러므로 모든 S는 P이다.
⇒ 부당긍정의 오류

8. 모든 M은 P이다.
어떤 M은 S이다.
그러므로 어떤 S는 P이다.
⇒ 타당한 논증

9. 모든 P는 M이다.
모든 M은 S이다.
그러므로 어떤 S는 P이다.
⇒ 존재적 오류

10. 어떤 M은 P이다.
모든 M은 S이다.
그러므로 어떤 S는 P가 아니다.
⇒ 대개념 부당주연의 오류

11. 모든 P는 M이다.

어떤 S는 M이다.
그러므로 어떤 S는 P이다.
⇒ 매개념 부주연의 오류

12. 모든 M은 P이다.
어떤 M은 S이다.
그러므로 어떤 S는 P가 아니다.
⇒ 대개념 부당주연의 오류

13. 모든 P는 M이다.
어떤 M도 S가 아니다.
그러므로 어떤 S도 P가 아니다.
⇒ 타당한 논증

14. 어떤 P도 M이 아니다.
모든 M은 S이다.
그러므로 어떤 S도 P가 아니다.
⇒ 소개념 부당주연의 오류

15. 어떤 M도 P가 아니다.
모든 M은 S이다.
그러므로 어떤 S는 P가 아니다.
⇒ 존재적 오류

16. 어떤 M도 P가 아니다.
어떤 S도 M이 아니다.
그러므로 어떤 S도 P가 아니다.
⇒ 양 부정의 오류

17. 어떤 P도 M이 아니다.
모든 M은 S이다.
그러므로 어떤 S는 P가 아니다.
⇒ 존재적 오류

18. 어떤 M은 P가 아니다.
모든 M은 S이다.
그러므로 어떤 S는 P이다.
⇒ 부당 긍정의 오류

19. 어떤 M도 P가 아니다.
모든 S는 M이다.
그러므로 어떤 S는 P가 아니다.
⇒ 존재적 오류

20. 모든 P는 M이다.
어떤 S는 M이 아니다.
그러므로 어떤 S는 P가 아니다.
⇒ 타당한 논증

21. 어떤 P는 M이 아니다.
모든 S는 M이다.
그러므로 어떤 S는 P가 아니다.
⇒ 대개념 부당주연의 오류

22. 모든 M은 P이다.
모든 S는 M이다.
그러므로 모든 S는 P이다.
⇒ 타당한 논증

23. 어떤 M은 P가 아니다.
모든 M은 S이다.
그러므로 어떤 S는 P이다.
⇒ 부당 긍정의 오류

24. 어떤 M은 P이다.
모든 M은 S이다.
그러므로 모든 S는 P이다.
⇒ 소개념 부당주연의 오류

25. 어떤 P는 M이 아니다.
어떤 M도 S가 아니다.
그러므로 어떤 S는 P가 아니다.
⇒ 대개념 부당주연의 오류, 양 부정의 오류

2) 부울의 해석과 벤의 다이어그램

Ⅰ. 다음의 삼단논법의 타당 여부를 벤 다이어그램을 통하여 확인하시오.

1. 모든 M은 P이다.
모든 M은 S이다.
그러므로 어떤 S는 P이다.

부당.

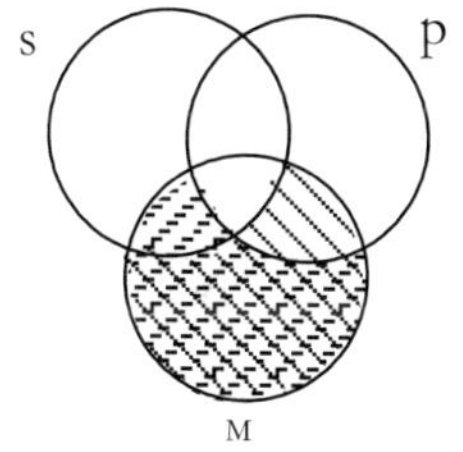

2. 모든 M는 P이다.
어떤 S는 M이 아니다.
그러므로 어떤 S는 P가 아니다.

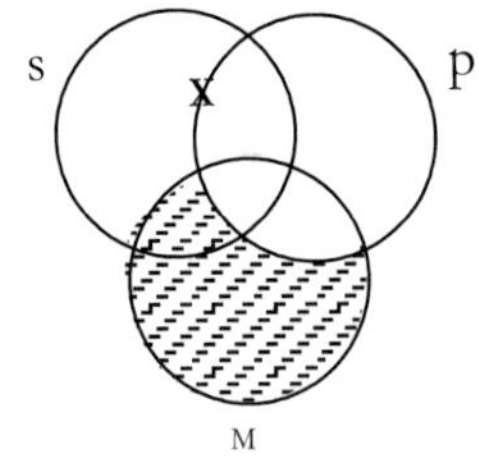

부당.

3. 어떤 S도 M이 아니다.
모든 M은 P이다.
그러므로 어떤 S도 P가 아니다.

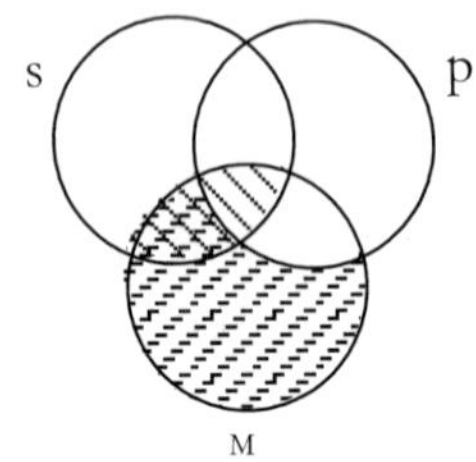

부당.

4. 모든 P는 M이다.
어떤 S는 M이다.
그러므로 어떤 S는 P이다.

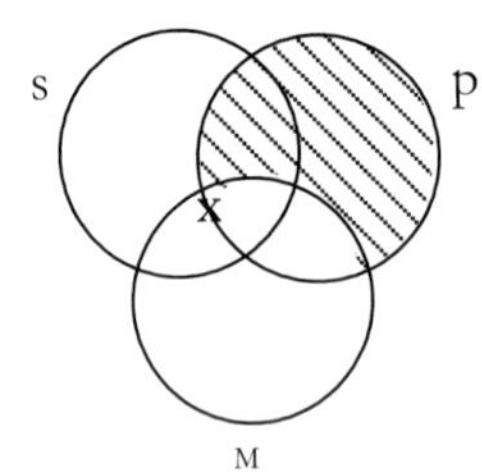

부당.

5. 어떤 M은 P이다.
모든 M은 S이다.
그러므로 어떤 S는 P이다.

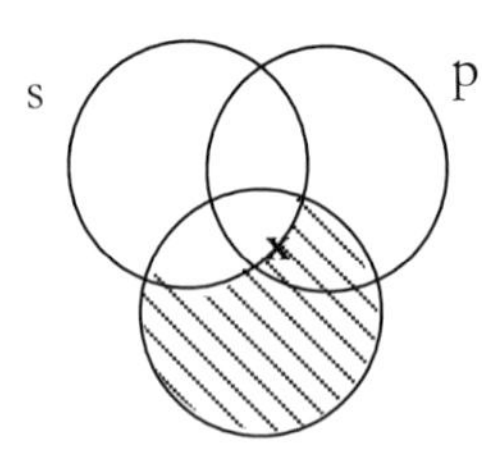

타당.

6. 모든 M는 P이다.
어떤 S도 M이 아니다.
그러므로 어떤 S도 P가 아니다.

부당.

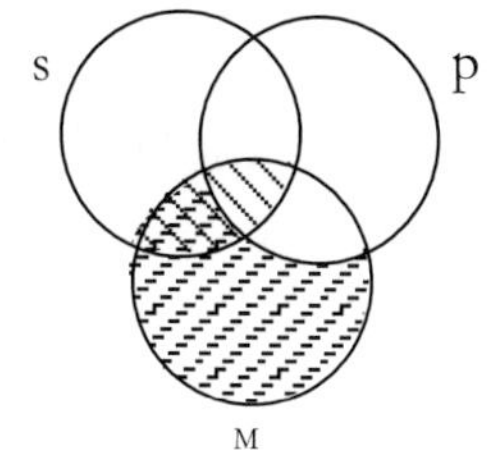

7. 모든 M는 P이다.
어떤 S는 M이다.
그러므로 어떤 S도 P가 아니다.

부당.

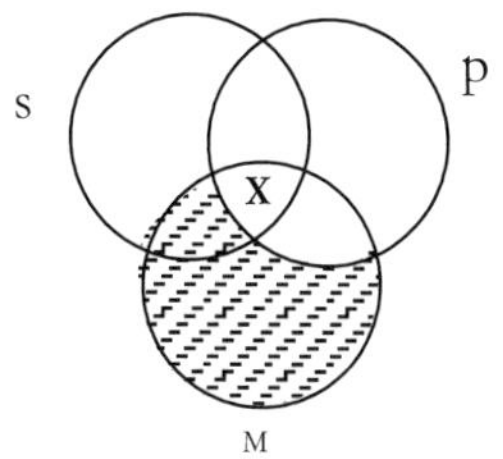

8. 모든 M는 P이다.
어떤 M는 S이다.
그러므로 모든 S는 P이다.

부당.

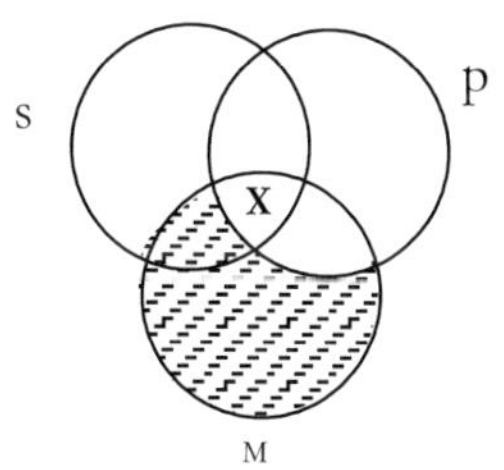

9. 모든 M은 P이다.
어떤 S도 M이 아니다.
그러므로 어떤 S도 P가 아니다.

부당.

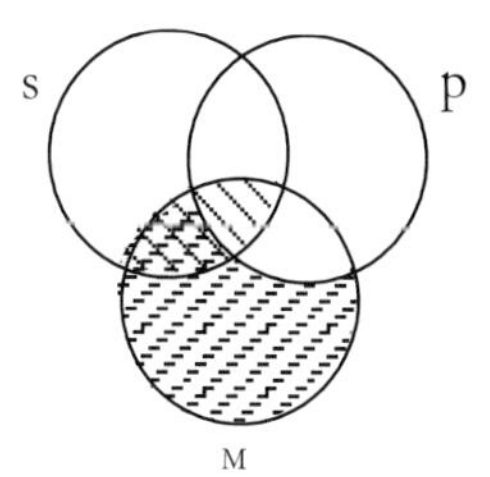

10. 모든 P는 M이다.
모든 S는 M이다.
그러므로 모든 S는 P이다.

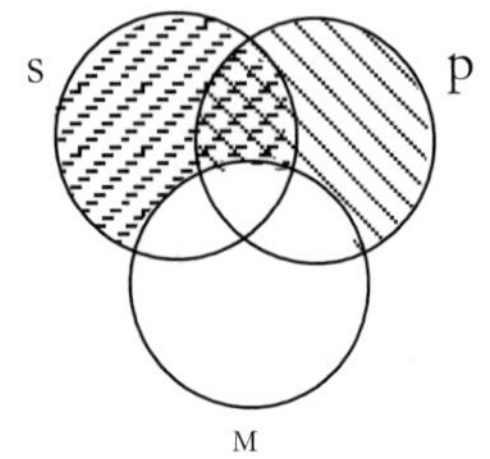

부당.

II. 다음의 삼단논법의 타당성 여부를 벤 다이어그램을 통하여 확인하시오.

1. 부당

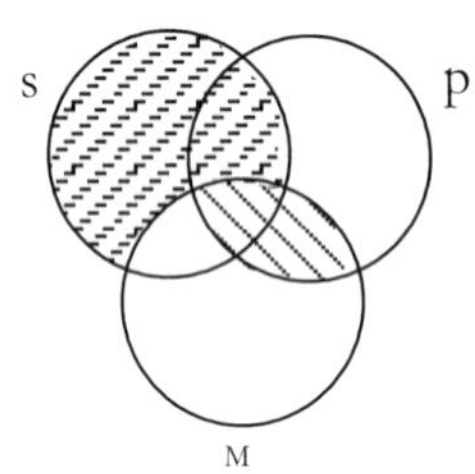

2. 타당

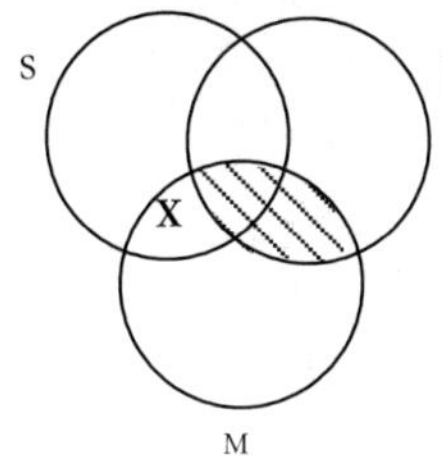

3. 부당

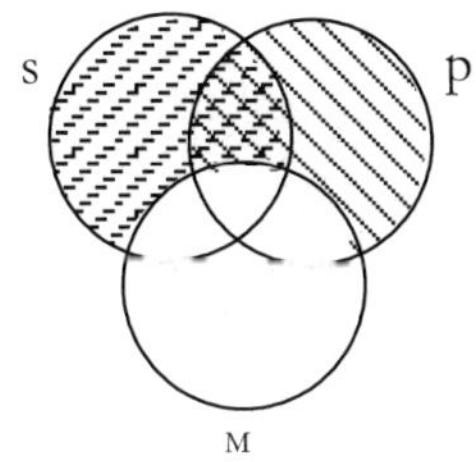

4. 부당

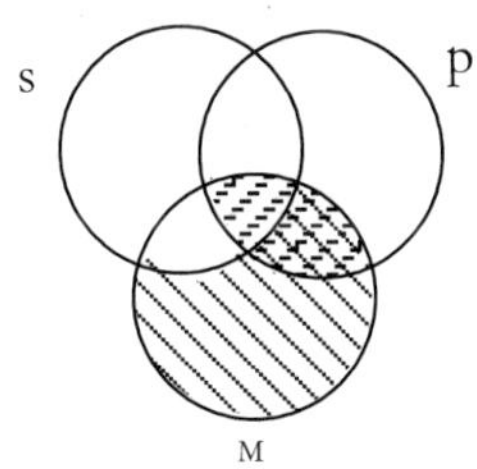

5. 부당

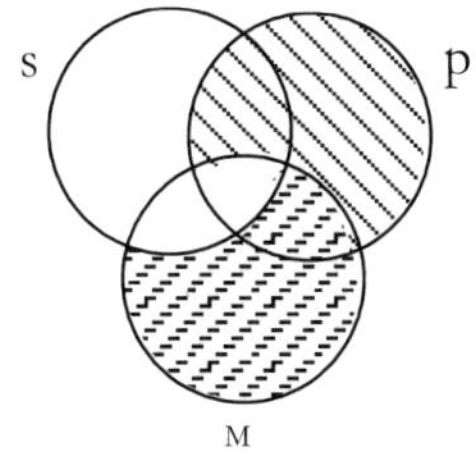

6. 부당

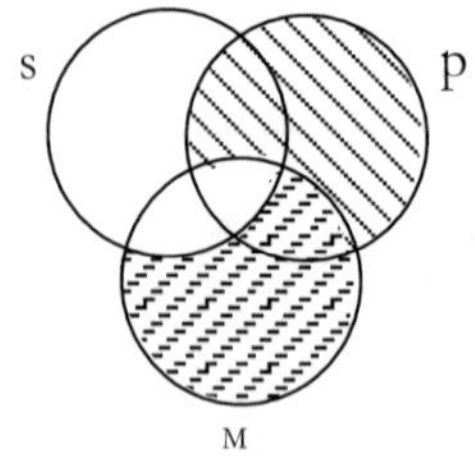

7. 부당

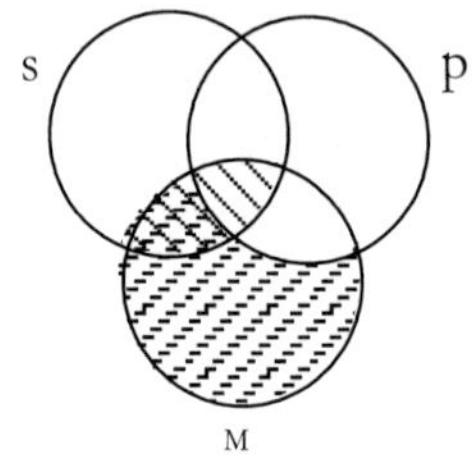

8. 부당

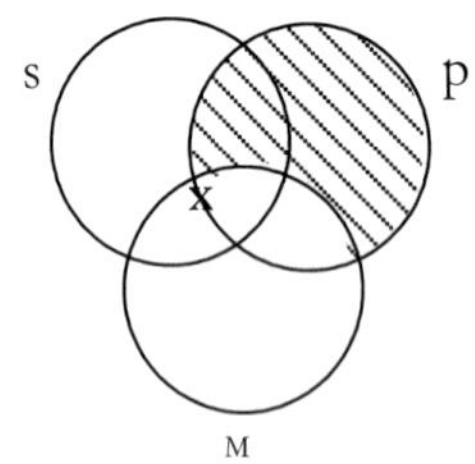

9. 부당

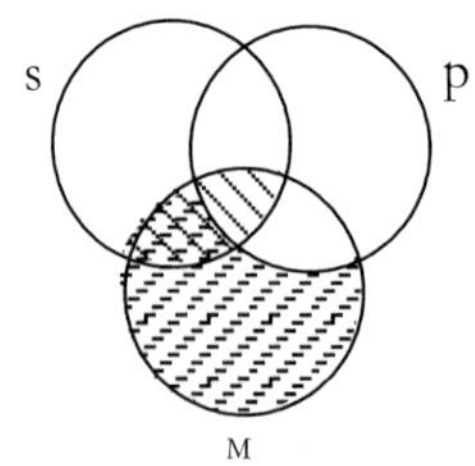

10. 부당

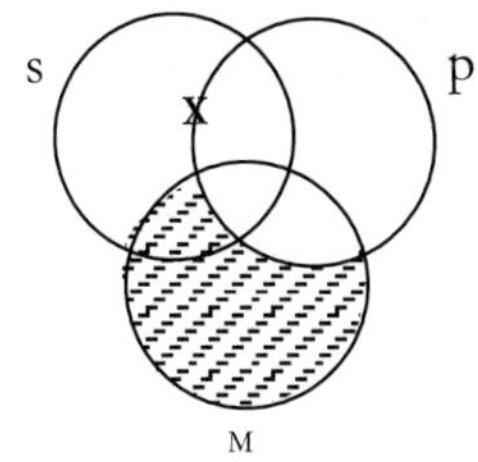

III. 다음의 삼단논법을 재구성하여, 타당성 여부를 벤 다이어그램을 통하여 확인하시오

1. 어떤 M도 P가 아니다.
어떤 S도 M이 아니다.
그러므로 어떤 S도 P가 아니다.

부당

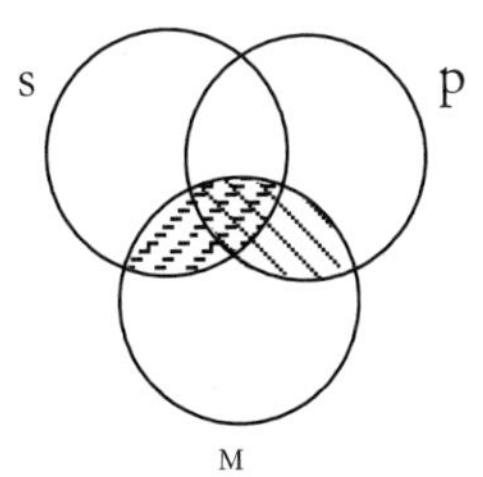

2. 모든 P는 M이다.
어떤 S는 M이 아니다.
그러므로 어떤 S는 P이다.

부당

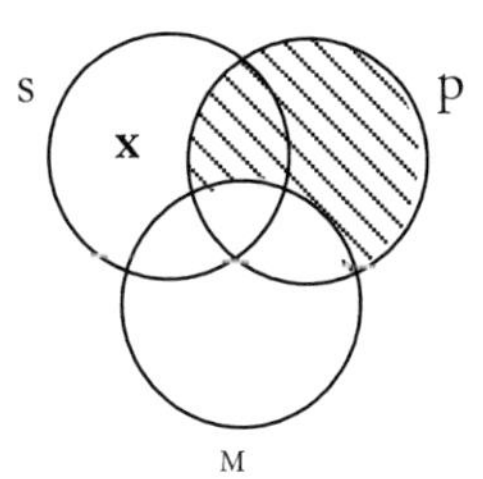

3. 어떤 P도 M이 아니다.
모든 S는 M이다.
그러므로 어떤 S도 P가 아니다.

타당

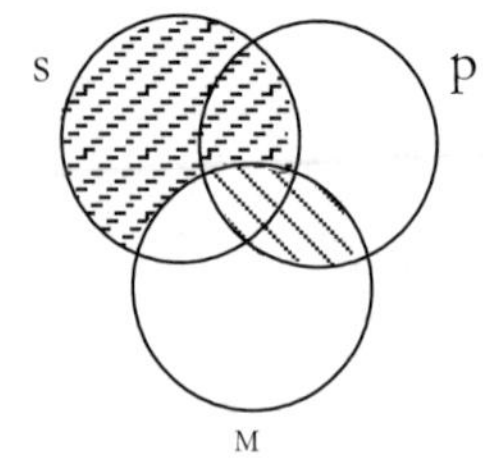

4. 어떤 P는 M이다.
어떤 S는 M이 아니다.
그러므로 어떤 S는 P이다.

부당

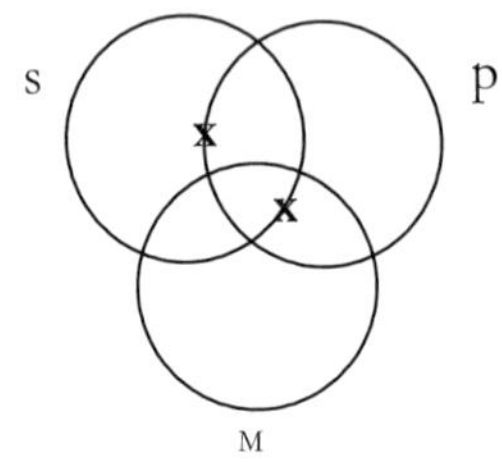

5. 모든 M은 P이다.
모든 M은 S이다.
그러므로 어떤 S는 P이다.

부당

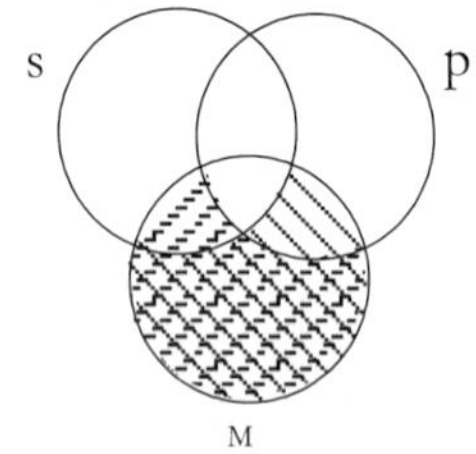

6. 모든 M은 P이다.
어떤 M도 S가 아니다.
그러므로 어떤 S도 P가 아니다.

부당

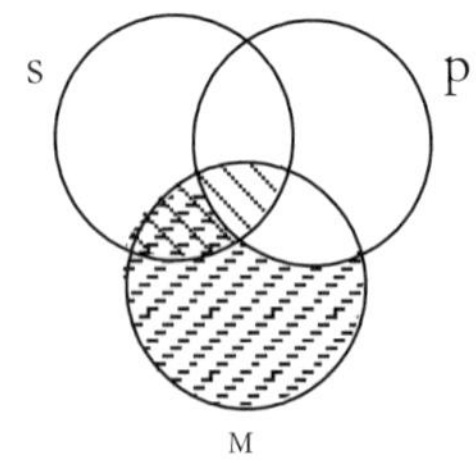

7. 어떤 M도 P가 아니다.
모든 M은 S이다.
그러므로 어떤 S도 P가 아니다.

부당

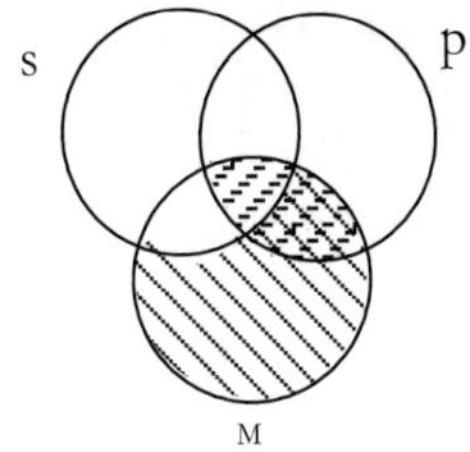

8. 어떤 M도 P가 아니다.
어떤 M은 S이다.
그러므로 어떤 S는 P가 아니다.

타당

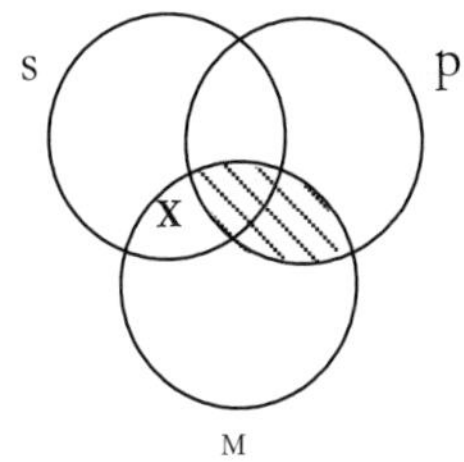

9. 어떤 P는 M이 아니다.
모든 M은 S이다.
그러므로 어떤 S는 P가 아니다.

부당

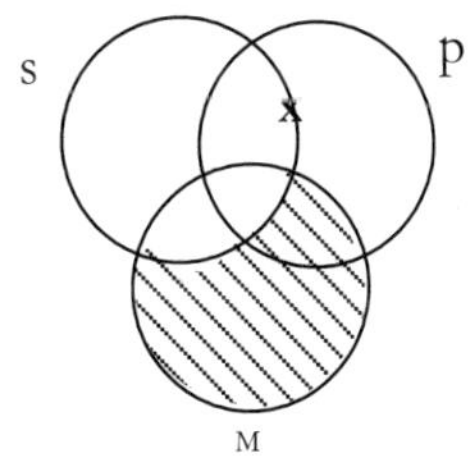

10. 어떤 P는 M이다.
모든 M은 S이다.
그러므로 어떤 S는 P이다.

타당

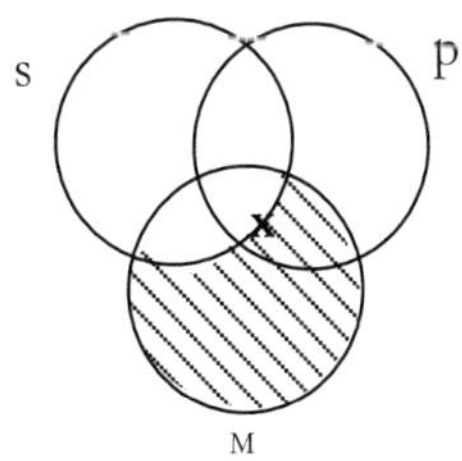

11. 모든 M는 P이다.
어떤 M는 S이다.
그러므로 어떤 S는 P이다.

타당

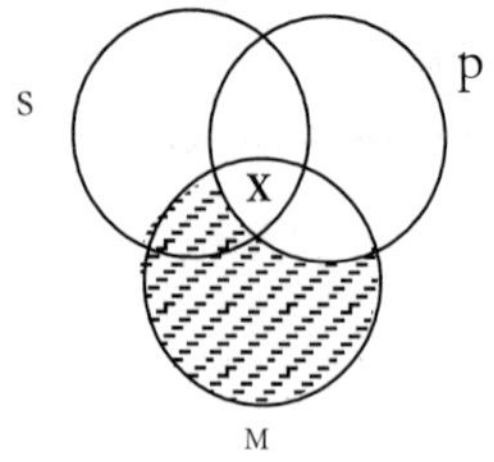

12. 모든 M는 P이다.
어떤 M는 S이다.
그러므로 어떤 S는 P가 아니다.

부당

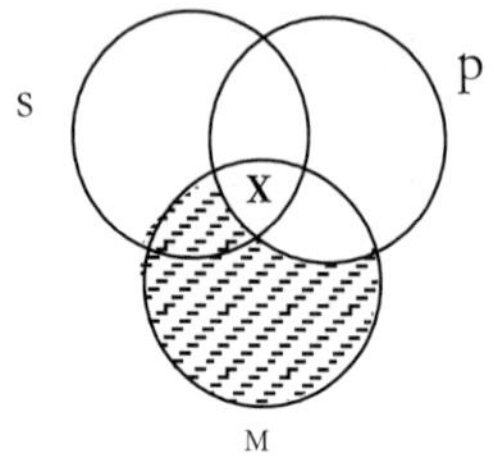

13. 모든 P는 M이다.
어떤 M도 S가 아니다.
그러므로 어떤 S도 P가 아니다.

타당

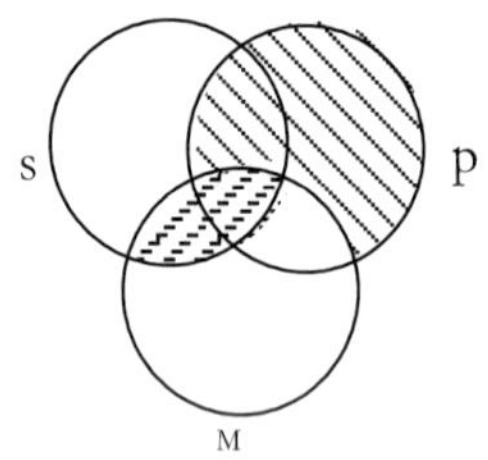

14. 어떤 P도 M이 아니다.
모든 S는 M이다.
어떤 S도 P가 아니다.

타당

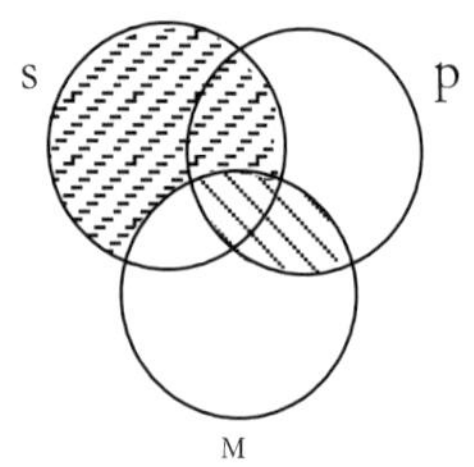

15. 어떤 P도 M이 아니다.
모든 S는 M이다.
어떤 S는 P가 아니다.

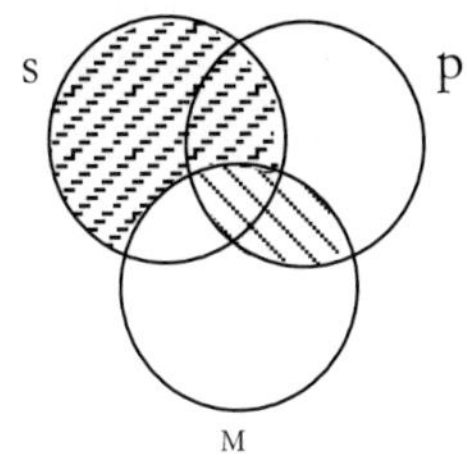

부당

16. 어떤 M도 P가 아니다.
어떤 S도 M이 아니다.
그러므로 모든 S는 P이다.

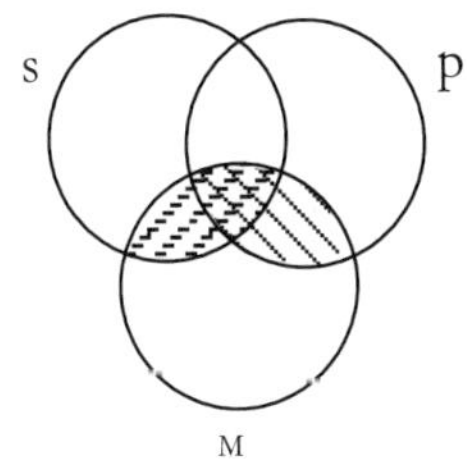

부당

17. 어떤 P도 M이 아니다.
모든 M는 S이다.
그러므로 어떤 S는 P이다.

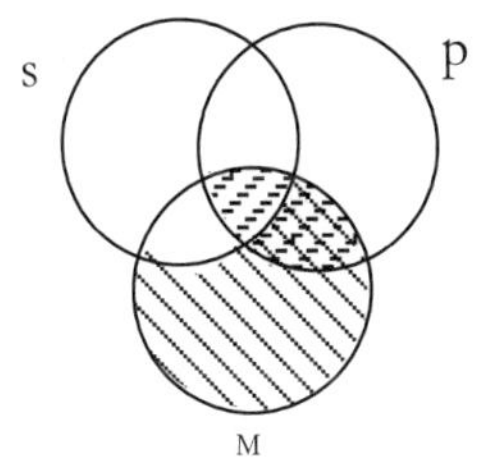

부당

18. 어떤 M는 P가 아니다.
모든 S는 M이다.
그러므로 어떤 S는 P이다.

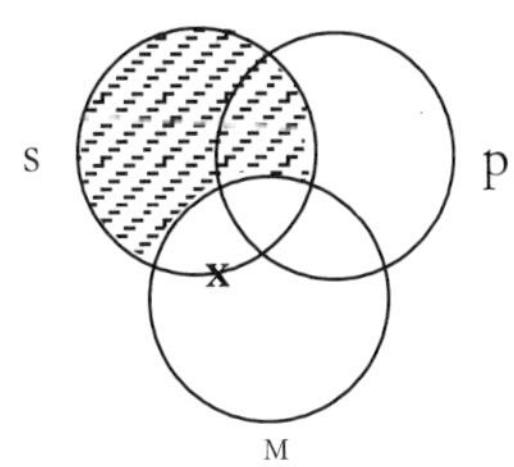

부당

19. 어떤 M도 P가 아니다.
모든 M는 S이다.
그러므로 어떤 S는 P가 아니다.

부당

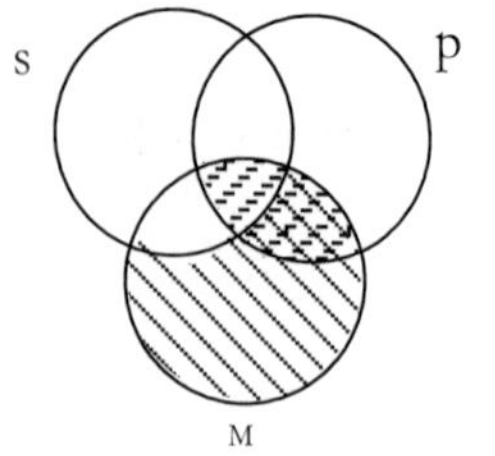

20. 모든 P는 M이다.
어떤 S는 M이 아니다.
그러므로 어떤 S는 P가 아니다.

타당

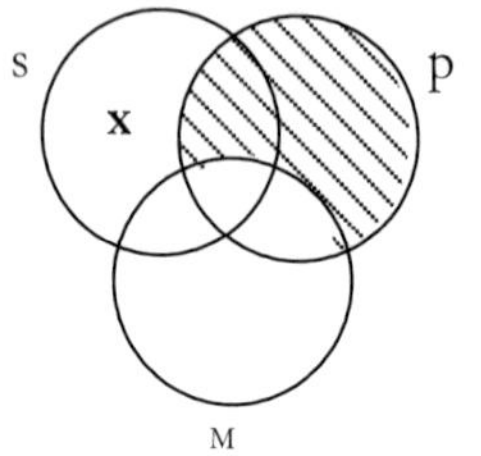

21. 어떤 M는 P가 아니다.
모든 M는 S이다.
그러므로 모든 S는 P이다.

부당

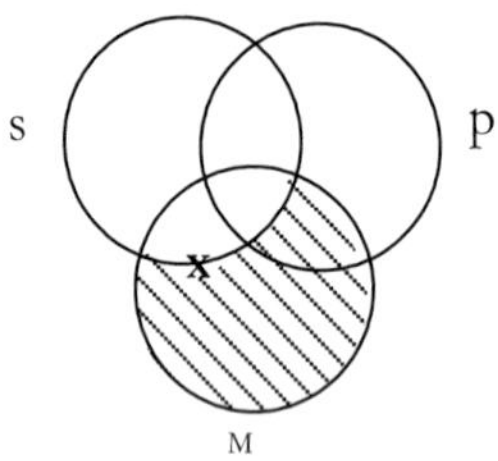

22. 어떤 M는 P이다.
모든 S는 M이다.
그러므로 모든 S는 P이다.

부당

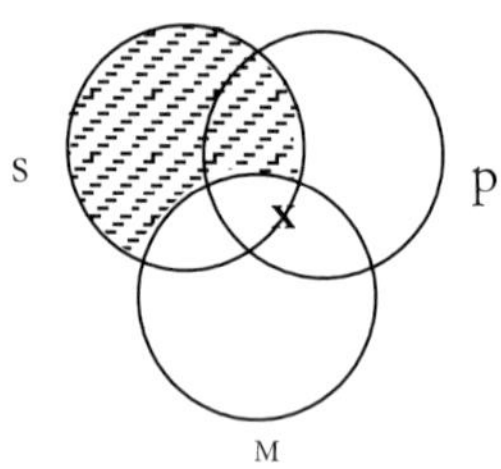

23. 어떤 P는 M이 아니다.
모든 M는 S이다.
그러므로 어떤 S는 P이다.

부당

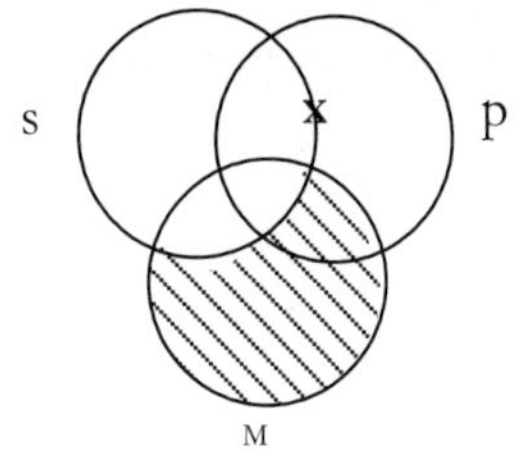

24. 어떤 M는 P이다.
모든 M는 S이다.
그러므로 모든 S는 P이다.

부당

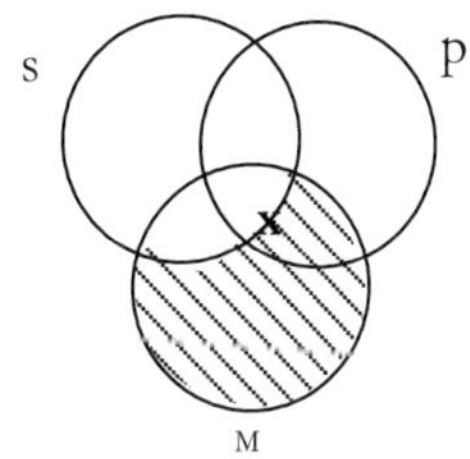

25. 어떤 P는 M이 아니다.
어떤 M도 S가 아니다.
그러므로 어떤 S는 P가 아니다.

부당

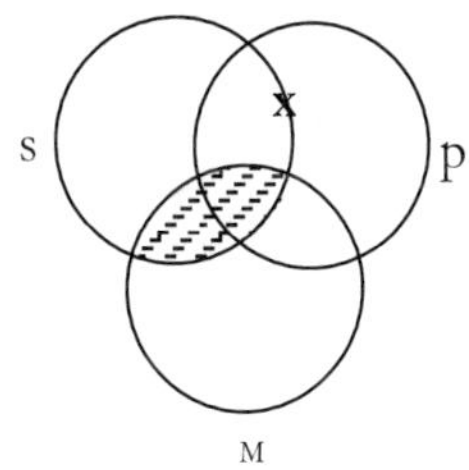

제7장 일상에의 논증

1. 일상어의 논증을 표준형식의 정언 삼단논법으로 바꾸는 방법

Ⅰ. 다음의 논증들을 우선 삼단논법의 형식으로 구성하고, 개념의 수를 줄여서 표준형식의 정언 삼단논법으로 만들어 보시오. 그리고 난 후 벤 다이어그램이나 규칙을 이용하여 타당성 여부를 확인해 보시오.

1. 어떤 M도 non-P가 아니다. (환질하면) 모든 M는 P이다.
어떤 S는 M이다.
어떤 S는 P이다.
A I I - 1의 식과 격을 가진 삼단논법으로서 타당하다.
2. A E E - 4, 타당,
3. A E E - 4, 타당,
4. I O I - 3, 부당,
5. 어떤 non-P는 M이다. (환위, 환질하면) 어떤 M는 P가 아니다.
모든 non-S는 non-M이다. (환질, 환위, 환질하면) 모든 M는 S 이다.
그러므로 어떤 S는 P이다, O A I - 3, 부당,
6. E A E - 4, 부당.

2. 생략 삼단논법과 연쇄식

Ⅰ. 다음의 연쇄식을 표준형식으로 바꾸고, 타당성을 검사하시오.

1. 연쇄식을 표준형식으로 만들면 아래와 같다.

모든 D는 C이다.
어떤 B도 C가 아니다.
모든 A는 B이다.
모든 E는 A이다.
∴ 어떤 E는 O가 아니다.

여기에서 중간단계의 결론들을 이끌어 내면 아래와 같다.

모든 D는 C이다.
어떤 B도 C가 아니다.
어떤 B도 D가 아니다. (중간단계의 결론)
모든 A는 B이다.

어떤 A도 D가 아니다. (중간단계의 결론)
어떤 E는 A이다.
어떤 E는 D가 아니다.

각 논증은 타당하고, 연쇄식도 역시 타당하다.

2. 부당,
3. 타당,
4. 타당,
5.

모든 I는 D이다.
모든 B는 I이다.
모든 B는 D이다. (중간단계의 결론)
어떤 M도 D가 아니다.
∴ 어떤 B도 M이 아니다.

각 논증은 타당하고 연쇄식도 타당하다.

3. 선언 삼단논법과 가언 삼단논법

Ⅰ. 다음의 논증을 분석하고 그 타당성을 확인하시오.

1. 타당
5. 부당

4. 딜레마

Ⅰ. 다음의 논증들을 분석해 보고, 논리적 오류에 관해 논해 보시오.

1. 뿔 사이로 피할 수 있다. 즉 소전제의 선언지가 충분하지 않다. 나는 논리학을 전혀 모르지도 않고, 그렇다고 하여 전적으로 아는 것 또한 아니다. 소전제의 선언지는 바로 이와 같은 경우를 놓치고 있는 것이다. 따라서 나는 논리학을 배울 수도 있고 배울 필요성도 있

다.

2. 뿔 사이로 피하기,
3. 뿔로잡기,
4. 뿔로잡기,
5. 반대 딜레마로 되 칠 수 있다. 나는 밤 새워 공부를 한다면 내일 있을 시험을 잘 칠 수 있을 것이요, 내가 밤 새워 공부를 하지 않는다면 페스티발에 갈 수 있을 것이다. 나는 밤 새워 공부를 하거나 밤 새워 공부를 하지 않거나 이다. 그러므로 나는 내일 있을 시험을 잘 칠 수 있거나 페스티발에 갈 수 있거나 이다.
6. 뿔 사이로 피하기

■ 저자 소개

지은이 如淵 成洪基는 계명대학교 철학과를 졸업하고 동대학원 철학과에서 석·박사학위를 받았다. 현재 대구교육대학교에서 『일반논리학』을 강의하고 있다. 지은 책은 『하이데거 – 존재에로의 행보』(이문출판사, 2001), 『논리와 삶』(이문출판사, 2003), 『하르트만 – 존재자로서 존재자에로』(이문출판사, 2005), 『논증적 글쓰기』(공저)(이문출판사, 2010)가 있고, 논문은 「의식 –, 실존 –, 존재범주로서 공간시간론에 관한 연구 – 칸트, 하이데거, 하르트만을 중심으로」(박사학위 논문), 「현존재의 존재세계」, 「인식론에서 존재론에로」, 「논증적 글쓰기를 위한 기초논리학」 외 다수가 있다.